KB234503

표준의 경제학

이론 · 사례 · 정책

ECONOMICS
OF
STANDARDS

THEORY · CASE · POLICY

표준의

이론 · 사례 · 정책

경제학

성태경 지음

한국학술정보㈜

이 저서는 2008년 정부(교육과학기술부)의 재원으로 한국학술진흥재단의 지원을 받아 수행된 연구임(KRF-2008-812-H00001).

서문

　최근 '신표준경제(New Standards Economy)'라는 갈이 나올 정도로 표준(Standards)은 국가 경제 및 산업 그리고 기업경영에 있어서 핵심 경쟁요소로 부각되고 있다. 과거에 표준은 신제품 혹은 신시장이 출현한 이후, 하나의 기술적인 이슈 혹은 품질 확보의 문제로 취급되었으나, 정보화, 네트워크화 그리고 시장의 글로벌화로 표준화(Standardization)는 다양한 산업에서 제품개발과 경쟁양식의 중요한 고려 요소가 되었다. 예를 들면, IT산업에서 통신기술의 표준화는 필수적이며, 많은 국가와 기업들이 기술표준의 선점을 통해 시장 지배적 위치를 확보하는 데 사활을 걸고 있다.

　그럼에도 불구하고 국내는 물론 해외에서조차 표준 및 표준화에 대한 연구나 저술활동이 활발하지 못한 실정이다. 2000년대에 들어오면서 영국과 독일의 일부 학자들(G. Swann, K. Blind 등)이 표준의 경제학을 독립적인 분야로 부각시키려고 노력하고 있으며, 미국에서는 NIST 소속의 경제학자들(G. Tassey, A. Link 등)이 표준화 관련 연구결과를 꾸준히 내놓고 있다. 그러나 아직은 확고한 이론적 체계를 가지고 있지 못한 상황이다.

　그간 국내에서 표준 관련 저서가 전혀 출간되지 않은 것은 아니다. 그러나『미래사회와 표준』,『신표준화개론』등의 책명에서 알 수 있듯이 내용이 일반적이거나 실무적이어서 그간 대학에서 기술경제학을 가르쳐온 필자로서는 표준 및 표준화에 대한 본격적인 경제학 기본서가 필요하다는 생각을 가지고 있었다.

　본서는 표준 및 표준화에 대한 경제학 이론서로서 실제 사례도 함께 다루었다. 먼저 표준의 경제학을 개관하고(제1장), 표준 및 표준화의 개념을 소개하였으며(제2장), 표준의 경제적 효과를 정리하였다(제3장). 이어서 표준의 공급 측면을 다루고(제4장), 표준화활동의 결정요인을 분석하였으며(제5장), 표준이 기술혁신 및 지식재산권과 가지는 연관성(제6, 7장), 그리고 서비스 분야에서의 표준화 문제를 다루었다(제8장). 표준이 활용되는 과정과 관련하여서는 기업들이 전개하는 표준경영 및 전략을 분석하고(제9장), 표준의 이행 및 확산의 단계를 다루었다(제10장). 마지막으로 표준의 국제적 측면을 다루고(제11장), 표준화정책의 문제를 분석하였다(제12장).

본서는 다음과 같이 활용될 수 있을 것이다. 첫째, 대학원에서 기술경제 혹은 기술경영을 공부하는 대학원생들의 교재로 활용할 수 있다. 둘째, 학부에서 표준 관련 과목(예: 기술경제, 표준경영, 품질경영 등)을 수강하는 상급 학생들의 교재로도 쓸 수 있다. 셋째, 표준이 우리의 일상생활에 다양하고 깊숙이 관련되어 있기 때문에 표준에 관심을 가지는 일반 시민 혹은 타 전공 학생들에게 교양서로도 읽혀질 수 있다. 일반 독자들을 위해서는 흥미로운 사례를 쉽게 소개하려고 하였다. 넷째, 기업은 물론 정부의 정책입안자들이 표준화 정책수립과 집행을 위한 기초자료 혹은 이론적 근거로 활용할 수 있을 뿐만 아니라 정책 지침을 찾을 수 있다.

본서가 엮어지기까지 많은 분들의 도움이 있었다. 먼저 지식경제부 기술표준원은 필자가 지난 5년간 표준 및 표준화 연구에 몰두할 수 있는 계기를 만들어 주었으며, 한국학술진흥재단(현 한국연구재단)은 재정적으로 지원해 주었다. 미국 Fulbright 재단의 도움으로 간 Seattle University에서의 연구년은 집필을 마무리하는 데 좋은 시간이 되었다. 특히 Albers School 경제학과에 재직하셨던 Paul Sommers 교수님께 감사드린다. 상업적 매력이 크게 돋보이지 않는 저서임에도 불구하고 출판을 흔쾌히 허락한 한국학술정보(주)는 심혈을 기울여 본서를 '책답게' 만들어 주었다.

국내뿐만 아니라 해외에서조차 표준 및 표준화에 대한 경제학 측면의 연구가 미진한 상황에서 감히 표준의 경제학이라는 저서를 내놓는다. 모쪼록 본서를 통해 표준 및 표준화에 대한 지식을 조금이라도 얻게 되기를 바란다.

2012년 3월
성태경 씀

차례

표준의 경제학 개관

1-1 표준과 경제

타자기 키보드의 왼쪽 맨 위에 있는 자판들, 즉 QWERTY는 19세기 말에 고안된 것이다. 이를 고안한 사람들은 가장 자주 사용되는 글자인 QWERTY를 인체공학적으로 가장 부적절한 위치에 놓았는데, 이는 수동식 타자기를 빠르게 칠 때 글쇠들이 서로 충돌하는 것을 막기 위한 것이었다. 사실 인체공학 측면에서 더 효율적인 자판배열이 수십 가지가 더 있었다. 그럼에도 불구하고 그 이후에 개발된 전기식, 전자식, 심지어 컴퓨터용 자판에서는 글쇠충돌이 전혀 문제되지 않고 있음에도, 초기의 자판배치는 오늘까지도 변함이 없다. 이 사례는 일단 표준(standards)으로 정착되어 널리 사용되면, 초기개발에 대한 이유들이 이미 오래전에 없어졌을지라도, 그 기술표준이 시장에서 계속적으로 지배적인 위치를 가질 수 있음을 보여 준다.

표준의 엄청난 경제적 영향력은 마이크로소프트사의 익스플로러(Explorer)의 사례에서도 찾아볼 수 있다. 인터넷이 확산되던 초기단계에서는 넷스케이프를 통해 인터넷에 접속하였으나, 마이크로소프트사가 익스플로러를 출시하면서 기업 간 표준경쟁이 시작되었고, 그 결과 지금은 표준으로서 지배제품(dominant design)으로 자리 잡게 되었다[1].

사실 과거에 표준 및 표준화는 신제품 혹은 신시장이 출현한 이후에 나타나는 하나의 기술적인 문제 또는 품질관리 정도로 취급되었으나, 최근에는 기업조직 및 전략의 중심으로 자리 잡고 있다. 또한 표준화는 다양한 산업에서 제품개발과 경쟁양식의 중요한 요소가 되었다. 예를 들면, IT산업에서 통신기술의 표준화는 필수적이며, 많은 기업들이 기술표준의 선점을 통해 시장 지배적

---

1) 최근 스마트폰의 등장으로 인터넷 브라우저시장에서 표준경쟁이 또 다시 불붙고 있다. 구글이 크롬(Chrome)을 출시한 이후 세계시장에서 익스플로러의 점유율을 따라잡았다. 2011년 5월 익스플로러의 세계시장 점유율이 43.9%로 크롬의 19.4%에 앞서고 있었으나, 2012년 5월 현재 32.1%로 크롬의 32.4%에 약간 뒤지는 상황이 되었다. 우리나라에서도 동기간에 익스플로러의 점유율이 93.0%에서 77.1%로 떨어지고, 크롬의 점유율이 3.8%에서 14.7%로 증가하였다(http://gs.statcounter.com).

위치를 확보하는 데 사활을 걸고 있다.

표준과 경제의 상호연관성은 거시적 차원, 즉, 국민 경제적 측면에서도 찾아볼 수 있다. 표준은 그 자체가 하나의 지식으로서 국가혁신시스템(NIS) 내에서 중요한 역할을 수행한다. 표준은 혁신시스템 내의 어떤 기업도 접근하여 활용할 수 있는 인프라기술(infratechnology)을 구성하는 중요한 요소로서 과학기반으로부터 생산되며, 원천핵심기술을 지원한다. 표준은 산업기반과 상호연관 관계를 가지면서 제품 및 공정기술도 지원한다. 더 나아가서 표준제도는 특허제도 등과 함께 국가혁신시스템에서 제도적 하부구조의 구성요인이 된다.

특히 WTO의 기술적 장벽규약(TBT) 논의에서 알 수 있듯이 무역장벽으로 사용될 수 있는 표준은 수출성과와 직결되고 있다. 즉, TBT 협정이 각국의 상이한 표준제도 및 절차가 국제무역을 저해하는 '불필요한 장애(unnecessary obstacle)'가 되지 않도록 규제하고 있으나, 실제로는 효과적인 무역제한 도구로 활용되어 왔다.

표준은 우리의 일상생활과도 밀접히 연관되어 있다. 컴퓨터에서 마우스, 키보드, 저장장치 등을 본체와 연결할 때 USB포트를 사용하는데, 모든 컴퓨터의 USB포트가 서로 맞는 것은 누군가에 의해서 표준화되었기 때문이다. 시계를 보더라도 12시간으로 표시한 문자판이 표준으로 되어있다. 심지어 우리가 사용하는 언어도 하나의 표준이라고 할 수 있다.

이와 같이 표준은 국가, 산업, 기업 그리고 우리의 일상생활에서도 경제와 밀접히 연관되어 있다. 특히 정보화 시대에 지식기반경제(Knowledge-based economy) 및 네트워크경제(Network economy)가 확산되면서 '신표준경제(New standards economy)'라는 말이 나올 정도로 표준은 국가경제 및 산업 그리고 기업경영에 있어서 핵심요소로 부각되고 있다. 그러므로 경제학자들이 표준에 대해서 관심을 갖는 것은 매우 자연스러운 일이며, 정보화 시대를 사는 일반시민으로서도 표준과 경제의 상호연관성을 이해하고, 그 효과를 나름대로 판단할 능력이 요구되고 있다.

더 알아보기 1-1: 표준의 유래

동서고금을 막론하고 표준은 건축뿐만 아니라 상거래와 조세행정을 위해서 오래전부터 사용되어 왔다. 인류 역사상 최초의 표준은 B.C. 7,000년경 이집트에서 사용되던 무게 측정단위로 알려져 있다. 당시에 원통 모양의 돌이 표준화 도구로 사용되었다고 한다. 중국에서도 진시황제가 나라를 통일한 후에 도량형부터 통일하였다는 기록이 있다.

17세기에는 해양 강국이었던 네덜란드인들이 선박건조 과정에서 부품을 표준화함으로써 생산성을 획기적으로 증가시켰다. 미국에서도 표준화의 아버지로 불리는 엘리 휘트니(Eli Whitney)가 총기에 들어가는 부품을 표준화하고, 공작기계를 사용하여 규격에 따라 생산하였다. 그 결과, 제조시간을 획기적으로 단축시키고, 전쟁터에서 부품결함으로 고장 난 총을 쉽게 수리할 수 있었다. 그는 1804년 미국 정부로부터 당시 돈으로 13만 4,000달러라는 엄청난 금액의 납품용역을 수주하였다고 한다.

20세기 초에 들어와서는 자동차 왕 헨리 포드(Henry Ford)가 생산 공정별 작업방법을 표준화하여 획기적인 생산성 향상을 달성하였다. 특히 작업방법의 표준화로 인해 비숙련 노동자들이 바로 현장에 투입될 수 있었을 뿐만 아니라, 이른바 '컨베이어 시스템'하에서 균일화된 제품을 대량으로 생산할 수 있었다.

1) 표준의 경제학이란

일반적으로 경제학은 "인간의 무한한 욕망을 최대로 만족시키기 위하여 희소한 자원을 어떻게 하면 효율적으로 사용할 것인가를 다루는 학문"으로 정의된다. 요컨대 경제학은 희소성이라는 제약하에서 효율적 자원배분의 문제를 다루는 학문이다. 경제학은 매우 광범위한 응용학문으로서 앞에다 생산요소, 경제주체 혹은 경제현상 등을 붙이면, 무리 없이 성립하는 학문 분야이다. 예를 들어, 토지경제학, 노동경제학, 화폐경제학, 기업경제학, 산업조직경제학, 소비자경제학, 공공경제학, 국방경제학, 환경경제학, 법경제학 등 무수히 많으며, 심지어 '조직폭력의 경제학'이라는 용어도 등장하였다.

그럼에도 불구하고 지금까지, 눈에 보이지 않는 생산요소나 분야에 대해서는 소홀히 다루어져 온 경향이 없지 않다. 대표적인 예가 기술경제학(Economics of Technology)이다. 기술은 '생산에 적용되는 인간의 지식'으로서 내생화시키기 어려운 측면으로 인하여, 주류경제학에서는 줄곧 외생변수로 취급되어 왔다. 다행히도 최근 기술진보가 급속히 진행되고, 그 속도가 일반인들에게까지 감지되면서 슘페터의 전통을 이어받아 기술경제학이 독립된 학문으로 자리 잡고 있는 중이다.

제2장에서 설명하겠지만 표준은 하나의 지식체계로서 하나의 생산요소가 될 수 있다. 따라서 기술경제학과 마찬가지로 '표준의 경제학(Economics of Standards)'도 경제학의 한 분야로 성립될 수 있다. 표준의 경제학은 "표준 및 표준화와 경제적 변화 간의 상호작용을 연구하는 학문"이라고 할 수 있다. 달리 말하면, 표준의 경제학은 표준 및 표준화가 초래하는 경제적 변화를 분석하고, 동시에 경제적 변화가 표준 및 표준화에 미치는 영향을 분석한다.

물론 표준 및 표준화는 경제학자들보다는 엔지니어나 기업경영자들이 먼저 관심을 갖기 시작하였다. 총기에 들어가는 모든 부품을 최초로 표준화하여 '표준화의 아버지'로 불리는 엘리 휘트니(Eli Whitney), 자동차 제조공정을 표준화한 헨리 포드(Henry Ford) 등이 대표적인 예로 이들은 이미 표준화의 경제적 이득을 실현하였다. 따라서 혹자는 표준의 경제학을 엔지니어링이나 경영학의 한 분야로 볼지도 모른다. 그러나 표준 및 표준화는 그 자체가 목적이 아니라, 생산성을 향상시켜 궁극적으로는 경제적 이득을 실현하는 수단인 것이다. 이러한 의미에서 표준의 경제학은 경제학의 한 분야라고 볼 수 있는 것이다. 그렇다고 해서 표준 및 표준화가 경제학자들만의 관심사가 된다는 것은 아니다. 오히려 경제학의 한 분야로서 표준의 경제학은 과학, 공학, 경영학, 사회학 등 학제 간의 연구를 필요로 한다(〈표 1-1〉 참즈).

<표 1-1> 표준 및 표준화 관련 분야

	학문 분야	실무 분야
인문사회	• 경제학 • 전략/마케팅 • 법학 • 사회학	기관연구자료 • OECD • 영국 BSI • 미국 NIST • CEC
공학	• 엔지니어링 • 운영관리	• 개별 엔지니어 수준의 자료
정치학/정책학	• 정치이론 • 과학기술정책학	• 개별기업의 표준 문서

2) 표준의 경제학은 왜 필요한가

앞에서 언급한 바와 같이 표준과 경제는 밀접한 상호연관 관계를 가지고 있으며, 이에 따라 표준의 경제학이 경제학의 한 분야로서 등장하게 되었다. 그러면 표준의 경제학을 배우고 발전시켜야 하는 구체적인 이유는 무엇인가?

첫째, 표준 및 표준화가 우리의 일상생활과 다양하게, 그리고 깊숙이 관련되어 있기 때문이다. 이러한 변화는 종종 예측하기 어렵지만 우리 생활에 긍정적 혹은 부정적으로 영향을 미치기도 하고, 그 효과가 사회 내 혹은 집단 간에 불공평하게 분배되기도 한다. 마이크로소프트사의 익스플로러의 경우에서처럼, 하나의 표준이 시장을 독식하게 되면 독점의 폐해가 나타나게 된다. 더 나아가서 이를 바탕으로 PC, 미디어콘텐츠, 온라인 상거래 등 광범위한 사업으로 확장하게 되면 문제는 더욱 커지게 되며, 정부의 정책에 대한 논란을 불러일으킨다. 따라서 우리는 어떤 형태로든 스스로의 견해와 판단을 내리지 않을 수 없으므로 경제학의 도움을 필요로 하는 것이다.

둘째, 오늘날 수많은 과학 및 기술연구기관들은 막대한 자원을 쓰고 있으며, R&D 활동에 대한 지출규모도 점차 커지고 있다. 우리나라의 경우에도 연 30조 원 이상의 R&D자금을 투입하고 있다. 그런데 이 중 상당 부분이 CDMA, WIPI 등의 예에서 보는 바와 같이 표준 및 표준화와 관련된 분야의 신기술 개발에 투입되고 있다. 엔지니어나 과학자들도 마찬가지이겠지만 자원배분의 문제를 주제로 다루는 경제학자들로서 이에 대해서 관심을 가지는 것은 자연스러운 일이다.

셋째, 표준 및 표준화 현상은 기존 경제이론에 도전이 되고 있다. 다시 익스플로러의 예로 돌아가 보자. 익스플로러의 사용자가 많아지다 보니, 우리나라 은행들은 인터넷 뱅킹을 익스플로러에서만 작동되도록 설계하고 있다. 이렇게 특정 기술표준이 일정수준 이상의 시장을 확보할 경우 동 기술을 활용한 연관 제품의 개발은 활발해지지만, 이와 호환되지 못하는 제품은 시장진출이 불가능하게 되는 현상을 '네트워크 외부효과(external effect of networks)'라고 부른다. 이 효과는 전통적인 경제이론에서 다루지 않던 개념이다. 또한 익스플로러 같은 정보제품은 개발 초기에는 막대한 비용이 소요되지만, 추가 생산에는 비용이 거의 들어가지 않는다. 이를 '수확체증의 법칙(law of increasing returns)'이라고 부르는데, 한계생산체감의 법칙과 수확체감의 법칙을 강조하는 전통적인 경제이론과는 대조를 이룬다. 이러한 상황에서 표준 및 표준화가 충분하게 다루어지지 않고, 이러한 현상을 전통적인 경제적 변수에만 의존해서 분석한다면 경제학자들의 노력은 의미가 없게 될 것이다.

1-3 표준의 경제학 성립과정

표준과 경제의 상호연관 관계는 인간 역사 속에서 지속되어 온 현상이었으나, 표준의 경제학은 극히 최근에 성립된 새로운 학문 분야이다. 표준 및 표준화 현상에 대한 경제적 측면에서의 연구는 1970년대에 착수되었고(예: Hemenway, 1975), 1935년 이후로 연구가 활발히 진행되어 왔다(예: David, 1985; Farrell and Saloner, 1985·1986·1988; Katz and Shapiro, 1985·1986). 그러나 'Economics of Standardization', 'Economics of Standards'라는 명칭의 논문 혹은 저서가 나온 것은 2000년대 이후이다.

연구동향을 보면, 영국·독일 등 유럽 쪽에서 연구가 활발히 진행되어 왔다. 이들 연구는 각각 영국 상무성과 독일 상무성의 요청에 의해서 이루어졌는데, 각각 Swann(2000), *Economics of Standardization*과 Blind(2004), *Economics of Standards*로 집대성되었다. Swann(2000)은 이론적인 측면에서 표준화의 문제를 다루고 있는데, 특히 표준과 기술혁신의 관계를 모형화하였다. Blind(2004)는 실증적인 측면에서 표준의 경제적 효과를 다루고 있으며, 표준이 기술혁신, 시장구조, 무역, 경제성장 등에 미치는 효과를 측정하였다. 특히 영국의 경우, 국가표준화전략 프레임워크(NSSF)라는 표준화 관련 기관 간의 협력조직을 활용하여 표준의 확산 및 기업혁신을 유도하고 있는데, 여기서도 표준을 경제학적 측면에서 다룬 연구보고서가 출간되어 왔다.

미국의 경우에는 개별 경제학자를 중심으로 연구가 진행되어 왔다. 먼저 NIST 소속의 G. Tassey와 A. Link가 표준 및 표준화 관련 연구를 내놓고 있다. 그중 Tassey(2000), "Standardization in Technology-based Markets"는 표준 및 표준화의 경제적 측면을 아주 잘 정리한 연구논문이다. 출간 후 미국에서 베스트셀러가 되었던 Shapiro and Varian(1999)의 저서, *Information Rules: A Strategic Guide to the Network Economy*는 표준에 대한 경제원리를 제시했다는 점에서 주목할 만하다. 그들은 QWERTY의 사례에서처럼 한번 정착된 표준이 다른 표준으로 대체되기 어렵다는 의미의 잠김효과(lock-in effect), 익스플로러의 사례에서 나타나는 네트워크효과, 수확체증의 법칙 등을 잘 설명하고 있다.

앞에서 우리는 경제학의 한 분야로서 표준의 경제학을 정의하였지만, 사실 현시점에서 표준의 경제학이라고 부를 만한 실체가 없는 실정이다. 즉, 표준화의 유인, 표준화를 수행하는 방법, 그리고 그 효과의 평가가 경제이론에 부합한다 하더라도, 경제학자들은 이 주제에 대해서 확고한 체계를 가지고 있지 못하다. 그러나 2000년대 중반에 들어오면서 표준의 경제학을 독립적인 분야2)로 부각시키려는 노력이 보이고 있으며, 경제에서 차지하는 표준 및 표준화의 중요성에 비추어 볼 때 이는 가능할 것으로 보인다.

---

2) 그러나 표준 및 표준화는 사회적·문화적·정치적인 특성과도 상호 복잡한 상호작용을 가지며, 이는 경제라는 하나의 울타리를 넘어서는 주제임을 이해해야 한다.

1-4 이 책의 구성

이 책은 표준 및 표준화 현상에 대한 본격적인 경제이론서이다. 특히 경제이론뿐만 아니라 이에 대응하는 사례를 다룸으로써 실제 산업 및 기업현장에서 필요로 하는 표준 및 표준화, 그리고 전략적인 개념도 소개하고 있다. 이 책의 구성은 다음과 같다.

먼저 제1장에서는 표준의 경제학을 개관하고, 제2장에서는 표준 및 표준화에 관련된 개념을 명확히 한다. 제3장에서는 표준 및 표준화의 경제적 효과를 미시적 측면과 거시적 측면으로 나누어 분석한다.

제4장에서는 표준의 제정 과정을 경제적 관점에서 다룬다. 여기서는 표준이 시장에서 경쟁을 통해 성립되는 과정과 이해당사자들 간의 합의과정을 통해 제정되는 과정으로 나누어 분석하고, 양자 간의 차이를 비교한다. 제5장에서는 표준화활동의 결정요인을 국민경제, 산업, 그리고 기업 차원에서 각각 분석한다. 제6장에서는 표준과 기술혁신의 연관성을 분석하고, 제7장에서는 표준과 지식재산권의 연관성을 다룬다. 제8장에서는 서비스 분야에서의 표준의 역할을 다룬다.

제9장에서는 기업의 입장에서 표준경영 및 전략의 문제를 다루고, 제10장에서는 표준의 이행과 확산의 문제를 분석한다. 이어 제11장에서는 표준의 국제적 측면을 다루고, 제12장에서는 표준화 과정에서 정부의 역할, 즉 표준 및 표준화정책을 알아본다.

- BSI: British Standards Institute
- CDMA: Code Division Multiple Access
- NIS: National Innovation System
- NIST: National Institute of Standards and Technology
- NSSF: National Standardization Strategic Framework
- TBT: Trade Barrier Treatment
- USB: Universal Serial Bus
- WIPI: Wireless Internet Platform for Interoperability
- WTO: World Trade Organization

CHAPTER 2

표준 및 표준화: 기본 개념

2-1 지식체계로서의 표준

1) 표준의 정의

표준을 단순하게 정의하면, '어떤 행동에 대한 합의된 방법(an agreed way of doing something)'이라고 할 수 있다. 넓게 보면 우리가 일상생활에서 사용하는 언어도 하나의 표준이다. 기업에 있어서 표준은 효율성 등 경제적 이득을 실현하기 위하여 모든 유형의 기업 활동에 활용될 수 있는 기술지식(technological knowledge)의 한 형태이다. 표준은 공식적으로 기록되거나 출간될 수도 있고, 암묵적 관례가 될 수도 있다. 표준은 제품, 공정 또는 서비스에 적용될 수 있다. 하나의 공식적인 표준은 다음과 같이 정의된다.

표준이란 주어진 여건하에서 최적의 질서 확립을 목적으로, 활동 및 그 결과에 대한 특성, 규칙 또는 지침을 제공하는 문서로서, 공통되고 반복적인 사용을 위하여 합의에 의해 제정되고 인정된 기관에 의해서 승인된 것이다(ISO/IEC Directives, Part 2, 2004).

표준은 실제 혹은 예측된 성과가 측정될 수 있는 기준으로서 기술적인 체계(technological regimes)를 형성한다. 하나의 표준은 다음과 같이 설명될 수 있다.

- 두 개의 별도 기술이 공통된 인터페이스를 통해서 상호 운용될 수 있는 방법
- 계량 단위(예: 미터) 등 측정기준
- 기업이 정부규제를 충족시킬 수 있는 방법

- 전문적인 자격증과 같은 지식이나 성과의 수준
- 제품이나 서비스의 질
- 특정한 비즈니스 프로세스

따라서 하나의 표준은 사용자의 요구, 생산자의 기술적 가능성 및 비용, 그리고 정부의 공공규제 간의 균형을 표출하는 것으로 볼 수 있다.

2) 과학과 표준

과학과 표준은 밀접히 연관되어 있다. 표준은 과학지식을 토대로 생성된다. 가령 물리학에서 10억 분의 1mm까지의 미세화를 의미하는 나노 분야의 발전은 정교한 측정표준의 확립을 가능하게 할 것이다. 반대로 표준은 과학 활동을 지원한다. R&D를 수행하고 성과를 얻기 위해서는 정확성과 정밀도가 필수적인데, 측정표준기술은 과학자와 엔지니어가 사용하는 기초적 지식 풀(pool)을 제공한다. 예를 들어 통신공학의 발전은 매우 정확하고 신뢰성 있는 시간과 주파수 표준에 의존한다.

그러나 경제적 관점에서 양자 간에는 몇 가지 차이점도 존재한다. 첫째, 표준의 본질은 응용 및 실행에 있으나, 과학은 상품의 생산과 일차적으로는 관계없는 '순수' 지식이다. 둘째, 과학활동, 특히 기초연구는 그 목적이 발견에 있으나 표준 제정의 목적은 경제적 성과의 획득이다. 셋째, 과학과 표준, 공히 공공재적인 특성을 가지나, 표준은 경우에 따라서 사적재적 성격을 가지기도 한다. 과학지식이 공공재가 되는 이유는 그 사용이 서로 경합되지 않으며, 사용에 대해서 배제할 수 없기 때문이다. 물론 정부가 국가이익의 보호라는 차원에서 과학지식의 확산을 규제하는 일도 있지만, 경험상 이러한 노력은 효과를 보지 못하고 있다. 표준도 계량표준처럼 일상적으로 보아 기본적으로 공공재이다. 그러나 표준은 시장에서 지배제품(dominant design)이 되거나 특허에 의해서 전용화(專用化)되어질 수 있다. 전자의 예로 마이크로소프트의 익스플로러를 들 수 있다. 후자의 예로는 미국 필립스 페트롤리엄사의 폴리프로필렌(polypropylene)의 사례가 있다. 동사는 1950년대 말에 폴리프로필렌에 대한 특허를 출원하여 1980년대 초 특허가 인정되었는데, 이 기간 중 업계에서는 폴리프로필렌이 광범위하게 사용되면서 표준화되자 로열티로 막대한 경제적 이득을 챙겼다.[1] 1980년대 현대 등 우리나라 자동차 회사들도 '범퍼'에 필립스 페트롤리엄사의 특허품을 사용하는 데 대해서 범퍼 무게 1파운드당 2센트의 로열티를 지불하였다고 한다.

---

1) 이를 'Submarine 특허효과'라고 한다. 이는 마치 전쟁에서 잠수함이 갑자기 나타나 적의 함정을 공격하는 것처럼 시장이 형성될 때까지 특허의 존재가 알려지지 않다가 갑자기 특허권자가 나타나 시장을 지배한다고 하여 생겨난 용어이다.

3) 기술과 표준

경제학자에게 있어서 기술이란 '생산에 적용되는 인간의 지식'이다. 이러한 지식의 형태는 두 가지이다. 하나는 생산을 위해서 글로 표현된 '처방전'으로 기술서적, 제품규정, 교범, 청사진, 운영지침서 등이고, 다른 하나는 글로 표현되지 않은 '처방전'으로서 노하우 또는 암묵적 지식이다.

표준은 "모든 사람이 어떤 특정한 일을 수행하는 방법"이라고 할 수 있으나, 한편으로는 "그 일을 수행하는 데 아주 적합한 방법"이라고도 할 수 있다. 후자의 관점에서 보면 표준을 기술과 같은 의미로도 사용할 수 있다(Cowan, 2007). 즉, 표준은 기업 활동에 활용될 수 있는 기술지식(technological knowledge)의 한 형태이며, 본질적으로 기술정보라고 할 수 있다. 표준은 물 펌프로부터 전자통신에 이르기까지 모든 기술 분야에서 기술적인 문제를 해결하는 구체적인 정보를 제공한다.

따라서 표준은 기술혁신 혹은 기술이전과 연관성을 가진다. 표준은 그 자체가 하나의 지식으로서 국가혁신시스템(NIS) 내에서 중요한 역할을 수행한다. 즉, 표준은 혁신시스템 내의 어떤 기업도 접근하여 활용할 수 있는 인프라기술(infratechnology)을 구성하는 중요한 요소로서 과학기반으로부터 생산되며, 원천핵심기술을 지원한다. 표준은 산업기반과 상호연관 관계를 가지면서 제품 및 공정기술도 지원한다.

표준 및 표준화활동은 기업 차원에서도 기술혁신을 촉진시킨다. 그러나 한편으로 표준은 기업에 하나의 규제 혹은 제약으로서 기업의 기술혁신활동을 위축시키는 요인이 되기도 한다. 따라서 표준은 기술혁신에 있어서 긍정적인 역할과 부정적인 역할이라는 양면성을 가진다. 이에 대해 제6장에서 보다 자세히 살펴보고자 한다.

4) 특허와 표준

특허는 어느 누군가가 직접적 혹은 간접적인 경제적 이득을 기대하여 생산한 특정한 아이디어 혹은 아이디어의 집합을 말한다. 따라서 특허권은 특허에 대해서 정부가 배타적으로 부여하는 권리로, 기술의 사유화를 의미한다. 이와 달리 표준은 기본적으로 표준화를 통한 실행 및 보급을 목적으로 하여 제정된다. 그런데 특허와 표준, 공히 기술지식에 바탕을 두고 있기 때문에 어떤 경우에는 상충현상이 나타난다. 즉, 표준의 실행이 특허권에 의해서 보호되는 기술의 응용을 필요로 한다면, 특허는 표준의 실행을 저해하는 매우 심각한 장애요인이 될 수 있다. 예를 들어 표준화된 하나의 부품은 많은 수의 구성품으로 조립되는데, 이 구성품들이 각각 특허로 보호되거나 사용료를 내야 활용할 수 있다면, 표준화가 불가능하거나 더디어지게 될 것이다.

반면에 특허와 표준 간에는 보완관계가 관찰되고 있다. Sony사의 CD(Compact Disk)의 경우처럼 특허기술이 세계적인 표준으로 인정되면, 엄청난 부가가치를 창출할 수 있지만, 특허가 표준화 과정에서 배제되면 무용지물이 될 가능성도 있다

그러나 특허와 표준의 관계는 이렇게 간단하지만은 않다. 재래 기술에서는 특허와 표준의 분리가 가능하였으나, IT 등 첨단기술 분야에서는 혼재되어 있다. 따라서 표준과 특허의 관련성에 대해서는 제7장에서 보다 자세히 살펴보고자 한다.

5) 인증과 표준

어떤 제품 및 서비스, 공정, 조직 혹은 시스템 등이 이미 설정된 표준에 따르고 있는지를 객관적으로 알림으로써 시장에서의 거래비용을 줄일 수 있다. 예를 들어 노트북에 MIC마크가 붙어 있는데, 이는 전자기장해, 전자기내성 등 기술표준을 준수하고 있음을 알려 주는 것으로, 소비자들이 제품특성에 대해서 일일이 물어 보지 않고도 사용할 수 있도록 하는 인증마크이다.

이와 같이 제품 및 서비스, 공정, 조직, 혹은 시스템 등이 표준에 적합한지를 평가하여 보증해 주는 활동을 인증(certification)이라고 한다.[2] 인증은 강제성 여부에 따라 강제인증과 임의인증으로 구분할 수 있다. 노트북의 MIC마크는 강제인증의 대표적인 예로서 정보통신부 전파연구소가 부여하는 것인데, 이 마크가 없으면 불법 유통된 제품이라고 보면 된다. 임의인증은 법에는 규정되어 있으나 획득이 의무화되어 있지 않은 인증이다. 임의인증의 예로서 에너지관리공단이 부여하는 에너지절약마크를 들 수 있다. 이 외에도 법적 근거는 없지만 개인사업자, 단체 혹은 협회가 운영하는 인증제도가 있는데, 이를 민간인증이라고 한다. 한국생활환경시험연구원이 부여하는 Q마크가 대표적인 예이다.

인증제도는 해외에서도 존재한다. 따라서 제품을 해외에 수출하기 위해서는 해당국 정부가 요구하는 법적강제인증을 획득해야 한다. 예를 들어 미국에 CD플레이어, DVD플레이어, 프린터 등을 수출하기 위해서는 레이저 방출기준 충족을 인증하는 UL(Underwriters Laboratories)이라는 인증마크를 획득해야 한다.[3]

---

2) 제품 및 서비스, 공정, 조직 혹은 시스템 등이 표준에 적합한지를 평가하는 활동을 총칭하여 적합성 평가(conformity assessment)라고 한다. 여기에는 시험(testing), 검사(inspection), 인증, 인정(accreditation) 등의 행위가 포함된다. 우리나라에서는 지식경제부 산하 기술표준원 적합성 평가팀에서 총괄하여 업무를 담당하고 있다.

3) UL인증의 수행주체는 미국 정부가 아닌 UL이라는 보험회사들의 단체로서, 이에 대한 소비자들의 요구가 증대하면서 주정부들이 UL인증을 의무화하게 되어 사실상 강제인증이 된 것이다.

- 컴퓨터나 노트북에 붙어 있는 인증마크들

- 주요국의 인증마크

미국	일본	중국	EU	러시아	멕시코
UL	PSE	CCC	CE	PCT	NOM

2-2 표준의 유형

1) 공적표준과 '사실상'의 표준

표준은 크게 공적표준(*de jure* standards)과 '사실상'의 표준(*de facto* standards)으로 구분된다.

공적표준은 표준화 기관에 의하여 제정된 표준으로서, 합의표준 및 표준화된 제품을 포함한다. '사실상'의 표준은 시장에서 기업 간 동태적 경쟁에 의해서 결정된 표준이다. 〈표 2-1〉에서 나타나 있듯이 대표적 예로 마이크로소프트사의 익스플로러, 호텔등급표시, VTR의 VHS방식 등을 들수 있다. 익스플로러는 기술혁신의 초기단계에서 넷스케이프 등 다른 기술들과 시장에서 경쟁하여 유일한 표준으로서 지배제품(dominant design)으로 자리 잡게 되었다. 독점적인 시장구조하에서는 한 기업이 효과적으로 '사실상'의 표준을 달성할 수 있으나, 하이테크 시장의 경우, 글로벌 경쟁은 한 기업의 지배를 어렵게 하며, 표준화를 의한 컨소시엄 혹은 전략적 제휴를 형성하게 한다. 일단 표준제품이 확립되면 경쟁은 가격이나 A/S 측면에서 이루어진다. PC산업에서 Dell사의 성공사례를 보면 이를 알 수 있다.

〈표 2-1〉 표준의 유형 및 기능에 따른 실제 사례

표준의 유형	호환성	최소안건	정보제공	다양성 감소
공적표준	복사지규격(A4)	전기안전규격	공공시설표시	건전지의 크기
사실상의 표준	익스플로러	호텔등급도시	재생데이터	JVC의 VHS방식

2) 제품표준과 비제품표준

　표준은 제품표준(product-element standards)과 비제품표준(nonproduct-element standards)
으로도 구분된다. 제품표준은 한 제품의 특성이나 요소를 포함하는 표준으로, 표준의 소유자나 통제
자에게 경쟁우위를 제공한다. '사실상'의 표준은 대부분 제품표준으로, PC의 아키텍처가 대표적인
사례이다.

　비제품표준은 측정 및 시험방법, 호환표준, 과학정보 및 엔지니어링 데이터베이스, 참조표준물
질 등이며, 동종 산업 내에서는 최소한 경쟁우위 측면에서 중립적이다. 비제품표준의 원천은 제품
특성보다는 다양한 기술적 기반에 있으며, 그 포괄범위가 매우 넓기 때문에 정부기관이나 산업계
에 의해서 공동으로 제공된다.

3) 공개표준과 사적소유표준

　표준은 공개표준(open standards)과 사적소유표준(proprietary standards)으로 구분할 수 있
다. 공개표준은 특허보호나 라이선싱에 의존하지 않고 표준화된 기술이 확산되는 표준이다. 대규
모 IT기업의 경우, 경쟁사보다 빨리 신제품 및 시장을 지배하기 위해 자신의 표준, 즉 기술을 누
구나 활용할 수 있게 할 것이다.

　이와 달리 사적소유표준은 특허보호에 의존하는 표준이다. 따라서 사적소유표준을 사용하기 위
해서는 라이선스에 대한 로열티를 지불해야 한다.

4) 자생적 표준과 의도적 표준

　표준은 비의도적 혹은 자생적 표준(unintended standards)과 의도적 표준(intended standards)
으로도 구분된다. 자생적 표준은 그 내용이 문서로 잘 정리되어 있으나, 작성주체가 분명하지 않은
표준이다. 자생적 표준의 가장 대표적인 예는 타자기 자판배열인 QWERTY로, 아직도 그 발생기
원에 대해서 논란이 계속되고 있다. 표준으로서의 QWERTY 배열은 그 발명과 사양이 장기간에
걸친 진화과정의 결과로 나타났으며, 이는 규모의 경제 그리고 사용자와 생산자 간 상호작용의 이
득으로 인하여 가능하였다.

　자생적 표준과 달리 의도적 표준은 어떤 개인 혹은 단체가 기술적 제원에 대한 소유권을 가지는

표준을 말한다. IBM 표준, 마이크로소프트 표준 등이 이에 속한다. 의도적 표준의 소유자는 표준의 내용을 결정할 수 있으며, 시장전략의 일환으로 표준을 활용하기도 한다.

5) 규제적 표준과 비규제적 표준

규제적 표준(regulatory standards)은 국가기관에 의해서 발전된 표준으로 일반적으로 안전 혹은 보건문제와 관련하여 제정된다. 장난감의 안전기준, 기업회계기준, 국제적인 도로표시 등이 그러한 예이다. 경제이론의 관점에서 보면, 보건안전 분야는 외부경제효과가 크고 소유권 지정이 어려우므로 민간기업은 표준화하기를 꺼려하게 된다. 따라서 정부가 나서서 표준을 제정할 수밖에 없으며, 이는 강제적 성격을 갖는다.

규제적 표준이 아닌 표준들은 비규제적 표준(non-regulatory standards)으로 강제성을 갖지 않는다.

2-3 표준의 경제적 기능

1) 호환성 증진

표준은 어떤 한 제품 혹은 서비스 시스템 내에서 보완적인 제품들과 서로 대체하여 작동해야만 한다는 특성을 규정한다. 대표적인 예로 A4, B5, B3 등과 같은 복사용지 규격을 들 수 있다. 이러한 호환표준은 상이한 제품 간뿐만 아니라 기업 간, 국가 간에 상호운용성을 촉진시킨다.

이러한 호환성 혹은 인터페이스 기능 표준은 시스템 내에서의 요소결합과 네트워크의 연결 가능성을 높임으로써 기술혁신에 긍정적으로 영향을 미친다. 그러나 기존기술에서 신기술로의 전환을 방해하는 요인으로도 작용할 수 있다.

2) 품질확보 및 안전성 증진

표준은 제품이나 서비스의 기능, 효율성, 안전성, 환경효과 등과 같이 다양한 측면에서 '수용가능한' 수준 혹은 최소 기준을 규정한다. 전기안전규격, 호텔등급표시, 장난감 안전기준 등이 대표적인 품질확보/안전성 표준의 예이다.

최저품질 및 안전성 확보 표준은 기본적으로 정보 비대칭성의 문제를 경감시키며, 신제품이 시장에 진입할 경우에 수용가능성을 높임으로써 기술혁신의 성공을 가능하게 한다. 그러나 기술의 폐쇄성을 초래하여 기술혁신에 부정적인 영향도 미칠 수 있다.

3) 정보제공

표준은 평가된 과학적 혹은 공학적 정보가 제공되는 것을 돕는다. 이러한 정보는 제품특성을 설명하거나, 수치화하고, 평가하기 위한 서적, 전자데이터베이스, 용어집, 시험 및 측정 방법의 형태로 제공된다. 가장 쉬운 예로 공공시설 표시형식을 들 수 있다. 특히 첨단기술제품에 있어서 널리 받아들여지는 시험 및 측정표준(measurement standards)의 범위는 구매자와 판매자 간의 거래비용을 크게 감소시킨다. 측정표준은 국제단위계(SI), 계측, 계량, 교정 등이 포함된다.

참조표준(reference standards)도 정보제공기능을 수행한다. 참조표준은 신뢰할 수 있는 수치데이터를 말하는데, 데이터와 정보의 정확도와 신뢰도를 공인하기 위한 자료로 사용되며, 각종 과학기술 물성 값, 실험측정 데이터, 수치 및 상수 데이터 등으로 구성된다. 참조표준에는 참조표준자료(Standard Reference Data; SRD)와 참조표준물질(Standard Reference Material; SRM)이 있다.[4]

이와 같은 표준의 정보제공 기능은 기술혁신의 원천이 될 수 있다. 즉, 기술표준 사양서에는 최신의 과학기술정보가 체화되어 있어서 특허명세서처럼 새로운 아이디어를 창출하는 수단이 될 수 있다. 특히 공식적인 표준의 제정주체와 이의 활용자들 간의 노하우가 무상으로 이전될 수도 있다 (Blind, 2004, 27).

4) 다양성의 감소

표준은 하나의 제품이 크기, 품질 등과 같은 특성 면에서 제한되거나 일정한 범위 내에서 생산되도록 한다. 대부분의 표준은 이러한 다양성의 감소 기능을 수행하며, 기본적으로 규모의 경제를 달성하도록 한다. 이의 대표적인 예가 AA, AAA 등과 같은 건전지의 크기 표준이다. 표준의 이러한 다양성 감소 기능은 데이터 양식과 같은 기능적인 분야에도 적용되고 있으며, 컴퓨터 아키텍처와 주변기기 간의 호환기능에서 볼 수 있듯이 물리적 특성과 기능적인 특성을 통합한다.

다양성 감소 표준은 말 그대로 제품의 다양성을 축소시켜 기술혁신에 부정적으로 영향을 미친다. 그러나 다양성 감소 표준은 신제품에 대해서 규모의 경제를 달성하게 한다. 즉, 신제품의 임계물량 확보를 가능하게 하여 평균비용을 감소시킨다.

---

4) 표준참조물질의 예로 화석연료에서 황의 양을 측정하는 물질인 'Sulfur in fossil fuel'을 들 수 있다. 이 물질은 화석연료와 관련된 전체적인 공급사슬(supply chain), 즉 측정도구제조업자, 독립적인 시험실험실, 석탄가공업자, 정유업체, 발전소, 제철소 등은 공해 감시 및 통제장비를 디자인하기 위해서는 반드시 이 표준물질을 사용해야 한다.

2-4 표준화

1) 표준화란

표준의 제정 및 발간은 표준의 경제적 이득을 창출하는 데 있어서 필요조건일 뿐이다. 표준이 기업에 가져다주는 이득, 더 나아가서 국민경제적 효과는 표준이 사용될 때 실현된다. 따라서 표준 관련 이해관계자들은 '표준(standards)' 그 자체가 아니라 '표준화(standardization)'에 관심을 가지게 된다.

앞에서 정의한 대로 표준이 '주어진 여건하에서 최적의 질서 확립을 목적'으로 한다면, 표준화(standardization)는 이를 달성하기 위한 일련의 활동이라고 정의할 수 있다. 그러므로 표준화는 〈그림 2-1〉에서 보는 바와 같이 표준의 생산, 제정, 발행, 실행 및 보급을 포함하는 광범위한 활동을 지칭한다. 예를 들어, 산업표준(industrial standards)은 한 산업 내에서 제품, 생산 공정, 형식, 과정 등 모든 요소가 공동으로 만족시켜야 하는 제원의 집합을 말하는데, 이 경우 표준화는 이러한 일치성(conformity)을 확립하는 조직적 활동으로, 경제적인 효율성 증대를 목적으로 한다.

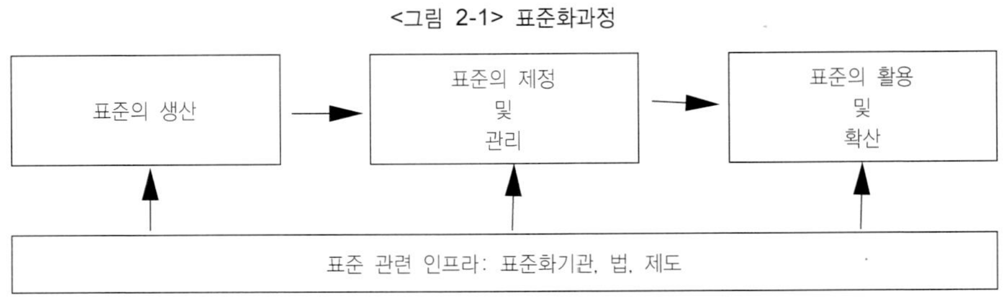

<그림 2-1> 표준화과정

2) 표준화과정

표준화는 크게 두 가지 방법으로 진행된다. 하나는 시장과정(market process)을 통한 것이고, 다른 하나는 집단적 합의(joint modification)에 의한 것이다(Cowan, 1992; Swann, 2000).

(1) 시장과정(market process)

시장과정은 초기에 뚜렷하게 구분되는 몇 개의 기술 혹은 표준들이 시장에서 활용 가능하지만, 시간이 지나고 시장이 성장함에 따라서 이러한 기술 혹은 표준들 중에서 하나의 시장점유율이 증가하면서, 궁극적으로는 지배제품(dominant design)으로 자리 잡게 되는 과정을 말한다. 이때 다른 기술들은 시장에서 도태되고, 표준화가 이루어진다. 예를 들어 가정용 냉장고의 경우 제품개발 초기에는 전기식과 가스식이 동시에 출시되었으나, 가스식 기술은 시장에서 도태되었다. 즉, 전기식 기술이 표준으로 자리 잡게 되었다(Cowan, 1988). 최근의 예로는 마이크로소프트사의 익스플로러를 들 수 있다. 익스플로러는 기술혁신의 초기간계에서 넷스케이프 등 다른 기술들과 시장에서 경쟁하였으나, 지금은 인터넷 브라우저시장에서 하나의 표준으로 지배제품이 되었다. '사실상'의 표준(*de facto* standards)은 이와 같이 시장에서 기업 간 동태적 경쟁에 의해서 결정된 표준이다.

(2) 집단적 합의(joint modification)

집단적 합의는 표준 관련 이해당사자들 간의 조정을 통해서 표준화가 이루어지는 과정을 말한다. KS, ISO/IEC, ANSI 등 표준제정기관에 의해서 제정된 표준들은 집단적 합의를 거친 표준이다. 따라서 집단적 합의에 의한 표준화를 공적 혹은 제도적 과정을 통한 표준화라고도 한다.

2-5 표준의 법적 측면

특허의 경우는 소유권 보호와 관련하여 법적인 문제가 중요하지만, 표준의 법적 문제는 상대적으로 단순하다. 일반적으로 표준을 따르게 하는 법적인 의무는 없다. 시장경쟁을 통해서 결정되는 '사실상'의 표준의 경우는 더욱 그러하다. 그러나 표준이 법률, 규제 혹은 계약에 의해서 명시되거나 거래명세서로 사용되는 경우에는 강제적이거나 혹은 법적인 제약을 받는다. 법으로 강제할 수 있는 표준의 가장 대표적인 예가 안전표준(safety standards)이다. 가구에 대한 방화 특성, 전기제품에 대한 안전요건 등을 규정하는 표준은 따라야만 한다. 그렇지 않으면 시장에 출시할 수 없기 때문이다.

공식적 표준의 경우 법적 문제는 좀 더 면밀히 살펴볼 필요가 있다. 공식적 표준은 자발적으로 제정되며, 그 내용이 주로 제품 및 공정의 기술적 제원에 관한 것이기 때문에 법적인 측면이 뚜렷하게 부각되지는 않는다. 그럼에도 불구하고 공식적 표준은 법적 기반 없이 존재하지 않으며, 법적 측면을 내포하고 있다. 공식적 표준은 표준화과정, 즉 표준의 제정, 공표, 적용 과정에서 법률적 의미를 갖는다.

1) 표준의 생산주체

먼저 표준의 생산주체로서 국가표준 제정기관은 등록된 비영리단체 혹은 협회의 자격을 가지고 있어야 한다. 비영리단체와 협회에 관한 법률에는 체제, 임원선출, 해산절차 그리고 하부조직의 권한 등에 관한 내용이 포함되어 있다. 따라서 표준화기구는 구성원 간의 관계를 규정할 수 있고,

그럼으로써 법적인 영역하에서 활동하게 된다.

한편 표준화 기구의 외부적 관계는 경쟁에 관한 법률 및 일반 법률에 의해서 규정된다. 만약 시장 지배적 기업이 표준화과정에서 경쟁을 저해하는 의사결정을 하는 경우에는 경쟁에 관한 법률에 저촉된다. 심지어 경쟁을 왜곡시키는 표준들은 법률에 의해 통제되고 금지되기도 한다.

또한 특허권과 보호되지 않는 표준과의 상충관계도 존재한다. 특허권의 소유자는 자신이 개발한 기술이 표준화과정에서 사용 및 확산되기를 원할 것이다. 그러나 그는 전략적인 이유로 경쟁기업에게 적절한 로열티를 받고 라이선스해 주는 것에 대해서는 거절할 수 있다. 이런 경우에는 정부가 특허권의 강제실시를 명령할 수 있다. 실제로 유럽전기통신협회가 특허보유자에게 강제적으로 특허를 라이선스해 주도록 시도하였으나, 결국은 특허보유자의 자발적인 행동을 권고하는 수준으로 후퇴한 사례가 있다.

2) 표준의 공표 및 유통

국가표준화기관들의 대부분은 표준문서의 판매를 통해서 재원을 조달하고 있으므로, 표준 저작권의 사용 과정에서 법적인 문제가 발생한다. 실저 저작권은 표준을 제안한 개인이 갖고 있지만, 저작권자가 그 사용권한을 표준화기관들에게 위임하는 경우가 많다. 만약 표준화기관이 표준을 독자적으로 개발하면, 표준화 기관이 저작권을 갖는다.

이러한 표준의 법적 권리는 저작권법의 특별 규정에 명시되어 있다. 이는 표준에 내포되어 있는 저작권 혹은 특허권에 대한 논란이 있기 때문이다. 공적표준을 다루는 국제표준화 기구에서는 특허의 취급규정에서 일반적으로 특허권에 대하여 "어떠한 특허권의 확인에 대해서도 책임을 지지 않는다"라는 입장을 취하면서, 표준과 관련된 특허가 확인된 경우에는 특허권자의 사용허가 조건이 '합리적'이며 '비차별적'일 것을 요구하고 있다. 만약 특허권자가 이 규칙을 따르지 않는다면 표준화는 이루어지지 않을 것이다.

또한 표준문서의 판매와 관련하여 계약법(contract law)의 문제가 있다. 문제의 핵심은 제조물책임법(Product Liability Law; PL)으로, 계약법에 의하면 표준화기관은 표준문서의 내용에 대해서 일정 수준까지만 책임을 지고, 표준화 위원회의 개별 회원들은 제조물 책임을 지지 않는 것으로 명시되어 있다.

3) 표준의 적용

　표준의 적용 과정에서 법적 의미는 표준의 제정과 확산 단계에 비해서 매우 중요하다. 이는 공식적 표준의 적용은 시장경쟁 및 계약에 관한 법과 책임소재에 큰 영향을 미치기 때문이다. 특히 안전 및 품질표준에 있어서는 더욱 그러하다. 많은 경우에 호환성 표준에 안전 및 품질에 관한 규정이 포함되어 있으므로 호환성 표준도 법적 측면을 벗어날 수 없다.

CHAPTER 3

표준의 경제적 효과

3-1 표준의 경제적 효과 파급경로

표준의 경제적 효과는 매우 다양하게 나타난다. 표준은 〈그림 3-1〉에서 보는 바와 같이 유형에 관계없이 사용자들에 의해 채택되고 확산됨으로써, 국민경제나 기업에 경제적 이득을 가져다주고, 소비자의 만족을 증대시킨다. 표준의 경제적 파급효과를 추적하는 것은 매우 어려운 일이나, 크게 미시경제적 효과와 거시경제적 효과로 나누어 살펴볼 수 있다.

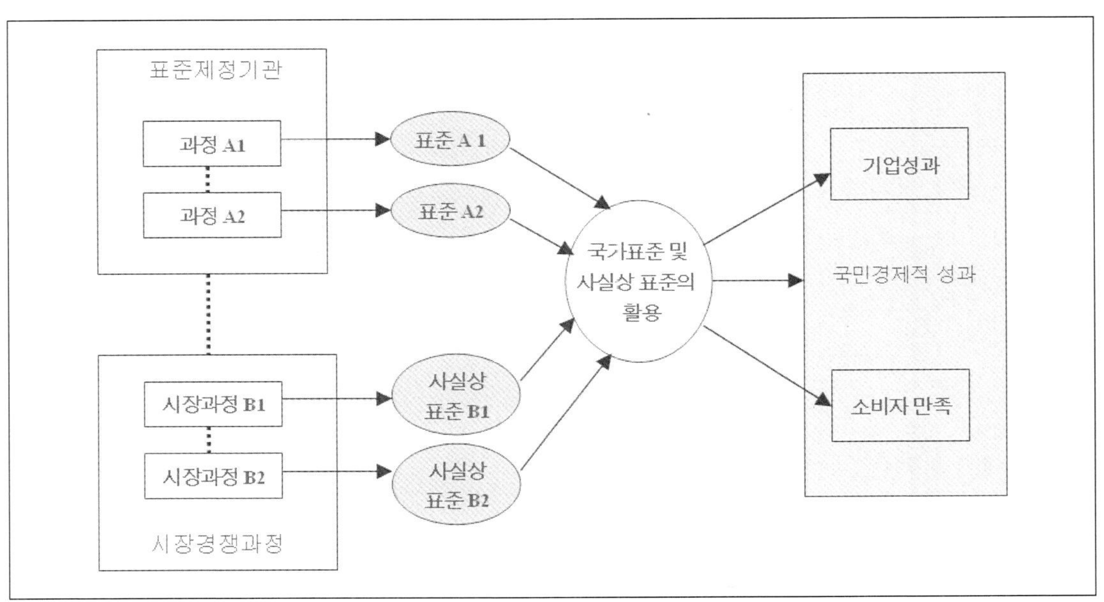

<그림 3-1> 표준의 경제적 효과 파급경로

3-2 표준의 미시경제적 효과

1) 표준과 분업

애덤 스미스(Adam Smith)는 그의 유명한 저서 『국부론』에서 핀 공장을 예로 들어 전문화(분업)의 이득을 설명하였다. 즉, 한 근로자가 모든 공정을 혼자 도맡아 하는 경우에는 단지 몇 개밖에 생산하지 못하나, 생산 공정을 나누어 서로 분업을 할 경우에는 하루에 1인당 약 5,000개 정도의 핀을 생산하는 현상을 관찰하였다.

그러나 이러한 분업의 이득은 제품 및 서비스의 질이 보장될 경우에만 실현된다. 만약 생산과정에서 이웃한 노동자들 간의 이해의 폭이 좁다면 분업의 이득은 존재하지 않을 것이다. 첫 번째 노동자는 그 다음 단계의 노동자가 기대하는 특정한 형태, 즉 하나의 표준하에서 그의 작업을 마쳐야만 한다. 그래야만 그 다음 단계의 노동자가 신속하게 그의 작업을 진행할 수 있기 때문이다. 요컨대 분업의 성공 여부는 표준(standards) 혹은 규범(norms) ― 공식적이든 비공식적이든 ― 에 의존한다.

2) 표준과 시장구조

어떤 하나의 표준화활동과 그 성과는 경쟁을 촉진시키기도 하지만, 한편으로는 경쟁을 저해하기도 한다. 이러한 표준의 경쟁에 대한 긍정적 혹은 부정적인 효과는 동종 시장에서 동시적으로 나타날 수 있다. 더 나아가서 표준의 제정은 제품의 생애주기(product life cycle)에 따라서 경쟁에 미치는 효과가 다르게 나타난다.

(1) 표준의 경쟁촉진효과

신생기업이 어떤 시장에 진출하고자 할 때 진입장벽이 없다면 그 시장은 경쟁적 시장이라고 할 수 있다. 공개표준(open standards)은 모든 진입장벽을 제거할 수 없지만, 시장에서 경쟁을 촉진시킨다. 왜 그런 것일까? 만약 어떤 제품 혹은 서비스에 요구되는 기술적 특성이 표준의 형태로 정의되지 않는다면, 오랜 역사를 가지고 시장에서 활동하던 기존기업들은 잠재적 진입기업에 대해서 경쟁우위를 가지기 때문이다. 진입기업 입장에서도 표준이 없다면 리버스 엔지니어링에 착수하거나 시행착오의 과정을 거쳐야만 한다. 이와 달리, 표준의 형태로 제품 및 서비스에 대한 기술적 특성이 규정된다면, 기존기업은 진입기업에 대해서 크게 유리한 입장에 있지 못하게 된다. 이러한 이유로 대기업들은 표준공개를 꺼려하는 경향을 보이기도 한다.

(2) 표준의 경쟁저해효과

표준화는 경쟁을 저해하는 요인으로 작용하기도 한다. 이는 독점기업 혹은 과점기업들이 경제적 지대를 확보하거나 심지어 경쟁사들에게 비용부담을 주기 위하여 표준의 이득을 내부화하거나 표준의 내용을 통제하는 경우에 나타나는 현상이다. 특히 기술적 제원에 대한 기존의 권리가 사적 소유의 표준에 의해서 보호되는 경우에 경쟁 자체가 불가능하게 된다.

대량구매고객, 예를 들어 정부에 의한 구매표준은 공급을 보증하고, 신뢰적 기준을 만족시키는 기존의 주요 기업들에게 유리하게 작용할 것이다. 대량구매고객의 기술적 요건이 다른 고객들의 요구에 맞지 않는다 하더라도, 대량구매고객의 표준이 시장 전체를 지배할 수 있기 때문이다.[1]

이뿐만 아니라 정부규제당국이나 표준개발기구들이 표준제정에 필요한 기술적 전문가를 보유한 국내 대기업의 이익을 대변하는 경향이 있다. 예를 들어 국내 제조업체들이 표준제정의 기회를 활용하여 해외제품에 대한 암묵적 비관세장벽을 칠 수 있다.

이러한 표준의 반경쟁적 효과는 호환표준, 최저품질표준, 안전표준 그리고 환경표준의 경우에도 나타나지만, 호환표준에서 뚜렷하게 알 수 있다. 과점시장에서 일부 담합기업들은 공식적 표준에 경쟁기업들의 생산비용을 증가시키는 제품표준을 규정함으로써 경쟁을 저해하는 행동을 할 수

---

1) 이러한 경쟁저해효과는 네트워크 외부성으로 경쟁이 제한되는 경우와 우사하다. 예를 들어 통신장비가 독점 공기업에 의해서 구매되면, 민간 사용자들은 어쩔 수 없이 그 장비와 호환 가능한 전화기만을 구입해야 한다.

있다. 특히 네트워크 내에서 부품 간 호환성을 포함하는 표준의 경우에는 경쟁기업의 기술혁신을 저해할 수 있다.

그러나 표준의 경쟁저해효과는 지배제품(dominant design),[2] 즉 미래 기술혁신의 방향에 결정적으로 영향을 미치는 디자인 패러다임을 규정하는 기술적인 요소의 측면에서 쉽게 이해할 수 있다. 타자기 자판배열 QWERTY에서와 같이 일단 지배제품이 표준화되면, 표준은 기술진보의 방향과 상업화에 영향을 미치고, 이러한 영향을 벗어나기 어렵게 된다. 심지어 정보통신기술에 대한 몇몇 주요 공적표준(*de jure* standards)은 표준제정 작업이 완료되거나 적용되기도 전에 기술발전의 방향이나 새로운 거래관계를 확립하는 데 있어서 지대한 영향을 미친 것으로 보고되고 있다 (Hawkins, 1993).

3) 표준과 협력: 네트워크 효과

정보화 사회가 진전되면서 경제학에서 네트워크 기술(network technology)이라는 용어가 사용되고 있다. 이는 어떤 기술을 사용할 때 그 기술이 사용자에게 가져다주는 가치가 그 기술 자체의 내재적 특성뿐만 아니라 타 사용자들의 네트워크 크기와 구성에 의해서도 결정된다는 것을 설명하는 용어이다. 네트워크 효과는 대규모 사용자 그룹이 존재한다는 사실, 그 자체로부터 발생하는 경제적 이득을 말한다.

경제학에서는 네트워크의 가치가 그 규모 증가와 더불어 어떻게 커 가는지를 설명하기 위해 네트워크 효과에 대한 두 개의 법칙을 얘기하고 있다. 하나는 이미 잘 알려진 '메칼프의 법칙(Metcalfe's law)'이다. 이 법칙은 한 경제가 네트워크로부터 얻는 경제적 총 이득은 양방향 통신연계(two way communication linkages)의 다양성에 의해서 결정된다는 것으로, 네트워크의 총 이득은 대략 네트워크 규모의 제곱에 비례한다는 주장이다. 다른 하나는 '리드의 법칙(Reed's law)'이다. 이 법칙은 한 경제가 네트워크로부터 얻는 경제적 총 이득은 하나의 네트워크 내에서 창출되어질 수 있는 다양한 규모의 그룹 수(number of groups of different sizes)에 의해서 결정된다는 것이다. 즉, 경제적 이득의 총 크기는 네트워크 규모의 강도에 의해서 결정되는 것이다.

그러나 문제는 이 두 법칙이 성립하기 위한 필요조건이 만족되어야 한다는 것이다. 만약 다양한 네트워크 구성원들 간에 호환성, 그리고 이를 가능하게 하는 호환표준이 없다면 이 두 법칙은 성립하지 않을 것이다. 단순한 호환표준이 아니라 어디에서나 가능한 공개호환표준이 요구된다.

---

2) 지배제품의 개념에 대해서는 Dosi(1982), Henderson and Clark(1990), Metcalfe and Boden(1992) 참조.

지난 20여 년간에 걸쳐 우리 사회에서 일어난 가장 큰 변화는 정보기술(IT)의 발달로 인한 경제의 정보화일 것이다. 경제학자들은 이러한 경제를 신경제(new eccnomy) 혹은 지식기반경제(knowledge-based economy)라고 부르고 있다(The Economist, 23 Sep, 2000). 보다 구체적으로 말하면 인터넷시대의 도래다. 우리는 IT라는 용어를 종종 사용하는데, 'I'가 뜻하는 정보(information)와 'T'가 뜻하는 기술(technology)의 보다 명확한 개념은 무엇인가? 한마디로 '정보와 기술'의 관계는 '포도주와 병'의 관계에 비유할 수 있다. 프랑스에서 오래 숙성된 맛 좋은 '포도주'는 '병'에 담아 세계 각지로 유통되기 때문에 그 가치가 더욱 빛나게 되는 것과 마찬가지로, '정보' 혹은 '지식'은 인터넷 '기술'의 발달로 누구나 활용할 수 있기 때문에 그 부가가치가 엄청나게 커지게 되는 것이다.

인터넷의 웹사이트(website)들은 새로운 정보를 창출하기 때문이 아니라, 정보에 쉽게 접근하게 하기 때문에 가치 있는 것이다. 사실 웹상에서 접근할 수 있는 HTML 형태의 정보는 대충 150만 권의 책의 분량에 불과하다고 한다. 800만 권의 양질의 책을 소장하고 있는 캘리포니아 주립대학의 버클리 분교 도서관에 비하면 아무것도 아니다. 그러나 정보의 가치는 그 활용 가능성에 있는 것이지 존재 그 자체가 아니다. 만약 버클리 대학 도서관의 책이 연간 1%(8만 권)만 대학 구내에서만 활용되는 반면에, 웹상의 정보가 10%(책으로는 약 15만 권의 분량)가 세계 어디서나 활용된다면, 어느 것이 더 가치 있겠는가? 인터넷 기술의 가치는 바로 새로운 지식을 증가시킨 것이 아니라 정보를 활용할 수 있는 우리의 능력을 증진시켰다는 데 있다.

이와 같은 정보화된 경제에서 나타날 수 있는 외부성이 바로 네트워크 외부성(network externality)이다. 네트워크 외부성은 상품에 대한 어떤 사람의 효용이 이 상품을 사용하는 다른 사람들이 얼마나 존재하는지에 의존한다는 점에서 특수한 경우의 외부성이라 할 수 있다. 예를 들어 교수가 인터넷 강의를 위해 모뎀을 설치하는 경우, 수강생 모두가 의사소통할 수 있는 모뎀을 설치해야만 그 모뎀이 가치를 가지게 되는 경우이다. 이러한 네트워크 외부성은 새로운 경제적 개념을 생각하게 한다. 예를 들어 임계치(critical mass)라는 개념이다. 어느 인터넷 사이트에 대한 사용자의 수요가 현재 그 사이트를 사용하고 있는 사람들의 숫자에 의존한다면, 초기단계에서 일정수준의 사용자들을 확보하는 것이 매우 중요하게 된다. 여기서 일정수준의 사용자의 수가 바로 임계치를 뜻한다. 많은 인터넷 사이트에서 처음에 무료로 혹은 싸게 사용하게 하는 것은 과거에 존재하지 않았던 '시장을 창출'하기 위한 전략이라고 할 수 있다. 물론 적정 임계치가 얼마가 될 것인지는 재화 혹은 서비스의 특성이나 사용자가 그것을 수용하는 데 들어가는 비용과 이득에 의존할 것이다.

네트워크의 외부성은 정부정책의 역할에도 시사하는 바가 크다. 인터넷의 발전역사에서 이를 확인해 볼 수 있다. 인터넷은 미국에서 초기에 소스의 일부 연구실 등에서 데이터 파일을 주고받기 위해 사용되었다. 그 후 1980년대 중반에 미국정부는 여러 지역에 위치한 12개의 슈퍼컴퓨터에 몇몇 주요 대학을 연결시키기 위해서 인터넷기술을 사용하였다. 즉, 대학의 연구자들은 슈퍼컴퓨터에 자료를 주고받는 정도에 그쳤다. 그러나 통신 네트워크의 특성상 많은 사람들이 하나, 즉 슈퍼컴퓨터에 연결되면, 서로가 연결되므로, 슈퍼컴퓨터와 아무 상관없이 서로 이메일을 주고받게 되었다. 일단 임계치 이상의 사용자들이 인터넷에 연결되면서, 신규 사용자에 대한 인터넷의 가치는 눈덩이처럼 커지게 되었다. 요컨대 정부는 네트워크를 구축하기 위해서 슈퍼컴퓨터 센터를 활용하였지만, 신규 사용자들의 대부분은 슈퍼컴퓨터에 대해서는 관심을 가지지 않고도 인터넷을 사용하게 된 것이다.

4) 표준과 기술혁신

표준은 기업에 하나의 규제 혹은 제약으로서, 기술혁신활동을 위축시키는 요인으로 인식되어 왔다. 2005년 영국정부가 표준화의 경제적 이득어 관한 보고서를 발표하자, 한 신문에서 "Red tape(과도한 규제), 즉 표준화가 기업에 좋을 수 있다"라는 비판적 시각을 드러낸 적이 있을 정도로 표준에 대해서 부정적인 시각이 지배적이다.

물론 표준 및 표준화는 기업의 기술혁신활동에 장애가 될 수 있다. 그러나 표준 및 표준화활동은 기술혁신을 촉진시킨다. 그렇다면 표준은 기술혁신을 어떻게 지원하는가? 첫째, 앞에서 살펴본 바와 같이 표준은 분업을 가능하게 하며, 다시 분업은 다양한 형태의 기술혁신활동을 지원한다. 둘째, 공개표준은 경쟁을 부추기며, 경쟁은 신규 진입기업들로 하여금 시장에 들어와 혁신활동을 추진할 수 있게 한다. 셋째, 정교한 측정표준은 혁신기업들이 생산한 제품의 성능이 우수하다는 것을 입증해 준다. 만약 이러한 측정표준이 없다면, 혁신기업들은 시장에서 자신의 제품이 우수하다는 것을 증명할 방법이 없기 때문에 R&D 투자를 꺼려할 것이다. 넷째, 표준이 네트워크의 경제적 효과를 극대화시키는 과정에서, 기술혁신이 촉진된다. 공개표준은 혁신적 기업들이 네트워크 효과를 향유하게 해주며, 핵심기술과 호환되면서 그 기능을 증대시키는 제품들을 개발하여 시판할 수 있도록 도와준다.

5) 표준과 신뢰

최근 윤리경영(ethical business)이 기업의 경쟁우위 획득과 유지에 있어서 중요하게 다루어지고 있다. 윤리경영은 매우 기본적인 경영원칙이므로 사실 그 중요성을 언급할 필요조차 없다. 그러나 현실은 그렇지 않다. 기업과 관련된 각종 비리가 신문지상에서 끊이지 않고 대서특필되고 있다. 생명과 관련된 식품조차도 마음 놓고 먹지 못하고 있다.

경제학에서 이 문제를 정보의 비대칭성(information asymmetry)이라고 부른다. 만약 판매자가 거래되는 제품이나 서비스의 질에 대해서 구매자보다 더 많이 알고 있다면, 그 판매자는 구매자의 무지(ignorance)를 이용하여 이득을 챙길 수 있을 것이다. 반대로 구매자들은 이를 알고 판매자들이 정직하게 행동하지 않을 것이라는 불신하에 제품구매를 꺼려하게 된다. 극단적인 경우 구매자들 모두 시장으로부터 철수할 수도 있다. 이는 다시 정직한 판매자들을 시장에서 철수시킬 것이다. 결과적으로 "악화가 양화를 구축한다(bad money crowds out good money)"는 그레샴의 법칙(Gresham's law)이 성립하게 된다.

표준은 정보의 비대칭성 문제를 약화시키거나 정보의 비대칭성으로부터 야기되는 문제를 해결해 준다. 만약 정직한 거래자 혹은 인증기관이 어떤 하나의 제품이 표준에 적합하다고 인증해 준다면, 소비자들은 위험부담을 가지지 않고 그 제품을 구입할 수 있을 것이다. 더 나아가서 표준과 그 표준의 인증이 공개되고 그 공개범위가 넓다면, 거래당사자 중 한 측이 다른 한 측의 무지를 이용하여 이득을 챙길 수 있는 여지가 없게 된다. 요컨대 구매자들은 그들이 신뢰할 수 있는 공급자가 누구인지를 식별하게 된다. Leland(1979), Swann(1993), Boom(1995) 등은 최소품질표준 혹은 품질차별화표준이 그레샴의 법칙을 해결할 수 있음을 보여 주었다. 만약 이러한 유형의 표준이 존재하고 잘 이해만 된다면, 구매자들은 제품 구입 전에 낮은 품질과 높은 품질을 분명하게 구분하므로 높은 품질의 판매자는 자신의 제품에 대해서 높은 가격을 받게 된다는 것이다.

더 알아보기 3-2: 그레샴의 법칙

흔히 우리는 "악화(bad money)가 양화(good money)를 구축한다"는 말을 듣는데, 경제학에서는 이 현상을 발견한 사람의 이름을 따서 그레샴의 법칙(Gresham's law)이라고 부른다. 영국의 재정담당관이자 외환금융업자였던 그레샴(1519~1579)이 살던 16세기는 금이 화폐로 통용되던 시대였다. 즉, 화폐로서의 금은 실질가치를 지니고 있었다. 가령 1파운드는 금 1온스의 가치를 가지고 있었다. 그런데 문제는 새로 발행된 주화는 명목가치 1파운드와 실질가치 1온스가 일치하지만, 이 주화가 시장에서 유통되면서 가장자리가 닳아 없어지면서 명목가치 1파운드는 1온스보다 작은 ─ 예를 들어, 0.9온스 ─ 가치를 가지게 된다는 것이었다. 심지어 어떤 사람들은 새 돈이 나오면 그것을 자루에 넣어 흔들어 금가루를 ─ 당시는 주조기술이 조악하였음 ─ 모으기도 하였고, 어떤 사람들은 주화의 가장 자리를 칼로 도려내기도 하였다. 따라서 헌 돈(나쁜 돈)은 1파운드라는 명목가치를 가지지만 1온스라는 실질가치를 가지지 못하기 때문에 사람들은 물건을 사고 대금을 지불할 때, 새 돈(좋은 돈)보다는 헌 돈(나쁜 돈)을 지불하게 된다는 것이다. 즉, 시장에서는 헌 돈만 유통되고, 새 돈은 장롱 속으로 들어가, 결국 시장에서 헌 돈이 새 돈을 밀어내게 된다는 것이 바로 그레샴의 법칙이다.

그렇다면 그레샴의 법칙은 현재에도 성립하는가? 그렇지 않다. 현대에 와서 대부분의 화폐는 종이나 니켈 등으로 실질가치를 지니지 못하기 때문이다. 단지 정부가 화폐라고 했기 때문에 화폐로 통용되는 법화(法貨, legal tender)인 것이다. 정보가 화폐로 통용될 전자화폐의 시대에도 이러한 문제는 발생하지 않을 것이다.

한편 그레샴의 법칙은 정보의 비대칭성(asymmetric information)의 문제를 내포하고 있다는 점에서 주목을 받은 바 있다. Akerof(1970)가 레몬시장(lemon market; 품질이 안 좋은 재화가 거래되는 시장으로 중고차시장, 보험시장 등)을 예로 들어 정보의 비대칭성의 문제를 제기하자, 경제학자들은 이를 현대판 그레샴의 법칙이라고 하였다. 즉, 헌 돈을 가지고 지불하는 사람은 그 돈의 실질가치가 명목가치에 미치지 못한다는 사실을 알지만, 대금을 지불받는 사람은 그것을 알지 못하고 거래하기 때문이며, 이로 말미암아 악화만이 시장에서 통용되는 현상이 초래된다는 것이다.

중고차의 경우에도 차를 파는 사람은 자기 차에 대한 정보를 가지고 있으나, 사는 사람은 그렇지 못하므로 품질이 나쁜 중고차들만 시장에서 거래될 가능성이 있다. 이 과정을 좀 더 자세히 살펴보면, 다음과 같다. 정보의 비대칭성이 존재하는 중고차시장에서는 중고차의 가격이 '평균적'인 중고차의 품질에 의존하게 된다. 그러므로 결함이 있는 중고차의 판매자는 차의 실제가치보다 더 높은 가격을 받는 반면에 결함이 없는 차의 판매자는 차의 실제 가치보다 더 낮은 가격을 받게 되는 경향이 나타나게 될 것이다. 따라서 성능이 좋은 차의 소유자는 중고시장에 차를 내놓으려고 하지 않을 것이고, 이는 거래 가능한 중고차의 평균가격과 품질을 낮게 할 것이다. 이뿐만 아니라 중고시장에서 형성된 '평균'보다 높은 성능을 가진 차량의 판매자도 중고시장에 참여하기를 꺼려할 것이고, 이는 중고시장에 매물로 나와 있는 차량의 가격과 품질을 낮출 것이다. 이러한 과정은 가장 성능이 낮은 차량들이 적정하게 낮은 가격으로 판매될 때까지 계속될 것이고, 결과적으로 중고차시장에서 성능이 나쁜 중고차가 성능이 좋은 중고차를 '밀어내는' 셈이 된다. 이러한 현상을 경제학에서는 역선택(adverse selection)이라고 부른다.

　정보의 비대칭성으로 말미암아 발생하는 역선택의 문제는 해결 불가능할 것인가? 먼저 생각할 수 있는 것이 가격이다. 그러나 만약 이를 시장의 가격기구에 맡겨 놓으면 해결되지 않는다. 예를 들어 1995년식 중고차의 경우, 품질이 나쁜 차에 대해 시장이 따로 형성되어 가격이 200만 원으로 결정되고, 품질이 좋은 차에 대해서도 시장이 따로 형성되어 300만 원으로 거래된다면 아무 문제가 없을 것이다. 그러나 이는 품질 나쁜 차를 가진 사람들이 자기 차의 문제를 정확히 자진 신고하는 경우가 아니면 불가능하다. 누가 자기 차의 문제를 속속 알려 주어 낮은 가격을 받으려고 할 것인가? 오히려 가만히 중간 정도인 250만 원을 받으려는 것이 일반적인 경제적 행동일 것이다. 그렇다면 가격 이외의 방안은 없는가? 첫째는 보증제도이다. 보증은 품질 좋은 차의 소유자들이 구매자에게 보내는 신호(signal)이다. 가령 구매자가 중고차에 대한 정보가 없는 상태에서 판매자들이 자신의 차에 대해서 1년 정도 보증(warranty)을 제공한다면, 구매자들은 좀 비싼 가격이라 할지라도 구매하려 하기 때문에 역선택의 문제는 어느 정도 해결된다. 둘째는 평판(reputation)이다. 가령 A라는 자동차 딜러의 경우 좋은 차만 선정하여 판매한다는 오랜 명성을 유지한다면, 역시 좋은 중고차가 비싼 가격에 거래될 수 있을 것이다. 셋째는 앞에서 설명한 표준 및 인증제도이다.

3-3 표준의 거시경제적 효과

앞에서 살펴본 바와 같이 표준은 기업 차원에서 경제적 효과를 보여 주지만, 국민경제 전체적인 차원에서도 경제적 효과를 가진다. 표준 및 표준화는 국민 경제적 차원에서 기술진보, 경제성장, 그리고 무역에 영향을 미친다.

1) 기술혁신

기술혁신은 경제성장과 국제경쟁력을 획득하고 유지하는 데 있어서 중요한 요소이다. 그러나 기술혁신 자체는 필요조건에 불과하다. 신제품 및 신공정이 가능한 한 경제전반에 걸쳐 폭넓게 확산되어야 기술혁신의 국민경제적 성과가 비로소 실현되기 때문이다. 이때 표준협회 등 표준화 기관에 의한 표준화는 새로운 아이디어, 신제품, 신공정 기술을 확산시키는 도구가 된다. 즉, 표준화는 기술이전의 한 형태가 된다. 따라서 표준 및 표준화는 거시적 차원에서도 기술혁신과 밀접한 연관관계를 가지고 있다.

첫째, 새로운 표준과 표준수의 증가는 국민경제적 차원에서 기술혁신의 잠재력을 증대시킨다. 이는 표준 자체가 지식 혹은 기술이기 때문에 새로운 표준은 바로 신기술의 창출을 의미하기 때문이다.

둘째, 기술진보가 표준화의 정도나 표준의 수에 영향을 미친다. 다시 말해서 국민경제 전체적으로 볼 때, 특허등록건수나 R&D 투자 수준에 의해서 측정되는 기술진보는 발간된 표준과 기술기준의 건수를 증가시킨다. 이는 표준의 생애주기(life cycle of standards)는 기술진보가 빠르게 진행되는 부문에서 짧아지는 현상에서도 알 수 있다(DIN, 2000).

셋째, 특허등록수와 R&D 지출이 다른 산업에 비해서 상대적으로 활발한 산업에서 새로운 표준이 더 제정되는 것으로 분석되고 있다(DIN, 2000). 이는 횡단면 자료를 통해서도 표준과 기술혁신이 연관성을 가지고 있음을 보여 주는 것이다.

2) 경제성장

표준은 일정한 조건하에서 경제성장을 촉진시킨다. 즉, 표준화과정이 모든 이해관계자에게 개방적이고, 투명하며, 표준 자체가 독점적이지 않다면 표준은 경제성장의 요인이 될 수 있다. 먼저 하나의 지식으로서 표준은 국가혁신시스템 속에서 하나의 사회간접자본으로서 경제성장에 기여한다. 표준은 기술하부구조 중 인프라기술(infra-technology)을 구성하는 요소로서 과학기반으로부터 생산되며, 원천핵심기술을 지원한다. 물론 표준은 산업기반과 상호연관을 가지면서 제품 및 공정기술도 지원한다. 호환성표준과 정보제공표준은 이와 같은 인프라기술로서의 국가혁신시스템을 지원하며, 궁극적으로 경제성장을 가져온다.

최저품질 및 안전표준은 거래비용 감소를 통해서 경제성장에 기여할 수 있다. 특히 복잡하고 '위험한' 시장과 혁신적이고 고품질의 시장에서 더욱 그러하다.

다양성을 감소시키는 표준은 규모의 경제를 통하여 경제성장을 촉진할 수 있다. 그러나 다양성 감소는 범위의 경제를 위축시켜 경제성장의 장애가 될 수 있다. 양자 중 어느 효과가 더 클 것인가는 국가의 발전단계, 산업구조, 기술수준 등에 따라서 달라질 것이다.

3) 국제무역

WTO의 TBT(Trade Barrier Treatment) 논의에서 알 수 있듯이 무역장벽으로 사용될 수 있는 표준은 국가 간 교역활동에 부정적인 영향을 미치고 있다. 즉, TBT 협정이 각국의 상이한 표준제도 및 절차가 국제무역을 저해하는 '불필요한 장애(unnecessary obstacle)'가 되지 않도록 규제하고 있으나, 실제로는 효과적인 무역제한 도구로 활용되어 왔다.

그러나 표준은 교역증대를 가져온다. 이는 기본적으로 거래국 간의 거래비용(transaction cost)을 감소시키기 때문이다. 거래비용은 거래당사자 간 거래로 인하여 발생하는 비용이다. 거래비용은 특정 생산자가 고객이 원하는 제품을 정확하게 제공하였는가를 확인하는 비용을 포함하여 다양한 형태로 발생한다. 거래비용은 부품이 복잡하고 호환성이 요구될수록 커진다. 거래비용이 크다면, 아무리 생산비가 저렴한 공급자가 있다고 하더라도 부품구입을 꺼려할 수도 있게 된다. 우리가 컴퓨터를 분해해 보면 많은 부품들의 원산지를 확인해 볼 수 있다. 그리고 대부분이 표준화되어 있음을 알 수 있다. 이는 표준화된 부품을 구입하는 구매기업들은 그 부품의 원산지가 어디인지 혹은 어느 기업이 생산했는지를 크게 따지지 않고도 그 부품을 구입한다는 사실을 말해 주는 것이다.

표준과 국제무역의 연관성에 대해서는 제11장에서 자세히 살펴본다.

CHAPTER 4

표준의 공급

4-1 '사실상'표준의 창출: 시장과정

　'사실상'의 표준은 시장에서 기업 간 동태적 경쟁에 의해서 결정된 표준이다. 흔히 '표준경쟁 (standards race)' 혹은 '표준전쟁(standards war)'이라는 용어를 접할 수 있는데, 이는 '사실상' 표준의 결정과정을 의미하는 것이다(Shapiro and Varian, 1999). 익스플로러는 기술혁신의 초기 단계에서 넷스케이프 등 다른 기술들과 시장에서 경쟁하였으나, 넷스케이프는 도태되었고, 지금 은 인터넷 브라우저 시장에서 지배적인 표준이 되었다. 즉, 합의에 의해서 표준이 된 것이 아니라 기업 간 치열한 경쟁에 의해서 표준으로 결정된 것이다. 따라서 시장과정을 통한 표준의 결정과정 에서 가장 중요한 과제는 "누가 혹은 어떤 표준이 승자가 될 것인가?"라는 질문이다. 경제학에서 표준경쟁 현상에 대해서 다양한 이론들이 축적되어 왔다.

1) 지배제품으로서의 표준

　기술진화경제학에는 초기조건(initial condition)과 경로의존성(path-dependence)이란 개념 이 있다. 이 두 개념은 '사실상'의 표준 창출과정을 잘 설명해 준다.

　먼저 초기조건은 새로운 기술의 성공요인이다. 결과만 놓고 보는 경우, 우리는 종종 기술혁신 의 성공요인을 기술적 우월성에 둘 수 있다. 그러나 일반적으로 혁신이 진행되는 당시에는 혁신의 성공요인이 분명치 않고, 성공은 종종 연속적인 개선으로부터 초래된다. 진화이론에 의하면 기술 혁신의 성공은 기술적 우월성뿐만 아니라 우연, 시장요인, 기업전략요인, 사회적 요인 등 여러 요 인들에 의하여 유발될 수 있다고 한다. 예를 들어 VTR시장에서 기술개발 초기에 베타방식, VHS

방식 그리고 비디오 디스크방식이 서로 경쟁하였으나, VHS방식이 경쟁에서 승리하였다. 성공 이유는 기술적 우월성이 아니라 JVC사의 기업전략 ― JVC사는 일본, 유럽, 미국기업들과 제휴하는 겸손한 전략을 취했으나 소니는 혼자만의 길을 고집하였음 ― 이 성공요인이었다. IBM PC의 성공은 소규모경쟁자들과 소프트웨어 제작자들을 자연스럽게 산업표준으로 끌어들였기 때문이었던 것으로 알려지고 있다. 이러한 초기 도약 후에, 제품 및 공정에 대한 성공은 또 다른 성공을 낳고, 선택되어지는 확률은 증가한다고 보는 것이다.

경로의존성이란 일단 새로운 기술이 성공하여 널리 사용되면, 그 기술의 초기 성공에 대한 이유들이 이미 오래전에 없어졌을지라도, 그 기술이 시장에서 계속적으로 지배적인 위치를 가질 수 있음을 의미한다. 하나의 기술은 다른 우월적인 기술혁신에 의해서조차 대체되지 않을 정도로 잘 확립되어질 수 있다. 이러한 기술에 의해서 생산되는 제품을 지배제품(dominant design)이라고 한다. 경로의존성 혹은 지배제품의 개념은 이미 제1장에서 설명한 타자기 키보드의 사례에서 이미 설명하였다. QWERTY의 배치 ― 왼쪽 맨 위에 있는 자판들 ― 는 19세기 말에 고안된 것이다. 이를 고안한 사람들은 가장 자주 사용되는 글자인 QWERTY를 인체공학적으로 가장 부적절한 위치에 놓았는데, 이는 수동식 타자기를 빠르게 칠 때 글쇠들이 서로 충돌하는 것을 막기 위한 것이었다. 따라서 인체공학 측면에서 더 효율적인 자판배열이 수십 가지가 더 있었다. 그러나 그 이후에 개발된 전기식, 전자식, 심지어 컴퓨터용 타자기에서는 글쇠 충돌이 전혀 문제되지 않았음에도 불구하고, 초기의 자판배치는 오늘까지도 변함이 없다. 이는 하나의 수수께끼로 보일 수 있다. 그러나 진화이론은 다음과 같이 설명한다. 자판배열을 바꿈으로써, 즉 QWERTY를 인체공학적으로 가장 효율적인 위치로 보냄으로써 타이핑의 새로운 관례를 획득하는 일은 타자기 사용자의 추가적인 노력을 의미한다. 그러므로 타자기 사용자들은 새로운 자판배열에 집단적으로 저항하게 되었고, 이것이 혁신을 방해하였다는 것이다.

QWERTY의 사례에서 경로의존성은 전적으로 진화과정으로부터 온 것이다. 어느 누구도 타자기 제조업자와 사용자가 기존 배치를 고수해야 한다는 기술적인 표준을 선언하지 않았다. 일단 조정이 취해지면, 그것을 고수하는 경제적 이득이 매우 컸던 반면에, 다른 시스템으로의 변화의 비용은 ― 그것이 기술적으로 우월할지라도 ― 과중한 것으로 보였기 때문이다. 또 다른 예로 클러치, 브레이크, 가속페달 등 승용차의 정형화된 배치를 들 수 있다. 여기서도 표준적인 방식이 수십 년간의 시행착오를 거쳐 나타났다.

2) 표준의 고착화 효과

앞의 설명을 자세히 살펴보면 시장이 열등한 표준에 잠겨 있을 수 있음을 알 수 있다. 다시 QWERTY의 예로 가면, QWERTY라는 자판배열은 인체공학적으로 가장 부적절한 위치에 있었고, 더 효율적인 자판배열이 수십 가지가 더 있었음에도 불구하고 초기의 자판배치는 하나의 표준으로서 오늘날까지도 변함없이 남아 있다. 바로 이러한 현상이 표준의 고착화 효과(lock-in effect)이다(David, 1985).

표준의 고착화 효과의 발생원인은 두 가지로 볼 수 있다. 하나는 타자기 사용자들이 이미 기존 자판배열에 익숙해져 있기 때문이고, 다른 하나는 생산자 입장에서도 다른 자판으로 교체하는 데 비용이 발생한다는 것이다. 요컨대 새로운 자판배열로의 전환은 사용자와 생산자들에게 막대한 전환비용(cost of switching)을 가져다주기 때문에 표준의 고착화 현상이 나타난다는 것이다.

3) 표준경쟁의 유형

모든 표준경쟁이 같은 양상으로 진행되는 것은 아니다. 따라서 표준경쟁을 몇 가지 유형으로 나누어 볼 수 있는데, 그 기준은 각 경쟁기업이 제안하는 새로운 표준과 기존 표준 간의 호환정도를 기준으로 삼을 수 있다(Shapiro and Varian, 1999).

〈그림 4-1〉에서 보는 바와 같이 표준경쟁은 네 가지 유형으로 구분할 수 있다. 그림에서 횡축은 경쟁사의 표준의 기존 표준과의 호환가능 정도를 나타내고, 종축은 자사 표준의 호환가능 정도를 나타낸다. 그림에서 '유형 1'은 자사가 제안한 표준과 경쟁사가 제안한 표준이 모두 기존 표준과 호환 가능한 경우로 진화적 경쟁이라고 이름 붙일 수 있다. CD를 작동시킬 수 있는 DVD와 Divx 간의 경쟁이 여기에 속한다.

경쟁사 표준

	호환 가능	호환 불가능
호환 가능	☞유형 1: 진화적 경쟁 예: DVD와 Divx (모두 CD작동 가능)	☞유형 2: 진화 대 혁명 경쟁 예: 1980년대 말과 1990년대 초 Lotus 1-2-3와 Excel의 경쟁
호환 불가능	☞유형 3: 혁명 대 진화 경쟁 예: 유형 2의 반대 상황	☞유형 4: 혁명적 경쟁 예: 전기시스템에서 AC와 DC

자사 표준

자료: Shapiro and Varian(1999).

<그림 4-1> 표준경쟁의 유형

이와 대조적으로 '유형 4'는 자사가 제안한 표준과 경쟁사가 제안한 표준이 모두 기존 표준과 호환 불가능한 경우로 혁명적 경쟁이라고 할 수 있다. 전기시스템에서 AC와 DC 간의 경쟁이 대표적인 예이다. '유형 2'는 자사가 제안한 표준은 기존 표준과 호환 가능한데 경쟁사가 제안한 표준은 기존표준과 호환이 불가능한 경우로 진화 대 혁명(evolution versus revolution)의 경쟁이라고 할 수 있다. 이는 경쟁사의 우월한 기술과의 경쟁으로 자사는 기존기술의 개선을 통해 경쟁하는 상황이다. 1980년대 말과 1990년대 초 Lotus 1-2-3와 Excel의 경쟁이 이에 속한다고 볼 수 있다. 유형 2의 반대적 상황이 '유형 3'으로 자사가 제안한 표준은 기존 표준과 호환 불가능한데 경쟁사가 제안한 표준은 기존표준과 호환 가능한 경우로 혁명 대 진화(revolution versus evolution)의 경쟁이라고 할 수 있다.

4) '사실상' 표준의 획득전략

(1) 개방전략

표준경쟁에서 표준과 관련된 지식재산권에 대해서 폐쇄적인 전략을 취하여 제품의 사용기반이 구축되지 못하기 때문에 실패할 수 있다(Grindley, 1992). 반대로 표준과 관련된 특허를 다른 기업들이 자유롭게 사용하도록 허용함으로써 궁극적으로 업계의 표준이 될 수 있다. 어떤 한 기업이 기업자체의 표준이 업계의 표준이 되도록 하기 위한 전략으로 재산권 성격을 가지는 후원기술(sponsored technologies)을 표준 관련 기업들에게 공개하거나 합리적인 가격으로 제공할 수 있다(Katz and Shapiro, 1986).

개방적 표준전략을 구사하여 표준경쟁에서 이긴 대표적 사례로 Sun Microsystems사를 들 수 있다. Sun사는 세계적인 하드웨어, 소프트웨어, IT서비스 제공기업으로 설립 당시부터 하드웨어 및 소프트웨어의 표준에 기반을 두었는데, Java 기술이 대표적이다. Sun사의 표준화 전략은 "큰 빵을 조금씩 나누어 가지는 것이 작은 빵을 많이 차지하는 것보다 유리하다"는 입장에서 자사가 가진 지식재산권의 일부를 시장에 제공하여 세계적으르 활용되게 하고, 결과적으로 거대한 기술 체제 및 표준을 만들고 있다. 세계적으로 2억 5천만 대 이상의 휴대폰이 Sun사의 Java 기술을 사용하고 있다.

(2) 기대경영: 예고

사실상의 표준이 되기 위한 경쟁에서 소비자의 기대가 매우 중요하다. 표준이 될 것으로 '기대' 되는 제품이 실제로도 표준이 되는 경우가 많다. 소비자들 스스로 확신하는 기대들이 편승효과 (bandwagon effect)의 조짐이기 때문이다. 이에 따라 표준경쟁 기업들은 소비자들에게 자신의 제품이 궁극적으로 표준이 되고 경쟁기업의 제품은 사라질 것이라는 확신을 심어 주려고 한다 (Shapiro and Varian, 1999).

최근 우리는 기대경영(expectation management)이라는 말을 듣는데, 신제품의 제원과 성능에 대해서 사전에 예고(pre-announcement)하는 것이 이에 속한다. 바로 이러한 사전예고는 표준경 쟁에서 이기기 위한 전략 중의 하나이다(Farrell and Saloner, 1986; Swann and Gill, 1993). 사전 예고는 소비자들에게 당해 제품이 표준이 될 것이라는 기대를 심어 주고, 잠재경쟁자들이 시 장에 진입하는 것을 저지하는 효과도 있다. 1980년대 중반 Borland사가 'Quatro Pro'라는 새로 운 제품을 출시하자마자 Microsoft사는 곧바로 다음어 'Excel'이라는 우월한 제품을 출시한다고 밝혔고,[1] 실제로 Excel이 지배제품이 되었다.

(3) 전략적 제휴군의 조성

사실상의 표준이 되기 위해서는 일정 수준의 시장구모, 즉 임계치(critical mass)가 필수적이 다. 따라서 임계치를 확보하기 위해서는 전략적인 파트너십을 구축할 수 있다. 파트너는 고객일

---

1) 사전예고는 시장에서의 경쟁을 위축시킬 수 있다. 실제로 IBM은 사전여고를 통해 경쟁을 저해하였다는 이유로 정부의 제재를 받은 바 있다(Fisher et al., 1983).

수도 있고, 협력기업일 수 있으며, 심지어 경쟁기업도 가능하다.

1997년 Sun Microsystems사는 *New York Times*지를 비롯한 주요 일간지에 이른바 'Java coalition'에 참여하는 회원사들의 명단을 광고로 발표한 바 있는데, 이는 전략적 제휴군을 조성하여 Java가 차세대 표준이 될 것임을 알리기 위한 것이었다. 이러한 전략은 최근 Sony의 Blu-ray와 Toshiba의 HD-DVD 표준경쟁에서도 찾아볼 수 있다. 〈표 4-1〉에서 보는 바와 같이 Sony의 Blu-ray와 Toshiba의 HD-DVD 간의 표준경쟁에서 각각 전략적 제휴기업을 형성하고 있었으나, Toshiba의 콘텐츠 분야 파트너인 Faramount사, Universal사, 그리고 Warner Brothers사가 Blu-ray 쪽으로 전향하면서 Sony의 승리로 끝났다.

<표 4-1> Sony와 Toshiba 간 표준경쟁: 전략적 제휴기업군

	Blu-ray	HD-DVD
주도기업	Sony	Toshiba
주요기술관련 파트너	Apple, Dell, Hitachi, HP, LG전자, Mitsubishi, Panasonic, Philips, Pioneer, SHARP, SONY, 삼성전자, TDK, Thomson	HP, Intel, Microsoft, NEC, Sanyo, Toshiba
주요 콘텐츠 분야 파트너	Walt Disney, Fox, Lions Gate, Paramount, Warner Brothers, Sony Pictures, MGM	Paramount, Universal, Warner Brothers, HBO, New Line

(4) 표준에 대한 공약 유지

표준경쟁기업의 표준에 대한 공약유지 노력도 표준경쟁에서 중요하다(Grindley, 1992). Sony사는 VTR 표준경쟁에서 JVC사의 VHS방식에 밀려났지만 그 후에도 계속해서 Betamax에 의한 제품을 생산하였다. 이는 비록 동사가 표준경쟁에서는 졌지만 자사가 출시한 표준에 대해서는 끝까지 책임을 진다는 점을 부각시키는 전략이다. 이러한 Sony사의 행동은 표준에 대해서는 책임을 진다는 '평판(reputation)'을 구축하고 유지하는 노력으로 해석된다.

5) '사실상'의 표준과 자연독점

결국 표준경쟁에서 하나의 경쟁자가 승리하게 되는데, 이는 자연독점(natural monopoly)의 요소를 내포한다. 즉, 경쟁에서 살아남은 기업이 '사실상' 표준을 하나의 재산권으로 가지게 되면, 시장에서 독점적 지위를 획득하여 이를 장기간 유지할 수 있게 된다. 대표적인 예로 마이크로소프트사를 들 수 있다(Allen, 2000). 마이크로소프트사의 경우 익스플로러(Explorer)라는 '사실상'의 표준을 획득한 이후 이를 윈도(Windows)에 결합하여 대규모 독점기업이 되었고, 이에 따라 기업분할이 거론되는 등 독과점 정책의 규제대상이 된 바 있다.

6) 새로운 표준으로의 대체 가능성

그렇다면 QWERTY 자판과 익스플로러와 같이 시장에서 일단 표준으로서의 지위를 획득하면, 고착화 효과와 높은 전환비용으로 인하여 새로운 표준으로의 대체가능성은 전혀 없는 것일까? 표준의 고착화는 이론적으로는 타당하고 실제로도 관찰할 수 있으나, 장기적으로는 열등한 기존 기술에 대한 고착화가 해소되고 신기술로 대체되는 경우가 많다(Katz and Shapiro, 1994). 새로운 표준으로의 대체를 유발하는 요인들이 존재하기 때문이다.

(1) 일정 규모의 신표준 수용자 수

기술혁신의 과정에서 일정 규모, 즉 임계치(critical mass) 이상의 많은 기술수용자가 존재하면 예전 기술(표준)에서 새로운 기술(표준)로 전환될 수 있다(Farrell and Saloner, 1987). 즉, 개별적으로는 불확실성 때문에 신표준으로의 대체가 일어나지 않지만 충분히 많은 사용자들이 이를 수용하는 경우에는 불확실성이 감소되면서 표준의 전환이 가능하게 된다는 것이다. 이는 '펭귄문제(penguin problem)'에서 잘 이해할 수 있다. 펭귄이 북극바다에 널려 있는 얼음 위에서 표류하는 상황에서 물속에 있는 고기를 잡아먹고 싶지만, 주변을 맴돌고 있는 상어와 같은 무서운 고기가 두려워 물속에 뛰어들 결심을 못하는 딜레마에 빠진다는 것이다. 이 우화적 예에서 표준화는 모든 펭귄이 동시에 물속에 뛰어드는 상황에 비유될 수 있다. 즉, 새로운 표준은 충분히 많은 사용자들이 당해 표준을 수용하면 도입될 수 있다.

(2) 대칭적인 정보

기존 기술(표준)에서 새로운 기술(표준)로 전환되지 않는 이유 중의 하나는 정보의 비대칭성이다(Choi, 1997). 새로운 기술의 효용성이 기존 기술의 효용성보다 큰 경우에도, 기존 기술에 비해 신기술의 효용성에 대한 정보가 더 적기 때문에 여전히 기존 기술을 선호하게 된다는 설명이다. 따라서 기존기술과 신기술에 대한 정보가 대칭적인 상황이 되면 신기술로의 전환이 가능하게 될 것이다.

(3) 기술적 탐험

기술적 활용(technological exploitation)은 기술학습의 누적적이고 자기 강화적 특성으로 말미암아 새로운 기술적 기회의 탐색(exploration)을 방해하는 요인으로 작용할 수도 있다(Cohen and Levinthal, 1989). 일반적으로 기존의 특정 기술을 지속적으로 활용하여 전문화하면 할수록 단기적으로 그 기술에서 얻는 학습효과가 다른 기술에서 얻는 것보다 더 크기 때문이다. 이러한 단기 지향적 기술학습의 문제점 때문에 기존의 기술 혹은 표준이 새로운 기술 및 표준으로 전환되기 어렵다.

그러나 슘페터적인 창조적 파괴(creative destruction), 다시 말해서 기술적 기회의 탐색활동의 결과는 기술 및 표준의 고착화 현상을 타파할 수 있을 것이다.

4-2 공적표준의 제정: 집단적 합의과정

집단적 합의는 표준 관련 이해당사자들 간의 조정을 통해서 표준화가 이루어지는 과정을 말한다. KS, ISO/IEC, ANSI 등 표준제정기관에 의해서 제정된 표준들은 집단적 합의를 거친 표준이다. 따라서 집단적 합의에 의한 표준화를 공적 혹은 제도적 과정을 통한 표준화라고도 한다.

1) 공적표준의 종류

(1) 국가표준

국가표준은 국가표준기관이 채택한 표준이다. 특정 국가에서 제정하여 사용되는 규격으로 1901년에 세계 최초의 국가규격이 영국에서 제정되었다. 우리나라의 KS와 일본의 일본산업표준(JIS)을 비롯하여, 영국의 BSI(British Standards Institution), 미국의 ANSI(American National Standards Institute), 독일의 DIN(Deutshes Institut fur Normung) 등이 제정하여 공표 및 판매하는 표준들이다.

(2) 국제표준

국제표준은 전 세계 각국의 관련 단체가 회원이 될 수 있는 표준화 단체, 즉 ISO(International Organization for Standardization)나 IEC(International Electrotechnical Commission), ITU(International

Telecommunication Union) 등 같은 국제표준화 기관이 제정하여 국제적으로 적용되는 규격 혹은 표준이다.

(3) 지역표준

지역표준은 특정 국가의 관련단체로 회원 자격을 제한한 표준화단체, 즉 지역표준화 단체가 채택한 규격이다. 유럽의 유럽규격(European Norm; EN) 등이 있다.

(4) 단체표준

단체표준은 업계, 단체, 학회 등의 특정 단체에서 제정하여 사용하는 표준으로 미국시험소재학회(ASTM), 미국기계학회(ASME), IEEE(Institute of Electrical and Electronics Engineers) 그리고 UL(Underwriters Laboratories)은 세계적으로 유명한 단체표준이라 할 수 있다.

2) 공적표준의 이해당사자

(1) 표준화기관

① 정부표준기관

정부표준기관은 정부기관(Governmental Agency)으로 미국의 NIST(National Institute of Standards and Technology), 싱가포르의 SPRING(Standards, Productivity and Innovation for Growth), 일본의 JISC(Japanese Industrial Standards Committee) 등이며, 우리나라의 기술표준원(Korean Agency for Technology and Standards; KATS)이 이에 속한다. 정부표준기관의 재정은 전적으로 정부예산에 의존한다.

② 민간표준기관

민간표준기관은 정부표준기관 이외의 비정부기관(Non-governmental Organization)으로 미국의 ANSI, 독일의 DIN, 영국의 BSI, 일본의 JSA(Japanese Standards Association) 등이며, 우리나라의 경우 한국표준협회(KSA)가 이에 속한다. 미국의 ASTM, UL 등도 민간표준기관이다. 다음에 설명될 국가표준화기관과 표준개발기구는 민간표준기관이 될 수 있다.

③ 국가표준화기관

국가표준화기관은 통상 NSB(National Standards Bodies)로 표현되며, 기본적으로 국가표준을 제정하는 기능을 가지며, ISO(International Organization for Standardization)와 같은 국제표준화 기구에 참여할 때 국가를 대표하여 활동한다.

국가표준화기관은 정부표준기관일 수도 있고, 민간표준기관일 수도 있다. 미국의 경우 민간표준기관인 ANSI가 국가표준화기관이다. 그러나 ANSI는 소규모조직(약 75명)으로 직접 국가표준을 제정하지 않으며, 다른 표준개발기구(Standards Development Organizations; SDOs)들이 개발한 표준을 국가표준으로 공인하는 기능을 수행하고 있다. 물론 ANSI는 ISO의 회원기관이며, 미국을 대표하는 표준화기관이다. 독일의 DIN, 영국의 BSI 등도 국가표준화기구이다. 즉, 미국의 ANSI, 독일의 DIN, 영국의 BSI 등은 민간표준기관이면서 동시에 국가표준화기관이다.

정부표준기관이 국가표준화기관인 경우는 우리나라의 기술표준원, 일본의 JISC, 싱가포르의 SPRING 등이다. 우리나라 기술표준원은 표준화활동과 관련하여 국제적으로 우리나라를 대표하며, KS(Korean Standards)를 제정, 관리하고 있다.

④ 표준개발기구

앞에서 언급된 표준개발기구(SDOs) 혹은 전문표준화기구(Specialized Standardization Organizations; SSOs)는 특정표준을 개발·승인·출판하는 모든 기관을 말한다. 정부표준기관, 민간표준기관, 국가표준화기관 그리고 포럼/컨소시엄은 표준개발기구가 될 수 있다. 미국시험재료협회(ASTM)는 민간표준기관이면서 동시에 전문표준화기구(SSO)로서 여기서 개발된 표준은 전 세계계적으로 사용되고 있다.

(2) 기업

기업은 공적표준 제정의 참여자이자 주요 사용자이다. 제품 및 서비스 생산자로서의 기업은 기술혁신, 시장가치창출, 비용절감 그리고 인증요건의 충족을 위해서 표준을 사용한다(〈표 4-2〉 참조). 예를 들어, 유럽시장에 진출하기 위해서는 CE 마크의 획득이 필수적이다. 또한 표준을 적용한 제품을 구입하거나 제조과정에 표준을 적용하는 기업은 비용절감 등 효율성이 제고된다.

<표 4-2> 전략적 표준화의 이득

경영목표	기업전략	표준화의 이득
기술혁신	• 제품/서비스 차별화 • 선도 기업	• 상업화 • 고부가 기술혁신 • 협력 • 위험감소
시장가치 창출	• 시장 중시	• 네트워크 효과 • 내부: 신속한 공정 확립 • 외부: 시장변화, 기회인식, 시장진입 원활
비용절감	• 비용우위 • 운영효율	• 다양성의 감소/단순화
인증요건충족	• 규정준수	• 거래의 기본 요소

기업은 주로 네트워크효과가 큰 산업, 예를 들어 통신·전자·자동차 산업에 속한다. 기업규모에 따라서 표준화활동에 차이가 있으므로 대기업과 중소기업으로 구분할 수 있다.

(3) 표준컨설턴트

컨설팅회사와 이에 속한 컨설턴트들도 하나의 고객이 될 수 있다. 이들은 특히 ISO의 품질관리 표준제정에 참여하고 있는데, 표준제정 및 기업자문을 위하여 표준을 필요로 한다.

(4) 과학자

과학자들도 표준에 관심을 가진다. 이들은 표준의 직접 사용자나 이용자라기보다는 자신의 연구결과가 어떻게 표준에 반영되는가를 보기 위하여 공적표준에 관심을 갖는다.

3) 공적표준 제정 절차

(1) 국가표준 제정 절차: 우리나라의 경우

① 우리나라 국가표준제도

우리나라의 표준화기관을 보면 정부기관으로 지식경제부 산하 기술표준원이 있고, 민간표준기관으로 학회, 협회, 조합, 학교, 시험검사기관, 인증단체 등이 있다. 기술표준원은 국가표준화기관으로 표준의 제정 및 관리업무를 맡고 있으며, 최근에는 표준업무를 민간에 이양하고 있다. 이를 위해 민간표준 기관들 중에서 일정 요건을 갖춘 단체를 표준개발협력기관(Cooperation Organization for Standards Development; COSD)으로 지정하여 운영하고 있다(〈그림 4-2〉). 2010년 9월 현재 44개의 COSD가 지정되어 있다.

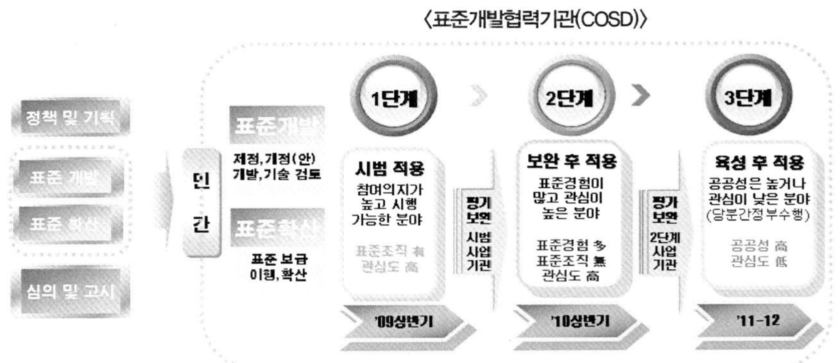

자료: 기술표준원(2008).

<그림 4-2> 표준개발업무의 단계적 민간 이양 계획

② 우리나라 국가표준 제정현황

우리나라에서 제정된 KS 규격은 〈그림 4-3〉에서 보는 바와 같이 2010년 말 현재까지 2만 3,622여 종으로 2010년에만 361종이 제정되었다. 매년 개정되거나 폐지되는데, 2010년 경우 984종이 개정되었고, 111종이 폐지되었다.

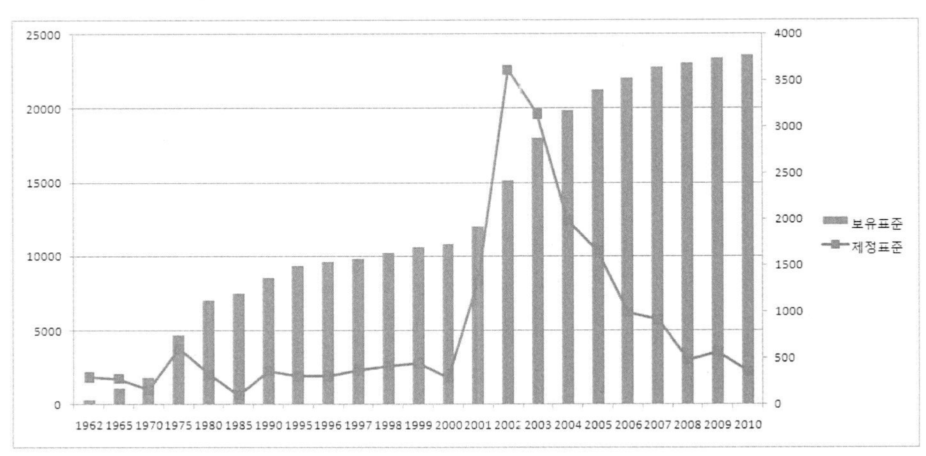

자료: 기술표준원 홈페이지.

<그림 4-3> 우리나라 KS규격 제정 및 보유현황

③ 국가표준 제정절차

우리나라 KS의 제정방법은 크게 두 가지로 나누어진다. 하나는 기술표준원장이 제안하여 제정하는 경우이며, 다른 하나는 개인, 기업, 관련기관 등 이해관계인의 신청으로 제정하는 경우이다. 두 경우 모두 〈그림 4-4〉에서 보는 바와 같이 초안 작성→의견 조회→심의과정을 거쳐 제정된다.

자료: 기술표준원 홈페이지.

<그림 4-4> KS의 제정절차

■ 초안 작성

기술표준원장이 제안하는 경우는 신제품 개발 등으로 제품의 품질 향상, 소비자보호 및 호환성 확보 등을 위한 것으로, 자체적으로 표준안을 작성하거나 학회 혹은 연구기관 등에 용역을 의뢰하여 표준안을 작성한다.

산업체 등 이해관계인은 언제든지 기술표준원장에게 KS의 제정을 신청할 수 있으며, 정해진 신청서에 표준안 및 설명서를 첨부하여 신청하면 된다.

■ 의견 조회

작성된 표준안에 대하여는 이해관계인의 의견을 수렴한다. 공청회를 개최하여 이해관계인의 의견을 들을 수 있으며, 이해관계가 있는 사람 혹은 기관은 서면으로 공청회 개최를 요구할 수 있고, 이를 요구받은 기술표준원장은 반드시 공청회를 개최하도록 되어 있다.

이뿐만 아니라 표준안 작성 후 관계 행정기관과 협의를 거치게 되는데, 이는 관련 행정기관의 소관사항과 표준의 적용 및 사용에 지장이 없는지를 검토하기 위한 것이다.

■ 산업표준회의 심의

작성된 표준은 산업표준심의회 전문 분야별로 구성되어 있는 해당제품의 소관 기술심의회에 상정하여 심의를 거쳐야 한다. 만약 심의대상 표준이 전둔기술 분야 등 전문위원회의 검토가 필요하다고 인정되면 관련 전문위원회로 이송시켜 검토하게 할 수 있다.

이상의 절차를 완료하고 표준안이 확정되면 기술표준원장은 한국산업표준으로 제정·고시하고 관보 및 기술표준원 인터넷 홈페이지에 게재함으로써 KS표준으로 확정된다.

(2) 국제표준

국제적 차원에서 공적표준은 주로 국제표준화기구(ISO)에 의해서 제정·공급된다. 이 외에도 국제전자기술위원회(IEC)가 있으며, IEC는 전자기술 분야를 다룬다. 이하에서는 ISO를 중심으로 국제표준의 제정과정을 살펴본다.

① ISO 기관 개요

ISO에는 많은 정부표준기관(예: 우리나라의 기술표준원)과 국가표준화기관(예: 미국의 ANSI)들이 회원으로 참여하고 있어, 국가 간 합의에 의한 기관으로 생각될 수 있으나 기본적으로는 1947년 스위스 민법에 의해 설립된 사단법인으로 비정부기관이다. 2009년 말 현재 ISO 회원국은 총 162개국으로서, 정회원 105개국, 통신회원 47개국 그리고 정기구독회원 10개국으로 구성되어 있다. 이들은 총회(General Assembly)를 구성한다(〈그림 4-5〉 참조). ISO 내에는 210개의 기술위원회, 519개의 분과위원회, 2,443개의 작업반, 66개의 특별연구그룹 등 총 3,238개의 기술단체가 있으며, 이들이 표준화 작업을 진행한다.

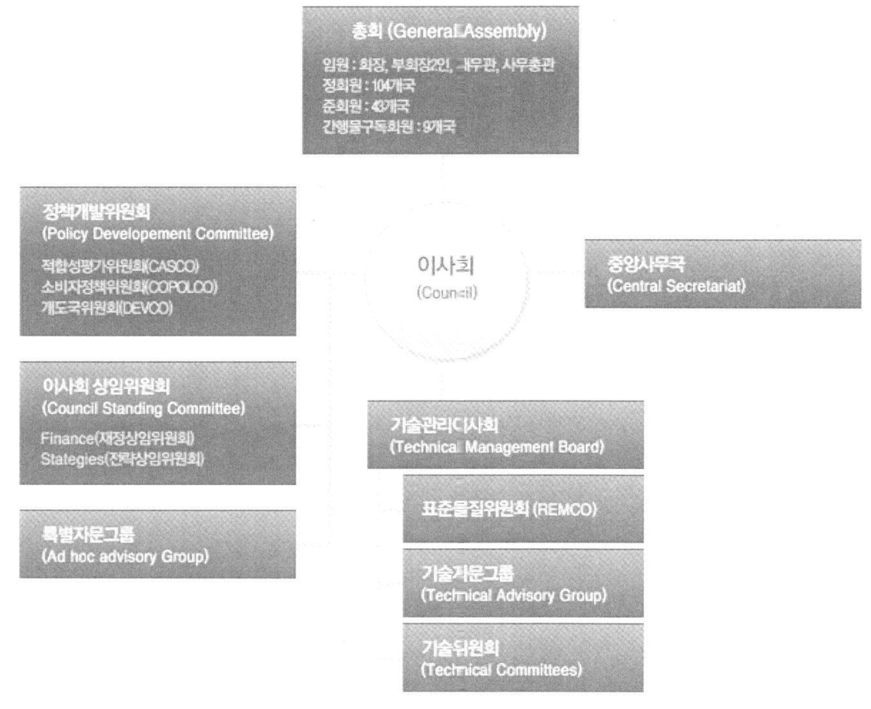

자료: ISO홈페이지.

<그림 4-5> ISO의 조직도

② 표준제정 실적

2009년 12월 말까지 ISO가 제정한 표준은 1만 8,083개이며, 2009년에만 1,038여 종의 표준이 제정되었다. 2011년 4월 현재 ISO가 제정한 표준 중 가장 많이 판매되는 표준 및 발간물이〈표 4-3〉에 예시되어 있다. 표에서 보는 바와 같이 가장 많이 판매되는 표준은 ISO31000:2009로 내용은 '위험관리에 관한 원리 및 지침'이다. 가장 많이 판매되는 발간물은 ISO22000으로 '식품안전경영시스템'에 관한 내용이다.

<표 4-3> ISO 제정 표준 및 발간물의 예시(판매순위 기준)

판매순위	표준		발간물
	표준명	내용	
1위	ISO31000:2009	위험관리: 원리 및 지침	ISO22000 Food safety management systems. An easy-to-use checklist for small business. Are you ready?
2위	ISO14001:2004	환경경영시스템: 사용을 위한 지침요건	ISO 9000 Quality management standards collection
3위	ISO/IEC17025: 2005	General requirements for the competence of testing and calibration laboratories	The integrated use of management system standards

주: ISO홈페이지.

③ 국제표준제정 절차

국제표준의 제정절차도 기본적으로는 국가표준의 제정절차와 크게 다르지 않다. ISO의 국제표준 제정절차는 제안→준비→위원회→질의→승인→발간 등 6단계로 진행된다.

■ 제안

국제표준의 신규 제안자는 초안 작성 전에 개요를 제출한다. 이를 포함한 문서양식은 투표를 위하여 기술위원회 혹은 분과위원회 회원들에게 회부된다. 만약 회원의 과반수가 찬성하면 제안이 승인된다.

■ 준비

준비단계는 ISO 기술작업 지침에 따라 작업초안(Working Draft; WD)을 작성하는 단계이다.

■ 위원회 단계

위원회 단계는 위원회안에 대한 회원기관의 의견을 검토하는 단계이다. 검토가 끝나면 질의안으로 등록하게 되는데, 이에 대한 결정은 기술위원회 의장의 책임하에 합의로 결정한다.

■ 질의 단계

질의 단계는 등록된 질의안에 대한 검토 및 투표가 이루어지는 단계이다. 질의안은 위원회 회원의 2/3 이상이 찬성하거나, 전체투표수의 1/4 이하가 반대하는 경우에 통과된다.

■ 승인 단계

승인 단계는 국제표준 최종안이 투표에 회부되는 단계이다. 질의안과 마찬가지로 위원회 회원의 2/3 이상이 찬성하거나, 전체투표수의 1/4 이하가 반대하는 경우에 통과된다.

■ 발간 단계

국제표준이 승인되면, 중앙사무국은 2개월 이내에 위원회 간사기관에 의해 지적된 오류를 시정하고 국제표준으로 인쇄하여 배포한다. 이로써 국제표준의 제정은 완료된다.

(3) 공적표준들 간의 관계

공적표준들, 즉 국가표준, 국제표준, 지역표준 그리고 단체표준은 독립적으로 존재하여 기능하는 것이 아니라, 서로 연관성을 가지고 작동하고 있다.

① 국가표준과 국제표준

기본적으로 국가표준과 국제표준은 별개이다. 즉, ISO 혹은 IEC 회원국가들은 국제표준을 국가표준으로 채택할 의무는 없으며, 자발적으로 채택할 수는 있다. 그러나 국제표준의 중요성이 더욱 커지고 있다. 그 이유로는 대부분의 국가에서 국가차원에서 수행되는 표준화 작업이 국제표준화 작업의 근간이 되기 때문이다. 우리나라의 경우에도 국제표준화의 필요성에 의해서 기술표준원장이 국가표준을 제안하여 제정하기도 한다.

이뿐만 아니라 WTO는 국제표준이 있는 경우 이를 자국 기술규정의 기초로 사용할 것을 권고하며, 재화 및 서비스가 자국의 기술규정에 적합한지를 평가하는 적합성 평가(conformity assessment)의 절차에 관해서도 국제표준화기구의 지침이나 권고사항 또는 관련내용을 사용하도록 함으로써 외국 원산지 표시 교역품에 대해서 불리하지 않도록 하고 있다.

최근 무역의 글로벌화로 국가표준의 역할이 감소하고 선진국에 의해서 정의된 표준에 추종하는 현상이 나타나고 있으며, 기술추종국들은 표준활동 무임승차를 하나의 전략대안으로 선택하고 있다. 이와 같이 국가표준이 국제표준으로 대체되거나 국제표준이 시장을 지배하는 경향이 커지고 있다.

특히 유럽에서는 국제표준이 더욱 중요해지고 있다. 이는 CEN/CENLEC 등 유럽표준기관들은 국제표준을 유럽지역표준으로 전환시키고 있고, CEN/CENLEC와 ISO/IEC 간의 협약을 체결하여 상호 간의 정보교환, 표준의 세계화, 그리고 표준작업의 중복회피를 공동목표로 삼고 있기 때문이다.

② 국가표준과 지역표준

국가차원에서 수행되는 표준화 작업은 지역표준화 작업의 근간이 된다. 지역표준의 대표격인
유럽표준을 보면(〈그림 4-6〉 참조), 유럽표준기관인 CEN/CENLEC과 각국의 국가표준화기관은
역할이 서로 명확하게 구분되어 표준화 작업을 수행한다. 국가표준화기관들은 유럽표준을 발의하
고 국가 간 의견을 조율함으로써 표준화의 근거를 준비하고, 유럽표준 초안에 대한 자국 입장의
근거로서 조사활동을 수행하며, 유럽표준을 국가표준으로 의무적으로 채택할 뿐 아니라 이를 국
가적으로 확산시킬 책임도 가지고 있다. 더 나아가서 유럽차원에서의 표준화 프로젝트들은 국가
적 차원의 표준화 프로젝트들에 대해서 절대적인 우선권을 가진다. 또한 이른바 강제적인 중지협
약(obligatory standstill agreement)에 따라서 유럽표준이 이미 확립되어 있는 분야에 대한 국
가 차원의 표준화 작업은 착수하지 못하게 되어 있다.

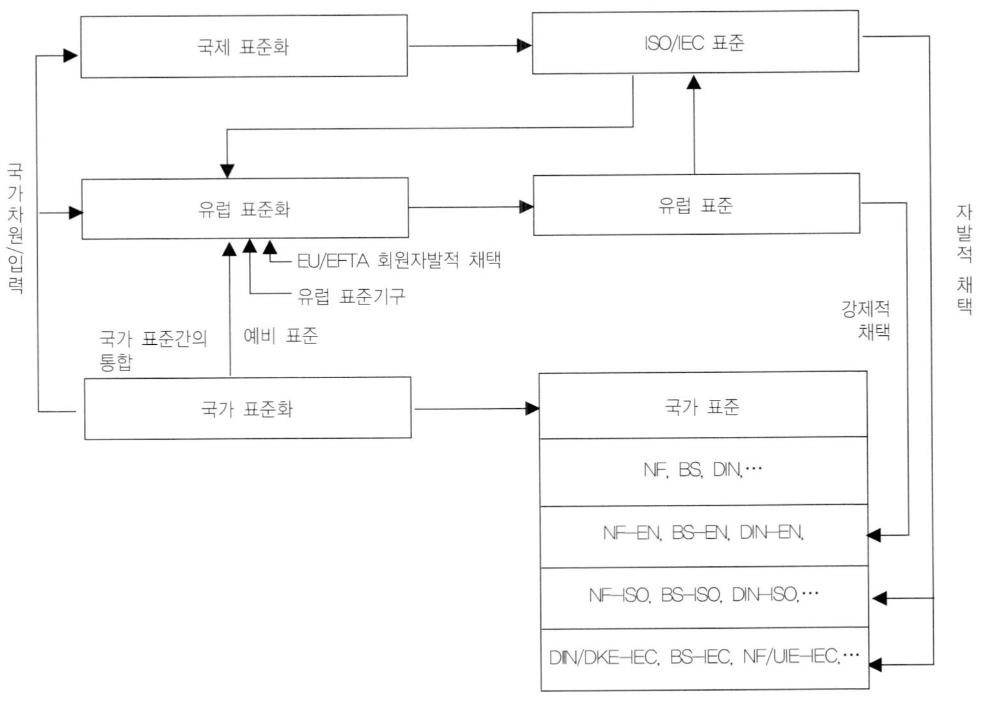

〈그림 4-6〉 국가표준, 지역표준 그리고 국제표준 간의 연관성: 유럽의 경우

지역표준은 유럽 이외에서는 확립되어 있지 못한 상황이다. 미국, 일본, 캐나다, 호주, 한국 등
이 참여하는 태평양지역표준회의(PASC)가 있고, 아시아태평양경제협력기구(APEC) 산하에 표준
적합소위원회가 회원국 간 협력을 통해서 표준화문제를 협의하고는 있으나, 유럽처럼 강력한 지

역표준화 제도는 없다고 할 수 있다.

③ 국가표준과 단체표준

국가표준화기관과 단체표준기관은 서로 밀접하게 연결되어 있다. 예를 들어 미국의 단체표준인 UL은 ANSI의 통제를 받는 기관으로 UL규격은 ANSI/UL로 표기된다. 또한 ANSI는 직접 표준을 개발하지 않으며, 개발은 ANSI가 인정하는 표준거발기구(SDOs)에서 담당하고 있다. 2009년 현재 인정 표준개발기구(SDOs)의 수는 모두 222개이며, 여기에는 미국 ASTM과 ASME 등 단체표준제정기관들이 포함되어 있다. 따라서 이들 기관들이 개발한 단체표준이 ANSI의 승인을 거쳐 국가표준으로 제정된다.

4) 공적표준 시장

공적표준은 제도적 과정을 통해서 결정되나, 이의 보급은 표준의 수요자와 공급자들이 참여하는 표준시장(standards market)을 통해서 이루어진다.[2]

(1) 공급자와 수요자

공적표준 시장에서 표준의 공급자는 표준화기관, 특히 비정부표준화기관들이다. 이들은 민간표준화기관들로서 국제표준화기구(ISO/IEC), 일부 국가표준화기구(예: 미국의 ANSI, 독일의 DIN), 협회(예: 한국표준협회, TTA), 학회(예: 미국의 ASTM) 등이다.

반면에 공적표준의 가장 중요한 수요자는 기업이다. ANSI의 회원을 보면, 회원의 유형은 기업, 정부기관, 표준관련기관, 비영리교육기관, 개인, 허외회원 등 6개로 구분되고 있다. 이는 기업 이외에도 정부, 타 표준화기관, 교육기관, 개인 등도 표준의 잠재적인 수요자임을 말해 준다.

(2) 표준의 가격

기술가치의 평가에서와 마찬가지로 표준의 가치를 가격으로 매기기 어렵다. 표준이라는 상품은

---

2) 표준은 하나의 기술정보이므로 기술시장에서 일반적으로 발생하는 시장실패현상이 표준시장에서도 나타난다. 여기서 말하는 시장실패는 외부성, 공공재, 정보의 비대칭성 등으로 인한 부작용이다. 따라서 정부가 표준시장에 개입하게 되며, 중요한 이해당사자가 된다. 이는 제12장에서는 별도로 다룬다.

기본적으로 공공재적인 성격을 가진다. 특히 규제적인 공적표준은 더욱 그러하다. 따라서 표준의 구매자들의 지불의사(willingness to pay)는 크지 않은 편이다.

따라서 일반적으로 표준의 가격은 표준문서의 페이지 수에 따라서 결정되고 있으나, 고려하는 요소가 다양하다.

첫째, 표준생산 시에 발생하는 비용을 고려하는 경우도 있다(예: 호주). 둘째, 표준가격은 국가 표준화기관에 의해서 결정되는데, 거래량, 경제상황, 구매자의 지불의사, 다른 표준기관의 가격 수준 등을 고려하기도 한다(예: 독일).

셋째, 표준정보가 책자 형태로 공급되는 경우와 웹상에서 다운로드받는 경우 가격이 다르다. 웹상에서 구매하면 할인혜택이 주어진다(예: 호주).

넷째, 구표준(older standards)에 비해서 신표준(new standards) 가격이 낮게 책정된다. 예를 들면 1년 미만의 표준은 15% 정도 할인된다(예: 프랑스).

다섯째, 민간표준기관의 자금조달 상황에 따라서 가격이 책정되기도 한다. 가령 물가상승분이 표준가격에 전가된다(예: 영국).

여섯째, 고객에 따른 가격차별(price discrimination)이 적용되고 있다. 대량구매고객, 표준교육기관, 표준핸드북 구매고객, 그리고 회원에게는 할인 혜택이 주어진다. 심지어 표준전문가, 특히 당해 표준제정에 적극 참여한 사람에게는 무료로 제공한다. 규제와 관련된 표준도 무료로 제공하거나 저렴한 가격에 제공한다(예: 스웨덴).

일곱째, 특허화된 표준정보는 상업적인 기준하에서 수요자들에게 라이선스되기도 한다(예: 호주, 영국). 이 경우는 로열티(royalty)가 지불된다. 그러나 대부분 표준구매자들이 표준정보의 라이선스를 원하지 않기 때문에 라이선싱의 경우는 매우 드물다.

더 알아보기 4-1: 표준의 실제 가격–ANSI의 사례

ANSI의 전자상거래 웹사이트(ANSI's eStandards Store)에서는 표준을 판매하며, 표준에 대한 가격이 정해져서 제공된다. 판매제품은 ISO에서 제정된 국제표준과 ASTM 등 국내 표준개발기관에서 개발된 단체표준을 판매한다. 가격수준을 보면, 'ISO 9000 Collection 1'의 경우 인터넷상에서 구매하여 다운로드 받는 데 458달러이다. 회원에 대해서는 할인된 가격인 366달러에 판매하고 있다(〈표 4-4〉 참조).

<표 4-4> ANSI의 표준간행물 판매가격

간행물(표준)	가격
ISO 9000 Quality Management Collection 1	일반가: 458달러 회원가: 366달러
ISO 9000 Quality Management Collection 2	일반가: 1,440달러 회원가: 1,152달러
ISO 9001 : 2008 Quality Management Systems Requirements	일반가: 116달러 회원가: 92.8달러
ISO 14000 Collection 1 : ISO 14000 Environmental Management Systems Collection	일반가: 422달러 회원가: 337.6달러
ISO 14000 Collection 2 ISO 14000 Comprehensive Environmental Management Systems Collection	일반가: 1,902달러 회원가: 1,521.6달러
AWS ARE-12:2001 Economics of Welding and Cutting	단일가: 52달러
ISO/IEC 27001 and 27002 IT Security Techniques Package	일반가: 295달러 회원가: 236달러
ISO 28000—Supply Chain Security Management Systems Package	일반가: 350달러 회원가: 280달러
ISO 10005/10006/10007—Quality Management Systems Package	일반가: 218달러 회원가: 174달러
ISO 10014:2006 Quality management—Guidelines for realizing financial and economic benefits	일반가: 110달러 회원가: 88달러
ISO/IEC-27001/27002/27005/27006 IT Security Techniques Package	일반가: 500달러 회원가: 400달러
MTS 2008:1 Creating Economic Stimulus while Stopping Climate Credit Risk/Irreversibility	단일가: 99달러
ASTM E2204—05e1 Standard Guide for Summarizing the Economic Impacts of Building—Related Projects	단일가: 44달러
SEMI E79—1106 Specification for Definition and Measurement of Equipment Productivity	단일가: 100달러
ASTM E2620—08 Standard Classification for Program and Project Estimate Summaries	단일가: 44달러
ISO 15663—3:2001 Petroleum and natural gas industries—Life—cycle costing—Part 3: Implementation guidelines	일반가: 122달러 회원가: 97달러

자료: ANSI eStandard Store.

4-3 시장과정과 집단적 과정의 비교

1) 시장과 제도의 연관성

앞에서는 표준창출의 경로를 시장과 제도로 구분하여 각각 설명하였다. 그러나 시장을 통한 기술진화의 경로, 즉 사실상의 표준 창출이 제도적인 표준화과정에 의해서 제약받는 예도 없지는 않았다. '네트워크 통합(network integrity)'이 기술성공의 선행조건이 되는 경우에는 표준의 설정이 불가피하며, 통신시스템이 그 대표적인 예이다. 미연방위원회(FCC)가 TV방송의 표준으로 RCA사의 규격을 승인함으로써 RCA사가 자사제품의 디자인이 TV산업의 공적표준으로 확정된 적이 있었다.

최근에는 시장과 제도가 같이 작동하는 혼합 메커니즘이 중요해지고 있다는 주장도 나오고 있다(Belleflamme, 2002).

2) 시장과 제도의 장단점 비교

그렇다면 위에서 설명한 시장과정을 통한 표준의 창출과 제도적 과정을 통한 공적표준의 제정 중 어느 것이 더 효율적인가? 물론 단정적으로 답하기 어려운 질문이지만 경제학자들 사이에서 논쟁이 있어 왔다. 몇 가지 기준을 가지고 양자를 구분해 볼 수 있다.

(1) 창출기간 및 활용

제도적 과정을 통한 공적표준의 제정은 시간이 너무 오래 걸리므로 표준에 대한 합의가 이루어질 즈음에는 활용가치가 없어질 수도 있다. 문서화된 공적표준은 읽고 이해하기도 어려우며, 심지어 무엇을 합의했는지도 찾기 어렵다는 지적이 있다(De Vries, 1999). 따라서 적시에 시장에서 정의되는 표준이 중요하다는 주장이 가능하다.

반면에 시장에서 정의되는 표준, 즉 사실상의 표준은 표준이 아니라는 주장도 있다. 왜냐하면 '사실상'의 표준은 공개되지 않으며, 공적인 영역에 있지 않기 때문이다. '사실상'의 표준은 시장을 지배하거나 독점화시키는 사적 재산에 불과하다는 것이다. 예를 들어 MS의 익스플로러 기술(코드)은 공개되지 않고 있으며, 시장 독점의 원인이 되고 있다. 국내은행의 경우 익스플로러에 적합하도록 인터넷뱅킹 프로그램이 설계되어 있으며, 다른 브라우저(예: 모질라)를 사용할 경우 인터넷 뱅킹이 불가능하다. 요컨대 이러한 사실상의 표준을 통한 독점현상이 더 중요하다는 것이다.

(2) 표준화의 정도 문제

표준화가 시장과정을 통해 진행되면, 표준화의 정도 혹은 호환성의 정도 문제는 없다. 반면에 표준화가 집단적 합의에 의해서 진행되면, 표준화 혹은 호환성의 정도 문제가 생긴다. 즉, 집단적 합의에 의한 경우에는 시장에서 하나 이상의 기술이 생존할 수 있으며, 각 기술의 사용자들은 상호연계성을 요구하게 된다. 이는 기술들의 수정을 초래하거나 호환기술을 통해 연계를 가능하게 하는 수단 — 게이트웨이(gateway) 기술 — 을 강구하도록 만든다. 어떤 경우에든지 몇 개의 기술들이 생존할 수 있다. 그러나 상호연계성은 가능하게 된다. 분명한 것은 기술들이 수정되는 정도 혹은 게이트웨이 기술이 효과적으로 기능하는 정도는 기술들이 상호 연계되는 정도를 결정할 것이다. 이때 100% 완벽한 상호연계성을 달성하기 위하여 기술적인 해결책을 강구하는 것은 비효율적일 수 있다. 따라서 표준화의 정도 문제가 나타나는 것이다.

더 알아보기 4-2: 적정표준화 정도의 문제

표준화기관들이 안고 있는 고민들 중의 하나가 표준화 정도의 문제이다. 과연 당해 분야의 공적표준을 제정하는 것이 타당한가? 만약 표준을 제정한다면 어느 정도 하는 것이 사회적 관점에서 효율적인가라는 물음이다.

〈그림 4-7〉에서 보는 바와 같이 표준화가 전혀 이루어지지 않은 상황으로부터 표준화의 정도가 커질수록 사회적 편익은 증가할 것이다. 그러나 일정 수준을 지나 표준화의 정도가 과도하게 커지면 다시 사회적 편익은 감소하게 될 것이다. 바로 사회적 편익이 극대화되는 수준이 표준화의 최적수준(optimal level of standardization)이라고 할 수 있다.

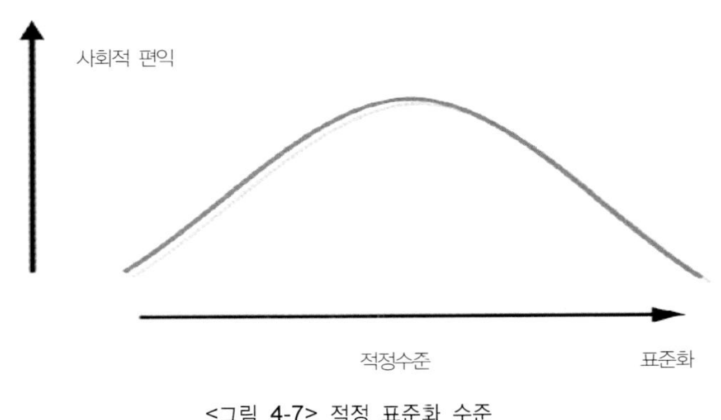

<그림 4-7> 적정 표준화 수준

극단적인 예로 USB와 같은 경우는 하나의 규격으로 표준화되는 것이 세계적으로나 국가적으로 사회적 후생이 극대화될 것이며, 소비자의 선호가 중요한 의복의 경우 표준화가 이루어지지 않는 것이 후생이 극대화될 것이다. 대부분의 경우는 이 중간 상황에 있게 될 것이며, 적정표준화수준은 산업유형, 기술수준 그리고 소비특성에 따라서 달라질 것이다. 예를 들어 장난감의 경우 안전표준 등 표준화가 진행되면 소비자의 후생 중심으로 사회적 후생은 증가하지만, 너무 과도한 표준화는 생산비용의 증가, 소비자 만족감 감소 등 사회적 비용이 감소되는 상황이 나타날 것이다.

(3) 고착화 및 전환비용

사실상의 표준은 비효율적인 표준에 고착화되는 현상을 가져올 수 있다. 만약 새로운 표준으로 전환하려면 많은 전환비용이 발생한다. 반면에 공적표준은 문제가 제기되면 언제든지 보완, 개정, 혹은 폐지될 수 있다.

(4) 공정성의 문제

제도적 과정에 의한 공적표준의 경우 일부 기업에 유리할 수 있으며, 나아가서는 기술적이기보다는 정치적 혹은 경제적 힘의 산물일 수 있다. Cassella(2001)은 소수의 대기업들이 제휴를 통해서 제정한 관리되지 않은 공적표준의 경우에는 불신의 문제를 야기할 수 있으며, 이러한 상황에서는 통일된 산업표준이라 하더라도 부작용이 나타날 수 있다고 보고하고 있다.

CHAPTER 5

표준화활동 결정요인

5-1 표준화활동의 동기

최근 경제의 글로벌화가 진행되고, 정보통신기술(ICT)과 같은 시스템기술이 중요해지면서 기술표준에 대한 수요가 크게 증가하여 왔고, 이에 부응하여 수많은 기술표준이 공급되고 있다.

그렇다면 구체적으로 표준을 필요로 하는 동기는 무엇인가? 즉, 표준화활동 참여 동기는 무엇인가? 표준화활동에 참여하려는 동기는 기업 차원과 산업 차원 간에 엄격히 구분된다. 이는 기본적으로 표준이 기술혁신 혹은 특허와 같은 기업 특유적 활동영역이라기보다는 산업 특유적 활동의 성격을 띠기 때문이다.

첫째, 산업 차원에서는 연간 표준의 제정건수 등이 중요하지만, 기업 차원에는 표준화활동에 참여할 것인가, 아니면 포기할 것인가를 결정하게 만드는 요인이 중요하다. 왜냐하면 한 기업만을 대상으로 특정한 표준을 제정할 수 없기 때문이다.

둘째, 표준은 민간 기업뿐만 아니라 다른 경제활동주체가 참여하는 복잡한 협상과정의 결과이다. 이 협상과정에서 각 경제주체들은 표준화과정에 대한 의사를 표시한다. 예를 들어 노조나 환경단체와 같은 단체들은 신기술이 초래하는 자신들에 대한 도전을 표준화과정에서 해결하려고 할 것이다. 연구기관들도 기술표준과 관련된 과학기술의 발전에 대해 의견을 제시하기도 한다. 이 과정에서 민간 기업이 할 일은 사용자의 입장에서 과학기술 충격 간의 갭을 연결해 주는 것에 국한된다.

셋째, 표준화과정에서 개별기업은 자사 특유의 상황을 감안한 표준화 전략을 취하지만, 산업 차원에서는 회원사 간의 상호작용이 상이한 결과를 초래할 수 있다. 이는 산업 차원에서는 표준화위원회의 구성과 기술적 특성이 표준화에 영향을 미치기 때문이다.

따라서 기업 차원에서의 표준화 결정요인과 산업 차원에서의 표준화 결정요인을 구분하여 살펴볼 필요가 있다.

5-2 산업 차원에서의 표준화활동 결정요인

산업의 표준화활동 결정요인에 대한 정교한 이론적 기반은 거의 없다고 해도 과언이 아니다. 그럼에도 불구하고 표준화에 관한 기존의 연구에서 나타난 요인들을 추출함으로써 산업 차원에서의 표준화활동에 영향을 미치는 요인들을 찾아보고자 한다.

1) 기술적 기회

표준화는 기술혁신과정의 한 부분이므로 기술적 기회(technological opportunity)가 많은 산업일수록 표준화활동이 활발할 것으로 예측할 수 있다. 일반적으로 R&D 지출이 높은 산업 혹은 특허활동이 활발한 산업은 기술적 기회가 많은 산업이라고 할 수 있다. 따라서 R&D 집약도가 높거나 특허출원이 많은 산업은 표준제정건수가 그렇지 않은 산업에서보다 많을 것이다.

다만 표준화과정에서 지식재산권 문제가 발생하는 경우에는 특허건수가 많은 산업에서 표준화활동이 미미할 수 있다. 이는 표준화과정에 필요한 특허의 소유권자가 자신의 특허를 라이선스해 주지 않으려고 하면 표준화가 지연되거나 심지어 중단되는 상황이 초래될 수 있기 때문이다.

2) 표준제정과정의 용이성

표준화과정은 다른 경쟁기업과의 가격경쟁 및 품질경쟁과는 별도의 하나의 중요한 전략적 경쟁수단이다. 이뿐만 아니라 앞에서 언급한 바와 같이 표준은 민간 기업뿐만 아니라 다른 경제활동주체가 참여하는 복잡한 협상과정의 결과이며, 특히 상이한 생산업자 간의 협상과정을 거친다. 따라서 협상주체 간의 합의(consensus), 특히 만장일치만이 파레토 최적(Pareto optimality) 상태를 가져다줄 것이다. 그러나 현실적으로 만장일치는 달성하기 어려우므로 파레토 최적 상태에 미치지 못하는 과반수 규칙을 통해 의사결정에 이르는 경우가 많다.

표준제정기관(SDO)들은 표준화과정에서 주로 만장일치 원칙을 채택하고 있다. 따라서 참여자가 많을수록 협상과정이 어렵고, 더 길어지게 된다. 반대로 참여자가 적을수록 협상이 쉽고 빠르게 진행되어 표준이 많이 생산되어질 것이다.

3) 시장구조

표준제정과정의 용이성과 연관이 되는 요인이지만, 시장구조도 표준화활동에 영향을 미친다. 즉, 시장집중도가 높은 산업에서는 참여자의 수가 적으므로 쉽고 빠르게 표준화 작업이 이루어질 것이다.

또 한 가지는 시장구조가 독과점적일수록 모든 이해관계자가 참여하는 공식적 표준뿐만 아니라 IBM 표준처럼 사실상의 표준을 산업계 표준으로 구축할 확률이 커진다. 이러한 상황에서는 국가표준화기관도 독자적인 국가표준을 만들려는 의욕도 떨어질 것이다. 반대로 많은 중소기업들로 구성된 경쟁적 시장구조하에서는 사실상의 표준이 산업계 표준으로 결정될 확률이 낮게 된다.

그러나 표준에 대한 수요 측면에서 보면, 오히려 시장집중도가 낮은 산업에서 표준에 대한 수요가 클 수 있다. 이는 시장이 분산되어 있을 경우 중소기업들은 표준과 기술기준의 제정을 통해 더 많은 이득을 향유할 수 있기 때문이다.

요약하면, 이론적으로는 시장집중도가 산업 차원에서 표준화활동에 미치는 효과는 양면적이다. 따라서 실증적인 연구를 통해 결과를 확인해 보는 수밖에 없다.

4) 생산요소집약도

표준의 생산 목적도 산업 차원에서 표준화 결정요인에 대한 실마리를 제공한다. 호환성표준, 특히 생산 공정에 필요한 호환성표준은 자본집약적(capital intensive) 산업에 특히 중요하다. 초기 공장건설 및 장비구축의 문제와는 별도로, 기계설비의 지속적 유지 및 확장 시 채용비용을 줄이기 위해서는 상호 호환적인 인터페이스가 요구된다. 따라서 자본집약도가 높은 산업은 자본집약도가 낮은 산업에 비해 더 많은 표준을 생산할 확률이 클 것이다.

이와 달리 품질 및 안전을 위한 표준은 자본집약적 산업에서보다 노동집약적(labor intensive) 산업에서 더 많이 제정될 것이다. 이는 품질 및 안전 확보를 위해서는 더 많은 인력이 투입되어야 하기 때문이다.

5) 수출비중

글로벌 시장에서 표준화는 국제경제활동과 밀접히 연계되어 있으며, 특히 산업이 고도화된 국가에서는 더욱 그러하다. 예를 들어 중국, 인도, 터국 등 후발 개발도상국들이 낮은 생산비를 무기로 하여 부상하는 상황에서, 미국, 한국 등은 품질경쟁력 있는 혁신적인 제품들을 생산하여 공급해야만 국제경쟁력을 유지할 수 있다. 표준화는 품질경쟁력을 확보하기 위한 기술혁신의 한 과정이다. 따라서 수출비중이 높은 산업, 즉 국제적으로 경쟁력 있는 산업에서는 수출비중이 낮은 산업에서보다 표준화활동이 활발할 것으로 예측할 수 있다.

표준화활동과 수출비중의 관계는 표준의 경제적 기능과 관련하여 파악할 수 있다. 일반적으로 해외수요자와 국내수출업자 간에 정보의 비대칭성은 매우 크다. 그런데 표준은 소비자뿐만 아니라 생산자에게도 정보를 제공하는 기능을 가지고 있다. 따라서 수출비중이 높은 산업에서는 국가표준을 제정할 필요성을 느끼게 되며, 나아가서는 ISO 획득 등 국제 표준화활동에 참여할 동기를 가지게 된다.

이뿐만 아니라 표준은 호환 혹은 인터페이스 기능을 가지고 있으므로, 수출기업이 표준화된 제품 ― 특히 네트워크 제품 ― 을 해외시장에 판매한다면 네트워크 외부효과를 얻을 수 있을 것이다. 이 경우 해외구매자들이 선택된 기술이나 제품을 사용할 수밖에 없게 되는 잠김효과(lock-in effects)가 나타나게 된다. 즉, 해외구매자들은 초기 기반설비에 적합한 제품만을 요구하거나, 최소한 그들의 선호가 급격하게 변하거나 획기적으로 개선된 제품이 나오지 않는 한 다른 제품을 선택하지 않을 것이다. 따라서 수출비중이 높은 산업에서는 표준화된 제품을 통해 자국의 표준을 수출하려는 동기에서 표준화활동에 적극 참여할 것으로 예측할 수 있다.[1]

한편 국제경쟁력이 없는 경우, 즉 수출비중이 낮은 경우 국내시장에 무역장벽을 구축하는 것이 하나의 전략이 되고 있다. 이때 국가표준 혹은 기술규정이 하나의 무역장벽 수단으로 동원될 수 있다. 표준의 제정은 해외 경쟁기업들에 국내 제품제원에 대한 정보를 줄 수도 있으나, 표준화과

---

1) 물론 표준화는 경쟁사들이 호환성이나 제품제원에 접근하는 것을 용이하게 하지만 국내 수출업체들은 일시적이라도 경쟁우위를 가지게 되어 가격경쟁력을 유지할 것이다.

정에서 국내기업 간 담합을 통하여 시간을 벌거나 가격 면에서 유리할 수 있다. 따라서 수출비중이 낮은 산업에서 국내시장을 보호하기 위해서 표준화활동이 활발할 것이라는 주장도 가능하다. 그렇지만 무역장벽의 수단은 표준화 이외에도 무수히 많으므로 실제로는 의미 없는 예측이 될 수 있다.

6) 수입비중

앞에서 살펴본 무역장벽으로서 표준의 역할과 관련하여, 수출비중이 낮은 산업처럼 수입비중이 높은 산업에서도 국내시장을 방어하기 위해서 표준화활동이 활발할 것이라는 주장도 가능하다. 그러나 수입비중이 높은 산업에서 오히려 표준화활동의 수준이 낮을 것이라는 예측도 가능하다. 즉, 표준의 제정이 해외 경쟁기업들에게 국내 제품제원에 대한 정보를 줄 수 있다는 점에서, 표준화 수준을 낮춘다는 것이다.

5-3 기업 차원에서의 표준화활동 결정요인

앞에서는 산업 차원에서 표준화활동에 영향을 미치는 요인을 살펴보았다. 이제는 기업 차원에서 표준화활동에 참여에 영향을 미치는 요인들을 찾아보고자 한다.

1) 기대수익

기업은 일차적으로 표준화로 인한 이득을 기대하여 표준화활동에 자원을 투입할 것이다. 즉, 표준화로 인한 기대수익이 클수록 표준화활동에 전념할 것이다. 표준화가 가져오는 이득으로는 기술혁신, 시장가치창출, 비용절감, 인증획득 등 다양하다.

2) 표준화활동의 기대비용

어떤 한 기업이 표준화과정에 참여하려면 고급인력 채용에 따른 인건비나 여행경비 등 관련 비용을 지출해야 한다. 또한 표준화과정에서 기술개발 등 추가적인 비용이 투입된다. 따라서 표준화에 투입되는 비용이 적으면 적을수록 표준화로부터 기대되는 경제적 이득은 더욱 커져, 기업에 의한 표준의 공급은 증가할 것이다.

3) 기술혁신

표준 및 표준화는 기술혁신과 밀접히 연관되어 있다. 먼저 기술혁신의 투입요소로서 R&D 활동과 표준화활동의 연관성을 보면, 두 가지 상반된 견해가 존재한다. 하나는 긍정적인 측면이다. 즉, 표준화활동은 기업의 내부적 기술혁신 과정에서 연속적으로 이루어지므로 R&D 활동이 활발한 기업들은 다른 기업의 제품 및 공정기술과 호환되는 시장성 있는 제품 및 공정기술을 개발하기 위하여 표준화과정에 더 적극적으로 참여하는 경향이 있다는 것이다(Farrell and Saloner, 1985).

다른 하나는 위의 경우와는 반대되는 측면이다. 즉, R&D 활동이 저조한 기업들은 R&D 활동 수준이 높은 기업들로 구성된 표준화단체에 참여하여 기술이전의 이득을 획득하고자 한다는 것이다. 이는 표준이 최신기술(state of the art), 최상의 관행(best practice) 등을 체화하므로 기술이전의 수단이 될 수 있기 때문이다. 이러한 견해는 기업 내부 R&D, 기술이전, 그리고 네트워킹 간의 대체관계를 보고한 Love and Roper(1999)에 의해서 실증적으로 뒷받침되고 있다.

한편 기술혁신성과로서의 특허도 기업의 표준화활동에 영향을 미칠 것으로 기대할 수 있다. 특허변수가 표준화활동에 미치는 영향은 R&D 활동과 마찬가지로 양면성을 갖는다. 이는 기본적으로 기업이 표준화과정에 참여할 때 발생할 수 있는 자사 기술의 유출 혹은 보호문제와 연관되어 있다. 먼저 특허활동이 활발한 기업일수록 표준화과정에 참여할 가능성이 높아진다고 볼 수 있는데, 이는 표준화과정에서 다른 기업에 노출될 수 있는 자사의 노하우가 충분히 보호될 수 있기 때문이다. 그러나 반대로 표준화과정에서 공개된 특허는 충분히 보호되지 못할 뿐만 아니라, 표준화과정에 참여하는 기업들이 서로 토의하는 과정에서 특허문서에 있는 기술정보 이외에도 부수적인 기술정보가 잠재 경쟁사에게 유출될 가능성이 크다는 견해도 있다. 따라서 특허활동이 활발한 기업일수록 표준화과정에 참여할 유인이 낮아질 것으로 예측할 수 있다.

4) 기업규모

어떤 한 기업이 표준화과정에 참여하려면 고급인력 채용에 따른 인건비나 여행경비 등 관련 비용을 지출해야 한다. 이러한 비용은 고정비의 성격이 강하므로 소규모 기업들은 표준화과정에 참여하려고 하지 않고, 무임승차하려는 행동을 보일 수 있다.

또한 소규모기업들은 전유성 문제로 표준화를 꺼려할 수 있다. 표준화는 새로운 기술의 급속한 확산을 조성함에 있어서 광범위한 사회적 가치를 가지며, 명시적 자원의 투입을 필요로 한다. 그러나 개별적인 기업가들은 그러한 노력으로부터 오는 이득을 전유하기 어렵다는 이유로 필요한 자원을 투자하기 꺼려할 것이다. 특히 표준화를 통해서 시장을 확대하려는 중소기업의 경우에는 그들의 초기 노력이 대기업에 의해서 무용화될 것이라는 두려움을 가지기 때문에 더욱 그러하다. 반대로 규모가 큰 기업들은 소규모 기업들에 비해서 표준화로 인한 정(+)의 외부효과를 향유할 수 있다.

요컨대 소규모기업에 표준화활동은 대기업에 비해서 비용뿐만 아니라 표준화의 이득 면에서도 불리하다. 반대로 기업규모가 클수록 표준화 참여 동기는 커질 것이다.

5) 수출활동

수출성과와 표준화활동은 서로 연계될 수 있다. 즉, 해외시장에 참여하는 기업일수록 국가 차원뿐만 아니라 국제적 차원에서 표준화활동의 필요성이 더욱 커질 것이다. 이는 수출기업들이 표준화 제정과정에 적극 참여하여 국제적인 제품사양표준에 영향을 미침으로써 자사의 제품이나 서비스 수출을 증가시킬 수 있기 때문이다. 물론 개별 기업이 국제적 표준제정과정에 미치는 영향은 제한적일 수 있다. 예를 들어 표준화위원회가 지역적 책임을 중시하는 상황에서는 수출기업들은 전 세계적인 표준화제정 과정에 참여하기를 꺼려할 수도 있다.

6) 네트워크

표준화과정에서 네트워크의 역할은 매우 중요하다. 특히 네트워크 경제효과를 누리는 소위 네트워크 기업이나 보완 혹은 호환부품을 생산하는 기업들은 표준화의 외부효과에 크게 의존한다(Shy, 2001). 따라서 네트워크 성격이 강한 분야에서 활동하는 기업들은 기술적인 측면에서 표준에 대한 수요가 클 것으로 예측할 수 있다.

성태경(2009)에서는 우리나라 제조업에 속한 기업들을 대상으로 기업 차원에서 표준화활동 결정요인에 대한 실증분석을 시도하였다. 기업 차원에서의 표준화활동을 기업의 전사적 표준경영, 국내 표준화활동, 국제 표준화활동, 인증획득 활동 등 네 가지 유형(혹은 범주)으로 구분하였으며, 그 결정요인으로 기술혁신활동(R&D와 특허), 기업규모, 수출, 기업조직특성, 산업별 특성(네트워크) 등을 포함하였다. 분석된 표본은 제조업에 속한 636개 기업으로 정성적 분석방법인 로지스틱 회귀모형(logistic regression)을 사용하였다. 〈표 5-1〉, 〈표 5-2〉, 〈표 5-3〉, 〈표 5-4〉에는 로지스틱 회귀모형에 대한 분석결과가 나타나 있다. 연구결과는 다음과 같다.

첫째, 기술혁신활동 변수 중 R&D 집약도는 국제 표준화활동을 제외하고 표준화활동에 영향을 미치지 않는 것으로 분석되었다. 즉, "R&D 집약도가 높은 기업일수록 기업 차원에서 전사적인 표준경영을 추진하거나, 국내 표준화활동을 더 활발히 하거나, 혹은 인증획득활동을 더 활발히 할 것이다"라는 가설은 각각 기각되었다. 다만 "R&D 집약도가 낮은 기업일수록 국제 표준화활동에 참여할 가능성이 높아질 것이다"라는 가설이 성립하였는데, 이는 우리나라 기업들이 해외에서의 표준화과정에의 참여를 기술이전의 수단으로 활용하는 경향이 있기 때문으로 해석하였다.

둘째, 기술혁신활동 변수 중 특허출원은 전사적 차원에서의 표준경영과 인증획득활동에 대해 정(+)의 유의한 효과를 나타내었다. 즉, 특허출원 활동이 활발한 기업일수록 전사적인 표준경영을 추진하고, 인증획득 활동을 활발히 할 것으로 분석되었다. 반면에 특허출원은 국내 표준화활동과 국제 표준화활동과는 연관이 없는 것으로 나타났다.

셋째, 기업규모변수와 관련하여서는 소규모 기업과 대규모 기업이 아닌 중간규모의 기업에서 전사적 차원에서의 표준경영과 인증획득활동이 활발하다는 역U자 가설이 성립하는 것으로 분석되었다. 또한 기업규모가 클수록 국내 표준화활동이 활발한 것으로 나타났다. 그러나 국제 표준화활동은 기업규모와 연관이 없는 것으로 나타났다.

넷째, 표준화에 대한 경영진의 관심은 표준화활동의 유형에 관계없이 표준화활동의 중요한 결정요인으로 분석되었다.

<표 5-1> 회귀분석 결과: 종속변수가 전사적 차원에서 표준경영 여부인 경우

	계수 값(B)	Wald 값	유의확률	EXP(B)
상수	−4.477[***]	65.268	0.000	0.011
기술혁신: R&D 집약도(RD)	−0.002	0.062	0.803	0.998
기술혁신: 특허출원(PATENT)	0.619[***]	8.764	0.003	1.857
기업규모(SIZE)	1.494[***]	9.193	0.002	4.454
기업규모제곱(SIZE^2)	−0.387[**]	6.462	0.011	0.679
수출비율(EXPORT)	0.001	0.022	0.881	1.001
네트워크(NETWORK)	0.219	1.123	0.289	1.245
기업부설연구소(RI)	0.212	0.763	0.382	1.237
표준화에 대한 경영진의 관심(CEO)	1.073[***]	83.839	0.000	2.924
표본 수	636			
−2log우도	603.154			
Nagelkerke R^2	0.292			
분류정확도	77.5%			
Chi−square	143.246[***]			

주: 1) Wald 통계량=[계수값(B)/표준편차]^2; EXP(B)=e^B.
    2) ***는 1%, **는 5%, *는 10% 수준에서 각각 유의함.

<표 5-2> 회귀분석 결과: 종속변수가 국내 표준화활동인 경우

	계수 값(B)	Wald 값	유의확률	EXP(B)
상수	−2.542[***]	33.942	0.000	0.079
기술혁신: R&D 집약도(RD)	−0.001	0.020	0.888	0.999
기술혁신: 특허출원(PATENT)	0.156	0.737	0.391	1.168
기업규모(SIZE)	0.802[**]	4.404	0.044	2.229
기업규모제곱(SIZE^2)	−0.130	1.078	0.299	0.879
수출비율(EXPORT)	−0.005[*]	3.147	0.076	0.995
네트워크(NETWORK)	0.035	0.042	0.838	1.036
기업부설연구소(RI)	−0.187	0.727	0.394	0.829
표준화에 대한 경영진의 관심(CEO)	0.510[***]	31.772	0.000	1.665
표본 수	636			
−2log우도	824.361			
Nagelkerke R^2	0.111			
분류정확도	62.1%			
Chi−square	55.050[***]			

주: 1) Wald 통계량=[계수값(B)/표준편차]^2; EXP(B)=e^B.
    2) ***는 1%, **는 5%, *는 10% 수준에서 각각 유의함.

<표 5-3> 회귀분석 결과: 종속변수가 국제 표준화활동인 경우

	계수 값(B)	Wald 값	유의확률	EXP(B)
상수	−2.456	25.005	0.000	0.086
기술혁신: R&D 집약도(RD)	−0.015[*]	2.919	0.088	0.985
기술혁신: 특허출원(PATENT)	0.198	0.956	0.328	1.219
기업규모(SIZE)	0.292	0.364	0.546	1.339
기업규모제곱(SIZE^2)	0.029	0.033	0.857	1.029
수출비율(EXPORT)	0.000	0.006	0.940	1.000
네트워크(NETWORK)	0.672[***]	11.700	0.001	1.959
기업부설연구소(RI)	−0.048	0.039	0.844	0.954
표준화에 대한 경영진의 관심(CEO)	0.745[***]	50.885	0.000	2.107
표본 수	636			
−2log우도	655.375			
Nagelkerke R^2	0.178			
분류정확도	74.8%			
Chi−square	83.085[***]			

주: 1) Wald 통계량=[계수값(B)/표준편차]^2; EXP(B)=e^B.
　　2) ***는 1%, **는 5%, *는 10% 수준에서 각각 유의함.

<표 5-4> 회귀분석 결과: 종속변수가 인증획득활동인 경우

	계수 값(B)	Wald 값	유의확률	EXP(B)
상수	−2.037[***]	19.330	0.000	0.130
기술혁신: R&D 집약도(RD)	0.011	1.094	0.296	1.011
기술혁신: 특허출원(PATENT)	0.777[***]	16.918	0.000	2.175
기업규모(SIZE)	0.732[*]	2.843	0.092	2.079
기업규모제곱(SIZE^2)	−0.256[*]	3.678	0.055	0.774
수출비율(EXPORT)	0.003	0.716	0.398	1.003
네트워크(NETWORK)	0.913[***]	24.718	0.000	2.492
기업부설연구소(RI)	−0.224	0.942	0.332	0.800
표준화에 대한 경영진의 관심(CEO)	0.396[***]	17.078	0.000	1.486
표본 수	636			
−2log우도	722.841			
Nagelkerke R^2	0.153			
분류정확도	70.8%			
Chi−square	73.751[***]			

주: 1) Wald 통계량=[계수값(B)/표준편차]^2; EXP(B)=e^B.
　　2) ***는 1%, **는 5%, *는 10% 수준에서 각각 유의함.

5-4 국민경제 차원에서의 표준화활동 결정요인

국민경제 측면에서 본 표준화 수준의 결정요인은 〈그림 5-1〉에 요약되어 있다. 여기서 표준화 수준에 영향을 미치는 요인들은 기술, 시장, 과학기술의 하부구조, 표준화정책 및 전략으로 구분되어 있다. 이들 요인은 각각 표준의 공급에 영향을 미친다. 그러나 각 요인들은 상호보강작용을 통하여서도 표준의 공급에 영향을 미친다는 것을 보이기 위해서 다이아몬드형으로 표현하였다. 예를 들어 표준하부구조(예: 연구원 수 및 기술자 수)는 표준생산여건(현재의 표준화 수준)에 영향을 미칠 것이다. 이 모델은 표준화활동이 외생적긴 힘에 의해서 이루어지는 것이 아니라 경제적 과정에서 하나의 내생요인이라는 점을 내포하고 있다. 표준화활동은 표준화의 방향 및 자원배분에 관한 의사결정과 관련하여 이루어진다는 사실이다. 이를 염두에 두면서 각 요인들을 차례로 살펴보기로 하자.

1) 표준생산여건

국민경제적 관점에서 볼 때 지금까지 누적된 표준스톡과 현재의 표준 관련 과학 및 기술수준은 표준의 장기적 공급에 있어서 매우 중요한 요인이다. 이는 표준이 사적재의 성격을 가지고 있음에도 불구하고, 표준화가 이루어진다는 사실 자체가 외부효과를 창출하기 때문이다.

2) 시장요인

'필요는 발명의 어머니'라는 말처럼 표준화는 사회적 필요에 의해서 유발된다. 즉, 시장에 존재
하는 수요가 표준생산의 중요한 결정요인이 된다. 일반적으로 시장에서 표준화 기회를 포착하게
되면 표준활동에 자원을 더 투입하게 됨으로써, 표준의 공급은 증가할 것이다. 이뿐만 아니라 제
품에 대한 수요의 증가가 표준화의 방향 및 속도를 결정한다.

3) 표준하부구조

표준화는 표준관련 과학자 및 엔지니어의 수, 연구장비, 표준활동의 규모 및 조직 등 하부구조에
의해서 영향을 받는다. 예를 들어 측정표준연구에 필요한 기계장비, 즉, 실험설비는 대부분 전문화
된 고가의 장비이므로, 이러한 실험설비가 적절히 설치된다면 표준의 공급은 더 커지게 될 것이다.

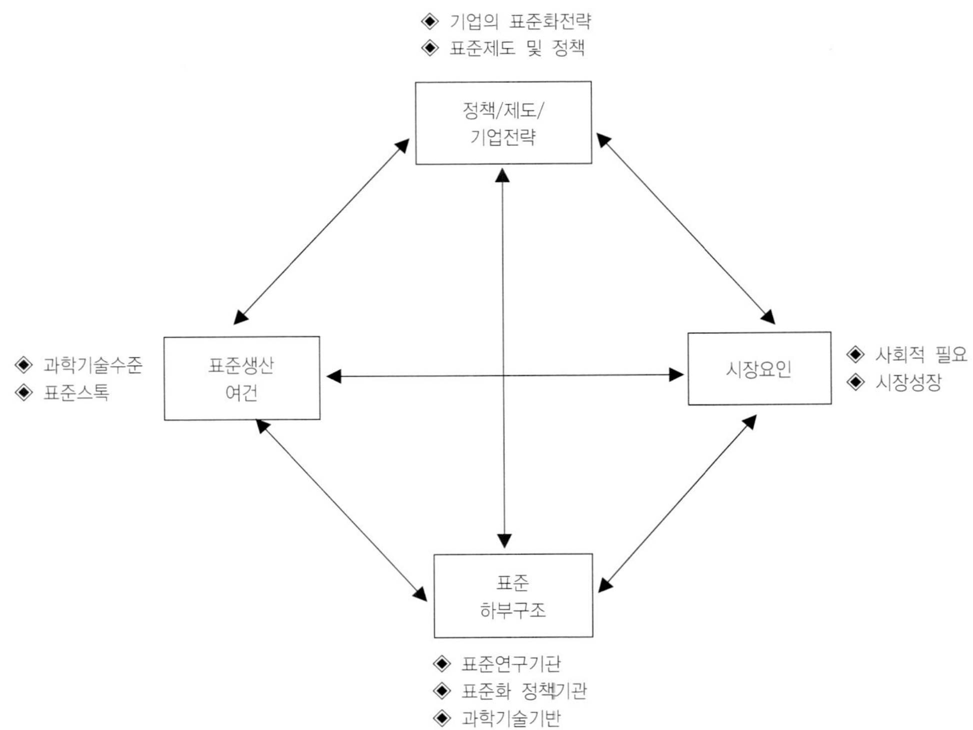

<그림 5-1> 국민경제 측면에서 본 표준화 수준 결정요인

4) 정책, 제도 및 전략

　　표준제도는 표준화의 방향과 속도에 영향을 준다. 표준화 관련 제반 법규와 특허권, 저작권 등 지식재산권에 관한 법률이 잘 갖추어질 뿐만 아니라 엄정하고 공정하게 시행되는 경우에는 표준화활동이 활발해질 것임은 자명한 이치이다.

　　정부의 표준화정책 및 기업의 표준화 전략 역시 표준화 수준을 결정하는 중요한 요인이다. 표준의 공공재적 요소로 인한 시장실패로 정부개입의 필요성이 지적되어 왔으며(Tassey, 2006), 실제적으로도 미국 등을 비롯한 선진 외국에서는 국가적인 차원에서 표준화정책을 강력하게 추진하고 있다. 미국의 경우 상무부 산하 국가기술표준국(NIST)에 표준화와 관련된 다각적인 임무를 부여하고, 이에 따른 예산을 배정하여 왔다. 싱가포르도 SPRING이라는 기관을 통하여 표준화정책을 강력하게 추진하고 있으며, 영국도 NSSF라는 표준화 관련 기관 간의 협력 조직을 활용하여 표준의 확산 및 기업혁신을 유도하고 있다. 기업전략 차원에서 보면 IBM, HP 등은 전사적으로 표준경영전략을 구사하고 있으며, 특히 Dell은 PC 구매과정에서의 표준화를 구축하여 세계 컴퓨터 시장에서 선도기업의 위치를 차지하게 되었던 것으로 알려지고 있다. 이와 같이 정부 및 기업이 적극적인 표준화노력을 기울이면 표준화 수준은 높아지게 될 것이다.

표준과 기술혁신

6-1 표준과 기술혁신의 연관성

혁신(innovation)은 '새로운 어떤 것, 즉 새로운 아이디어, 새로운 방법, 새로운 부품 등을 소개한다'는 뜻으로서, 기술진보의 과정 전체를 나타내는 용어로 쓰이고 있다. 기술혁신은 일반적으로 기초적 혁신(basic innovation)과 적응적 혁신(adaptive innovation)으로 구분된다. 기초적 혁신은 증기기관, 전기, 비행기, 컴퓨터 등과 같이 경제활동과 사회구조에 불연속성을 초래하는 획기적인 혁신이다. 이와 달리 적응적 혹은 점진적 혁신(gradual innovation)은 모방과 개선에 의한 혁신이다.

기술혁신이 진행되면서 표준이 필요하게 된다. 즉, 신기술이 개발되고 개선되어 감에 따라 신제품 및 신공정의 성과, 일치성 그리고 안전을 확보하기 위하여 표준이 요구된다. 예를 들면, 미국이 쏘아올린 1억 2,500만 달러에 달하는 화성기후탐사 인공위성이 행방불명되었는데, 이는 두 통제 팀 간의 측정단위가 일치하지 않았기 때문이었다. 기술개발에 따른 표준화의 이득을 보여 주는 또 하나의 예로 이동통신시스템을 들 수 있다. 유럽의 경우 국가 간 합의를 통해 GSM이라는 하나의 표준하에 이동통신시스템을 운영하고 있어서, 이탈리아 남쪽으로부터 폴란드 동쪽에 이르기까지 하나의 휴대전화를 사용할 수 있다. 이와 달리 미국은 GSM을 포함하여 4개의 다른 표준을 채택하고 있기 때문에 한 시스템에 사용 가능한 휴대전화를 다른 시스템에서는 사용할 수 없게 되어 있다.

한편 표준은 기술혁신에 영향을 미친다. 국민경제적인 차원에서 표준은 그 자체가 하나의 지식으로서 국가혁신시스템 내에서 중요한 역할을 수행한다. 즉, 표준은 혁신시스템 내의 어떤 기업도 접근할 수 있는 인프라기술(infra-technology)을 구성하는 중요한 요소로서 과학기반으로부터 생산되며, 원천핵심기술을 지원한다. 표준은 산업기반과 상호 연관관계를 가지면서 제품 및 공정

기술도 지원한다. 표준은 기업 차원에서도 기술혁신을 촉진시킨다. 표준은 기업의 혁신단계, 즉 R&D단계, 생산단계, 시장침투단계 등에 걸쳐서 혁신을 지원한다.

이와 같이 표준과 기술혁신 간에는 복잡하고 동쾌적인 상호 연관관계가 존재한다. 어떻게 보면 '닭이 먼저냐 달걀이 먼저냐'의 문제와 같다고 할 수 있다. 따라서 양자 간의 관계를 면밀히 살펴 볼 필요가 있다.

6-2 표준의 경제적 역할과 기술혁신

표준은 그 경제적 역할[1]에 따라 기술혁신에 미치는 영향이 다르게 나타난다. 따라서 표준과 기술혁신의 연관성을 다루는 기존 연구들은 표준의 경제적 역할을 기준으로 분석을 진행해 오고 있다(Swann, 2000; Tassey, 2000; Blind, 2004). 표준의 경제적 역할은 호환성 증진, 품질확보 및 안전성 증진, 정보제공, 다양성 감소 등으로 구분되고 있다. 〈표 6-1〉에는 각 경제적 기능이 기술혁신에 미치는 효과를 긍정적인 것과 부정적인 것으로 구분하여 요약해 놓았다.

<표 6-1> 표준의 경제적 역할에 따른 기술혁신에 대한 효과

표준의 경제적 역할	긍정적 효과	부정적 효과
호환성 증진	시스템 내에서의 요소결합과 네트워크의 연결 가능성 제고	고착화(lock-in effect) 현상
품질확보/안전성 증진	제품에 대한 정보비대칭성 문제 경감(어: 인증)으로 시장진입 용이	규제로 인한 기술의 폐쇄성 초래
정보 제공	아이디어의 획득 및 창출 수단	—
다양성 감소	규모의 경제로 평균비용 인하	제품의 디자인 등 다양성 축소

1) 호환성표준

표준은 어떤 한 제품은 그 제품 혹은 서비스 시스템 내에서 보완적인 제품들과 서로 대체하여

---

[1] '합의된 방법'으로서의 표준은 경제적 측면에서뿐만 아니라 법, 사회관계, 정치, 엔지니어링 측면에서도 분석할 수 있다(Swann, 2000). 여기서 표준의 경제적 역할이란 경제적 측면에서 본 것이며, 궁극적으로는 비용절감 혹은 효율성 제고라는 경제적 효과를 가져올 수 있다.

작동해야만 한다는 특성을 규정한다. 대표적인 예로 A4, B5, B3 등과 같은 복사용지 규격을 들 수 있다. 이러한 호환표준은 상이한 제품 간뿐만 아니라 기업 간, 국가 간 상호운용성을 촉진시킨다. 이러한 호환성 혹은 인터페이스 기능 표준은 시스템 내에서의 요소결합과 네트워크의 연결 가능성을 높임으로써 기술혁신에 긍정적으로 영향을 미친다. 인터넷상에서 거래를 가능하게 하는 ebXML(electronic business XML) 표준은 기술혁신을 유발하고 있다. 구체적인 예로 ebXML 표준은 환자에 대한 의료정보의 취급이 어려운 의료산업에서 자료의 전송 및 통합을 가능하게 한다 (Fanning, 2007). 더 나아가서 호환성 표준은 시장을 통합시키며, 시장에서 임계물량(critical mass)을 확보할 수 있도록 한다.

그러나 호환성 표준은 기존기술에서 신기술로의 전환을 방해하는 요인으로도 작용할 수 있다. 이는 네트워크 외부성으로 인해 나타나는 기술적 고착화(lock-in) 현상으로 인한 것이다. 예를 들어 모든 컴퓨터에서 마우스, 키보드, 저장장치 등을 본체와 연결할 때 사용하는 USB(Universal Serial Bus) 포트는 호환성 표준인데, 이를 대체할 수 있는 우월한 신기술이 나온다 하더라도 기존 제조업체나 사용자들이 기존의 기술을 고수하려는 경향이 있다는 것이다. 이는 전환비용 (switching cost)이 크기 때문이다.

2) 품질확보/안전성 표준

표준은 제품이나 서비스의 기능, 효율성, 안전성, 환경효과 등과 같이 다양한 측면에서 '수용가능한' 수준 혹은 최소 기준을 규정한다. 전기안전규격, 호텔등급표시, 장난감 안전기준 등이 대표적인 품질확보/안전성 표준의 예이다.

최저품질 및 안전성 확보 표준은 기본적으로 정보 비대칭성의 문제를 경감시키며, 신제품이 시장에 진입할 경우에 수용가능성을 높임으로써 기술혁신의 성공을 가능하게 한다. 그러나 기술의 폐쇄성을 초래하여 기술혁신에 부정적인 영향도 미칠 수 있다.

3) 정보표준

표준은 평가된 과학적 혹은 공학적 정보가 제공되는 것을 돕는다. 이러한 정보는 제품특성을 설명하거나, 수치화하고, 평가하기 위한 서적, 전자데이터베이스, 용어집, 시험 및 측정 방법의 형태로 제공된다. 가장 쉬운 예로 공공시설 표시 형식을 들 수 있다. 특히 첨단기술제품에 있어서 널리 받아들여지는 시험 및 측정표준(measurement standards)의 범위는 구매자와 판매자 간의 거래비용을 크게 감소시킨다.

참조표준(reference standards)도 정보제공 기능을 수행한다. 참조표준은 신뢰할 수 있는 수치 데이터를 말하는데, 데이터와 정보의 정확도와 신뢰도를 공인하기 위한 자료로 사용되며, 각종 과학기술 물성 값, 실험측정 데이터, 수치 및 상수 데이터 등으로 구성된다.

이와 같은 표준의 정보제공 기능은 기술혁신의 원천이 될 수 있다. 즉, 기술표준 사양서에는 최신의 과학기술정보가 체화되어 있어서 특허명세서처럼 새로운 아이디어를 창출하는 수단이 될 수 있다. 특히 공식적인 표준의 제정주체와 이의 활용자들 간의 노하우가 무상으로 이전될 수도 있다(Blind, 2004, 27).

4) 다양성 감소표준

표준은 하나의 제품이 크기, 품질 등과 같은 특성 면에서 제한되거나 일정한 범위 내에서 생산되도록 한다. 대부분의 표준은 이러한 다양성의 감소 기능을 수행하며, 기본적으로 규모의 경제를 달성하도록 한다. 이의 대표적인 예가 AA, AAA 등과 같은 건전지의 크기 표준이다. 표준의 이러한 다양성 감소 기능은 데이터 양식과 같은 기능적인 분야에도 적용되고 있으며, 컴퓨터 아키텍처와 주변기기 간의 호환기능에서 볼 수 있듯이 물리적 특성과 기능적인 특성을 통합한다.

다양성 감소 표준은 말 그대로 제품의 다양성을 축소시켜 기술혁신에 부정적으로 영향을 미친다. 그러나 다양성 감소 표준은 신제품에 대해서 규모의 경제를 달성하게 한다. 즉, 신제품의 임계물량 확보를 가능하게 하여 평균비용을 감소시킨다.

6-3 제품차원에서의 표준과 기술혁신

1) 표준과 제품혁신

(1) 제품혁신이 표준화를 수반하는 경우

　기술혁신(제품혁신)의 과정은 나무의 성장에 비유할 수 있으며, 표준화는 신제품의 성장유형을 형성하는 토양을 제공한다(Swann, 2000). 〈그림 6-1〉에서 보는 바와 같이 표준은 (a)~(d)와 같은 기술혁신의 패턴을 형성시킨다. 그림에서 공간는 기술적 가능성을 나타내며, 종축은 수직적 제품차별화를, 횡축은 수평적 제품차별화의 정도를 나타낸다. (a), (b), (c)에서 큰 가지들은 혁신이라기보다는 표준을 의미한다. 그러나 (d)에서 작은 나뭇가지들은 혁신성과를 나타낸다. 만약 이러한 혁신들이 어떤 하나의 표준과 밀접히 연계되어 있다면, 소비자와 생산자 간의 신뢰는 더욱 커지고, 그 표준 주변의 지원제품들의 임계모체(critical mass)는 더 커질 것이다.

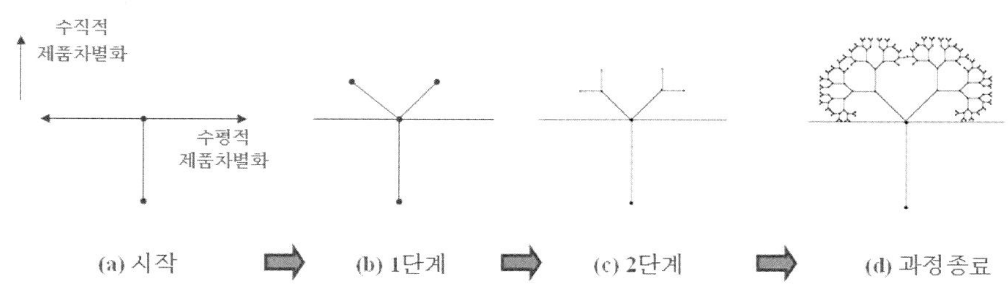

<그림 6-1> 표준화와 제품혁신 표준화를 수반하는 경우

이러한 혁신 패턴, 즉 하나의 표준을 중심으로 다양한 신제품들이 출현한 대표적인 예가 스프레드시트(Spread-sheet) 제품에서 나타난 Lotus 1-2-3 현상이다. 최초의 스프레드시트는 Apple Ⅲ에 활용된 VisiCalc로 IBM PC 등에도 사용되는 등 표준으로 자리 잡았다. 그러나 1983년 단순한 진화가 아닌 획기적 기술혁신으로 평가되는 Lotus 1-2-3가 출시되었고, 1985년에는 지배제품이 되었다. 이 과정에서 Lotus 1-2-3라는 표준을 중심으로 PlannerCalc, SuperCalc4, Framework, VP-Planer, The Twin 등 여러 종류의 제품이 등장하였다. 그러나 이들 제품은 Lotus 1-2-3를 대체할 정도로 임계모체를 확보하지 못하여 도태되었다. 그 후 1987년 마이크로소프트사가 Excel을 출시하였고, 볼랜드사도 Quattro를 개발하여 Lotus 1-2-3와 경쟁하게 되었고, 1990년대 후반에는 Excel이 하나의 표준으로서 지배제품이 되었다.

(2) 제품혁신이 표준화를 수반하지 않는 경우

〈그림 6-2〉는 표준화 없이 기술혁신이 일어나는 과정을 보여 준다. 그림에서 제품혁신공간은 점차 채워지지만 공식적인 표준이 없이 진행된다. 초기단계에서 서로 차별화된 기술혁신이 다양한 방향에서 다수 발생한다. 기술혁신의 수는 기본적으로 시장구조에 의존하나, (b)에서 보는 바와 같이 버섯 모양처럼 형성된다. 그러나 표준화를 수반한 경우와는 달리 규모의 경제를 실현하지 못하며, 중복된 노력이 취해진다.

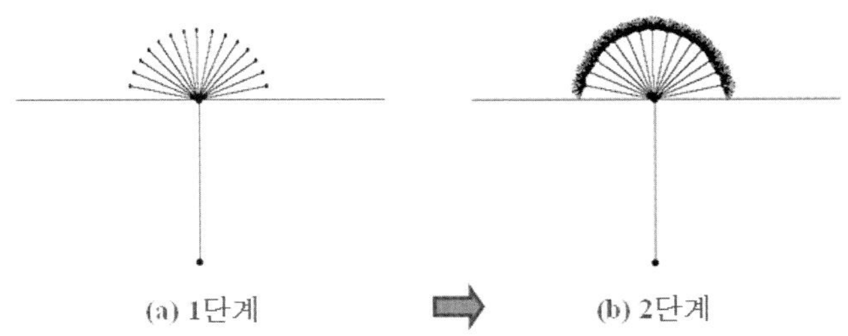

<그림 6-2> 표준화와 제품혁신: 표준화를 수반하지 않는 경우

(3) '사실상' 표준화를 수반한 제품혁신

'사실상'의 표준(*de facto* standards)은 시장에서 기업 간 동태적 경쟁에 의해서 결정된 표준이

다. 대표적 예로 마이크로소프트사의 익스플로러, VCR의 VHS방식 등을 들 수 있다. 익스플로러
는 기술혁신의 초기단계에서 넷스케이프 등 다른 기술들과 시장에서 경쟁하여 유일한 표준으로서
지배제품(dominant design)으로 자리 잡게 되었다.

〈그림 6-3〉은 표준이 사실상의 표준(*de facto* standards)이거나 특허화된 경우의 기술혁신의
진행상황을 보여 준다. 이 과정에서는 몇몇 생산자의 부수적인 기술혁신이 허용되지만 그것은 선
도적인 가지를 지원하는 방식으로 진행된다. 이러한 패턴은 신기술이 특허화되어 진행되는 과정
과 비슷하다.

<그림 6-3> '사실상'의 도준화를 수반한 제품혁신

2) 표준과 공정혁신

이상에서 살펴본 표준과 제품혁신의 연관성은 공정혁신의 경우에도 그대로 원용될 수 있다. 다만
표준의 기능이 공정혁신에 미치는 독특한 영향이 있다. 예를 들어 다양성 감소의 경우 표준은 규모
의 경제 실현을 가능하게 하며, 이로 인한 대량생산은 보다 자본집약적 공정기술(capital-intensive
process technologies)을 개발하도록 한다.

더 알아보기 6-1: 표준나무와 현실

이상의 기술혁신 및 표준나무는 실증적으로도 검증되고 있는가? 아직까지는 체계적인 실증분
석은 이루어지지 않고 있다. 그러나 현실에서 나타나는 표준화 현상을 관찰해 보면, 실제 표준나
무는 이보다 더 복잡한 것으로 나타난다. 예를 든다면 〈그림 6-4〉와 같이 하나의 표준으로부터
몇 가지의 파생되는 표준들이 생겨나게 된다. 또 하나는 표준들의 상이한 부분들이 상호 영향을

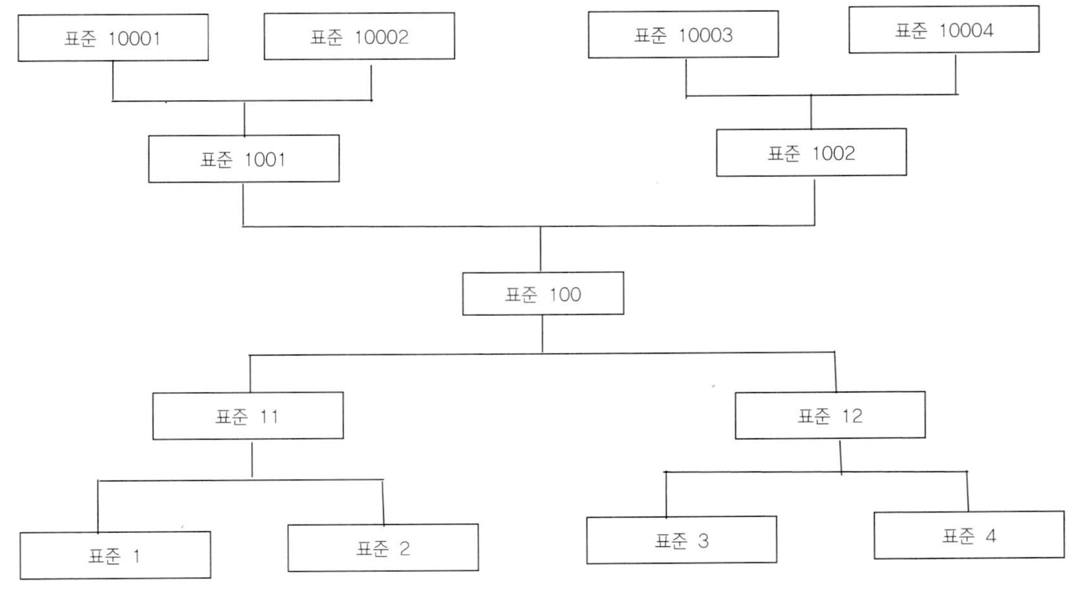

<그림 6-4> 실제적인 표준나무의 예

주고받으면서 발전된다는 것이다.

　표준화기관의 책자나 홈페이지를 보면, 하나의 표준이 다른 표준을 언급하고 있음을 볼 수 있다. 어떤 경우에는 하나의 표준이 다른 표준뿐만 아니라 여러 가지 참조자료를 언급한다. 따라서 실제적으로도 표준나무를 작성할 수 있다. 물론 모든 표준이 관련 표준을 언급하고 있는 것은 아니다. 관련 표준이 없는 경우는 파종기에 있는 표준이라고 보면 된다. 어떤 경우 표준 책자에 하나의 표준이 다른 표준으로 대체되었다고 안내하는 문구도 발견할 수 있는데, 이는 표준나무에 '가지치기'가 이루어지고 새로운 가지가 그것을 대체하는 현상이라고 할 수 있다.

6-4 기술혁신 단계별 표준의 역할

인프라기술로서의 표준은 기업혁신활동의 단계, 즉 R&D단계, 생산단계, 상업화 및 시장침투단계 등에서 중요한 역할을 수행한다(〈그림 6-5〉 및 〈표 6-2〉 참조).

〈그림 6-5〉에는 기술혁신과정에서 표준 및 표준화가 수행하는 역할을 모형화하여 그려 놓았다. 그림에서 보는 바와 같이 기업 내부의 연구자 개발자, 엔지니어, 그리고 판매전문가들은 최신기술(the state of the arts)에 관한 정보원천으로서 표준화 문서를 활용하는 한편(①), 아이디어를 창출하기 위한 수단으로서 표준화활동에 참여한다(②). 이는 기술표준 사양서에 최신의 과학기술정보가 체화되어 있어서 특허명세서처럼 새로운 아이디어를 창출하는 수단이 될 수 있기 때문이다. 특히 공식적인 표준의 경우 제정주체와 이의 활용자들 간의 노하우가 무상으로 이전될 수도 있다. 기술혁신의 확산과 함께 일단 기술혁신이 완료되면, 새로운 기술에 대한 표준화 제안이 받아들여지면서 신표준에 대한 표준화과정이 시작된다(③). 표준 및 표준화가 기업의 기술혁신과정에서 가지는 구체적 역할을 보면 다음과 같다.

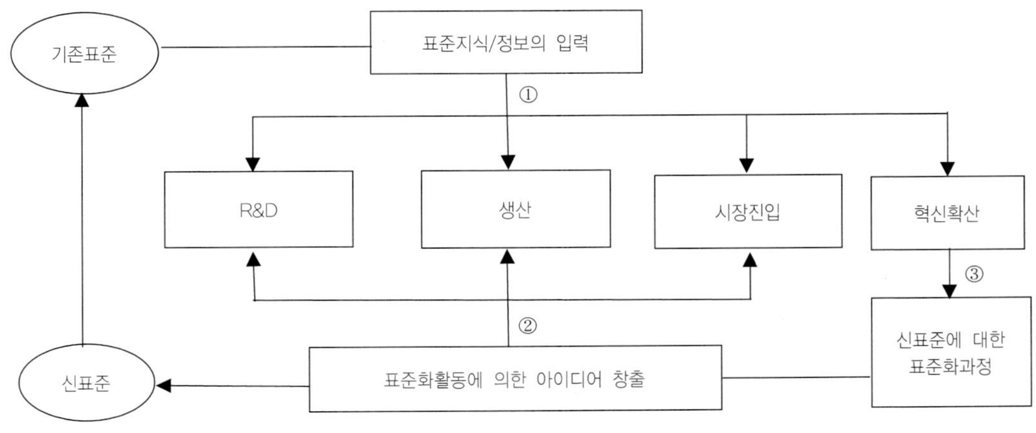

<그림 6-5> 기술혁신단계에서 표준의 역할

1) R&D단계

먼저 <그림 6-5>의 모형에서 R&D의 과정, 즉 기초연구, 응용연구 그리고 개발을 성공적으로 수행하고 성과를 얻기 위해서는 측정표준의 정확성과 정밀도가 필수적이다. 이때 측정표준기술은 과학자들과 엔지니어들이 사용하는 기초적 지식 풀(pool)을 제공한다. 예를 들어 통신시스템은 매우 정확하고 신뢰성 있는 시간과 주파수 표준에 의존한다. 기업들도 기술혁신성과의 측정이 불확실한 상황에서는 신기술의 상업화를 위한 첫 단계인 R&D 활동에 투자하기를 꺼려하게 될 것이다. 반대로 정교한 측정기술, 기술표준 그리고 관련 소재특성에 대한 데이터들은 R&D 활동을 촉진시키며, 기업부문의 과학자 혹은 엔지니어들로 하여금 새로운 기술적 원리를 개발하고, 이러한 결과를 자사의 의사결정자와 첨단소재 공급자들에게 알려줌으로써 사내 R&D 활동을 보다 효과적으로 수행하게끔 도와준다.

한편 기술혁신활동도 표준화에 영향을 미친다. 이는 표준화가 기업의 내부적 기술혁신 과정에서 연속적으로 이루어지기 때문이다. Farrell and Saloner(1985)에 의하면, R&D 활동이 활발한 기업들은 다른 기업의 제품 및 공정기술과 호환되는 시장성 있는 제품 및 공정기술을 개발하기 위하여 표준화과정에 더 적극적으로 참여하는 경향이 있다고 한다.

2) 생산단계

또한 표준은 제품의 생산단계에서 품질과 생산공정 통제에 필수적이다. 전사적 시스템 접근방법을 통해 생산성 향상을 달성하기 위해서 생산과정은 점차 정교한 측정표준에 의존하게 되었다. 종전에는 생산공정 통제를 위한 측정표준은 대부분 정태적인 활동이었고, 주로 생산의 최종단계에서 중요하였다. 그러나 최근의 생산공정은 지속적인 측정과 생산하는 동안 일어나는 측정 변화에 즉각적으로 반응하는 능력을 필요로 하고 있다. 마찬가지로 품질확보도 한때는 생산의 최종단계에서 주로 품질검사와 관련된 활동이었다. 그러나 오늘날에는 생산단계 초기에 그 활동의 초점이 맞추어지고 있다. 기계장비들은 스스로 자신의 성능을 측정하고, 가공되는 제품의 특성을 측정하며, 당초 예정된 디자인과의 차이에 생산공정이 자동적으로 조정되도록 설계되어지고 있다. 더 나아가서 자동화 기술들은 제품 변형과 시스템 지향적 통제라는 측면에서 점차 유연성을 중시하고 있다. 이 두 가지 특성으로 말미암아 생산과정에서 보다 정교한 측정과 통제 알고리즘이 요구되고 있다. 더구나 합당한 범위 내에서 유연생산체제(Flexible Manufacturing System; FMS)를 구축하기 위해서는 다양한 구매자들로부터 자재 구매를 확보하고, 그들 간의 경쟁을 부추기며, 중소기업에 의해 공급되는 부품시장에 접근을 용이하게 하는 호환표준(interface standards)이 없어서는 안 된다.

<표 6-2> 혁신단계별 표준의 역할

	R&D단계	생산단계	상업화 및 시장침투 단계
경제적 성과	타이밍과 효율성	공정 및 품질통제	거래비용 감소
표준의 내용	· 소재의 특성 · 측정방법 · 기법: 생산디자인	· 공정모델링 · 측정 및 시험방법 · 공정 및 품질통제방법	· 인증된 시험방법 · 인터페이스 표준 · 호환 및 확인가능 시험설비
구체적 사례	· Josephson voltstandard(Basic) · radiopharmaceu-ticals(SRM)	· sulfur in fossil fuels(SRM) · gas mixtures(SRM)	· sulfur in fossil fuels(SRM) · electronic data exchangeformats(SRM) · thermocouple(SRM)

주 1) 구체적 사례의 경우 원래의 의미를 살리기 위해서 영어 그대로 표기함.
　　2) SRM: standard reference material, SRD: standard reference data.
자료: Tassey(2006).

3) 시장침투단계에서 표준 및 표준화의 역할

표준은 상업화 및 시장진출단계에서도 필수적이다. 첨단기술제품이 시장에 진출하는 데는 매우 높은 수준의 위험을 수반하게 되는데, 산업표준은 바로 이러한 위험을 감소시켜 줌으로써 신기술이 확산되도록 도와준다. 예를 들어 발전소에서 사용되는 송전설비는 설비의 내구기간 동안 전기손실이 설비구입가격을 초과할 수 있으므로, 극도로 낮은 전기 손실률을 가져야 한다. 이러한 전기손실을 막기 위해서 첨단측정방법이 필요하며, 허용되는 전기손실 수준을 만족시키지 못하는 기업은 시장에서 구매자에게 외면당하게 될 것이다. 측정표준의 중요한 역할은 '공정한 거래' 목적을 달성하는 것이었고, 과거에 이것은 도량형 시스템의 제공을 의미하였다. 그러나 최근에 많은 시장들이 기술적으로 복잡해짐에 따라서, 새로운 제품이 시장에서 수용되기 위해서는 기술적으로 정교한 시험과정을 거쳐야 한다. 만약 사용자와 공급자 간에 상호 받아들일 수 있는 시험방법이 존재하지 않으면, 이를 둘러싼 논쟁으로 거래비용이 발생하며, 이는 그만큼 시장진입을 더디게 한다. 특히 제품수명주기가 짧아지는 국제시장에서 경쟁하는 기업들에게는 시장진입의 적기를 놓치게 되어 매우 치명적이다. 따라서 각 기술수명주기에서 적절하게 활용할 수 있는 기술표준의 확립이 중요하다.

또한 표준 및 표준화는 네트워크 효과(network effects)를 통해서 시장을 형성하고 확대시킨다. 네트워크 효과란 제품의 사용이 확산될수록 그 가치가 증가하는 현상이다. 전화나 이메일 등이 네트워크 효과를 나타내는 대표적인 예이다. 이러한 시장에서는 적절한 인터페이스를 통한 호환성, 상호운영 그리고 연결 등이 무엇보다도 중요하다. 따라서 표준은 필수적이며, 네트워크 자체의 생성과 진화를 규정한다. 하나의 공통된 표준이 연결과 상호소통을 가능하게 한다면 네트워크는 어디에서나 형성된다. 표준을 통한 시장가치창출의 대표적인 사례로는 Sun Microsystems를 들 수 있다. Sun사는 세계적인 하드웨어, 소프트웨어, IT서비스 제공기업으로 1982년 설립되어 현재 100개 이상 국가에 지사를 가지고 있다. 1995년 Java 기술을 소개하였고, 세계적으로 2억 5천만 대 이상의 휴대전화가 이 기술을 사용하고 있다. Sun사는 설립 당시부터 UNIX^{TM}, TCP/IP, Ethernet, VME bus 등 하드웨어 및 소프트웨어의 표준에 기반을 두었고, "큰 빵을 조금씩 나누어 가지는 것이 작은 빵을 많이 차지하는 것보다 유리하다"는 입장에서 자사의 기술을 시장에 제공하여 세계적으로 활용되게 하고, 결과적으로 거대한 기술체제를 만들고 있다.

이뿐만 아니라 표준은 모듈라 아키텍처에서 부품에 대한 정의와 인터페이스를 제공함으로써 혁신을 유발시키며, 궁극적으로 기술, 제품, 시장을 전략적으로 통합하여 플랫폼의 제품 및 부품시장을 더 크게 확대시킨다. 이의 대표적인 예로 Hewlett Packard(HP)를 들 수 있다. 잘 알려진 바와 같이 HP사는 IT인프라, PC, 프린팅, 글로벌 서비스 등 다양한 제품과 서비스를 제공하는 기업으로, HP사의 표준화 전략은 ① 산업표준 아키텍처의 구축, ② 재사용 가능한 부품, 그리고 ③ 일관성 있는 실행 등으로 요약된다. HP사는 산업조준을 위한 협력전략과 플랫폼 전략을 통해 시장을 확보하고 있다. 특히 산업표준이 HP가 제공하는 서비스의 기반이라고 강조함으로써 시장에서 소비자의 신뢰를 얻고 있다.

4) 전 단계에 걸친 역할

표준은 기술혁신의 한 단계에서만 역할을 수행하는 것이 아니라 여러 단계에 걸쳐서 활용된다. 〈표 6-2〉에서 보는 바와 같이 규제와 관련된 영역이기는 하지만 화석연료에서 황의 양을 측정하는 표준참조물질(Standard Reference Materials; SRMs)은 생산단계뿐만 아니라 상업화 및 시장침투단계에서도 역할을 수행한다. 화석연료와 관련된 전체적인 공급사슬(supply chain), 즉 측정도구 제조업자, 독립적인 시험실험실, 부수적 표준의 산업공급자, 석탄가공업자 및 정유업체, 발전소, 제철소 등은 공해감시 및 통제장비를 디자인하기 위해서는 반드시 이 표준물질을 사용해야 한다.

공급사슬 속에서 표준의 역할은 여기에 그치지 않는다. 일반적으로 공급사슬경영(Supply Chain Management; SCM)이란 〈그림 6-6〉에서 보는 바와 같이 부품공급자의 공급자로부터 고객의 고객에 이르기까지 정보, 제품, 서비스, 자금 등을 효과적으로 관리하는 데 필요한 시스템을 다자인하고, 운영하며, 개선하는 활동을 말한다. SCM 시스템은 고객지향적인 경영활동으로, 부품 및 원료공급자, 고객 등 이해당사자들에 의해서 활용되는 표준화된 방법이나 도구에 의하여 측정되고 평가된다. 다시 말해서 SCM에 포함되는 기업 간 정보, 제품, 자금, 서비스의 원활한 흐름을 위하여 IT표준화 및 공통적인 기술요구사항 등 표준이행이 필수적이다. 표준화를 통한 공급사슬통합의 이득이 큰 산업들은 자동차, 전자부품, 건설, 물류 등이다. 최근 미국 NIST에서는 SCM의 사례분석 대상으로 자동차산업과 전자부품산업을 분석하였다(RTI International, 2004). 미국 자동차산업은 독과점 체제이지만, 제1차 및 제2차 하청업체를 고려하면 수천 개 이상의 기업들로 구성되는 공급사슬이 형성되며, 이들이 하드웨어, 소프트웨어, 도구장비, 로봇 등 하부구조 면에서 표준화된다면 매우 큰 경제적 효과를 얻을 것으로 예측하고 있다.

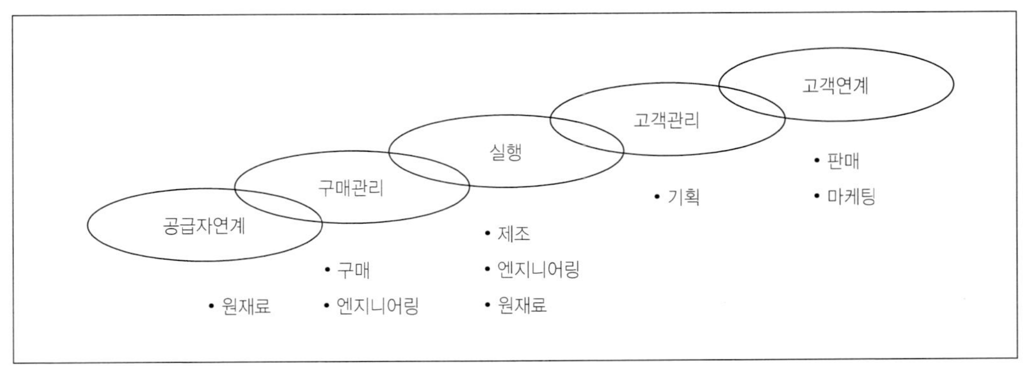

<그림 6-6> 공급사슬(Supply Chain)

5) 표준과 기술확산

　표준은 기술의 확산을 가능하게 하고 촉진시킨다. 이는 새로운 기법을 개발하여 활용하는 보완적인 능력을 가진 기업들에 의해서 쉽게 동화되는 형태로 이루어진다. 이러한 능력 없이 기술이전을 추동(push)하는 것은 효과적인 방법이 아니다.

　표준은 최신기술(state-of-the-art), 최상의 관행(best practice), 그리고 목적에 대한 적합성(fitness for purpose) 등을 체화함으로써 학습 및 경혐효과를 극대화시킨다. 만약 표준이 투명하고, 민주적인 포럼에 의해서 공개적으로 개발되고, 광범위한 지역을 커버한다면, 그 표준은 시장에서 널리 확산되어질 것이다. 따라서 기술 확산을 위한 하나의 정책 메커니즘으로서 표준은 효율적일 뿐만 아니라 효과적이다.

6-5 국가혁신시스템에서 표준의 역할

하나의 지식체계로서 표준은 국민경제에서 하나의 사회간접자본으로 기술혁신을 지원한다. 보다 구체적으로 말하면 표준 및 표준제도는 국가혁신시스템(NIS) 속에서 기술혁신을 촉진시킨다.

국가혁신시스템의 개념은 Freeman(1988)에서 그 효시를 찾을 수 있다. 그에 의하면 NIS란 "활동과 상호작용을 통해서 새로운 기술을 창안하고 도입하며, 수정·확산시키는 공공 및 민간부문의 다양한 제도들의 네트워크"로 정의되고 있다. 최초로 NIS 개념을 적용하여 국가 간 실증분석을 수행한 Nelson and Rosenberg(1993)도 NIS를 "기술혁신성과에 영향을 미치면서 주된 역할을 수행하는 조직체들의 집합"으로 정의하였다. 따라서 NIS는 단순히 기술혁신을 위한 제도적 하부구조로 볼 수 있으며, 민간 및 공공 연구소, 대학, 기술센터, 지원기관(예: 금융시스템) 등이 여기에 속한다.

한편 Lundvall(1988, 1992)은 NIS를 기술의 창안 및 확산뿐만 아니라 탐색 및 학습활동에 관련된 모든 조직과 기관을 포함하는 개념으로 확장하였다. 즉, 과학자, 엔지니어, 숙련기술자 그리고 숙련노동자를 공급하는 교육훈련시스템, 생산시스템 등도 NIS의 구성요인이 된다는 것이다. 더 나아가서 OECD에서는 NIS 개념에 공공부문에서의 R&D 수행을 감독하고 기업부문 R&D와의 조정을 가능하게 하는 과학기술정책 수립기관도 포함시키고 있으며, 특별히 정보통신 하부구조를 중요한 구성요인으로 강조하였다(OECD, 1999).

이러한 NIS 개념을 바탕으로 국내에서는 기술경영경제학회(2007)가 NIS의 개념을 〈그림 6-7〉과 같이 모형화하였다. 그림에서 보는 바와 같이 NIS는 제도적 하부구조, 인적자본 하부구조 등 혁신의 전통적인 구성요소뿐만 아니라 기술하부구조(technological infrastructure)를 포함하고 있으며, 혁신의 궁극적인 목표인 산업기반의 구축도 하나의 구성요소로 보고 있다. 특히 기술창출과 제품 및 서비스시장을 연결하는 기술시장을 NIS의 구성요소로 포함시켰으며, NIS 구성요소들을 서로 연결해 주는 기능을 하는 실체로서 혁신네트워크도 독립적인 요소로 보고 있다.

〈그림 6-7〉에서 보는 바와 같이 하나의 지식으로서 표준(standards)은 기술하부구조 중 인프라기술(infratechnology)을 구성하는 중요한 요소로서 과학기반으로부터 생산되며, 원천핵심기술을 지원한다. 물론 표준은 기술하부구조의 구성요소로서 산업기반과 상호 연관관계를 갖으면서 제품 및 공정기술도 지원한다. 인프라기술로서의 표준은 측정 및 시험방법, 호환표준, 과학정보 및 엔지니어링 데이터베이스, 참조표준물질 등 주로 비제품표준이다.

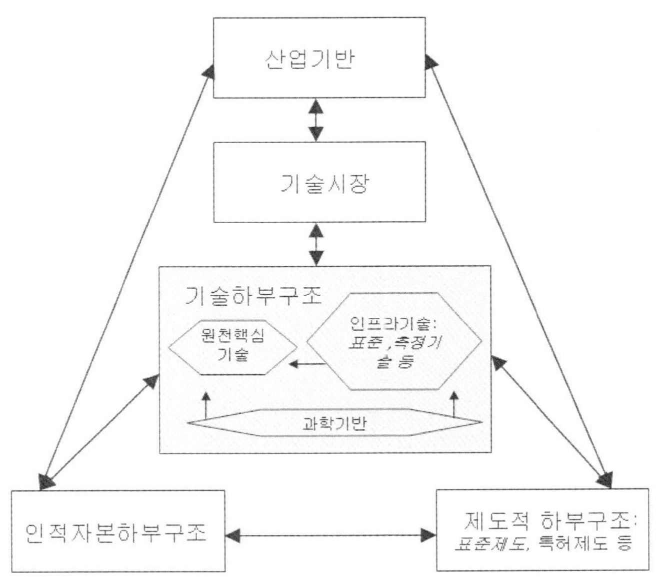

<그림 6-7> NIS에서 표준 및 표준제도의 역할

한편 표준제도는 특허제도 등과 함께 NIS에서 제도적 하부구조의 구성요인이 된다. 표준제도는 표준의 생산, 제정 및 관리, 그리고 확산을 지원하는 역할을 수행한다.[2]

---

2) 흔히들 표준과 표준제도를 혼용하여 쓰는 경향이 있는데, 본서에서는 경제학적인 관점에서 양자를 구분하고자 한다. 표준은 제품에 포함되거나 측정 등에 관련된 정리된 지식이고, 표준제도는 표준과 관련된 기관(예: 기술표준원, 표준협회 등), 법체계 및 정책을 말한다. 더 나아가서 표준화시스템은 표준제도뿐만 아니라 경제주체들의 기대와 그리고 경쟁양식을 포괄하며, 기존의 모든 표준과 표준에 포함된 정보 등으로 구성된 하나의 시스템이다.

CHAPTER 7

표준과 지식재산권

7-1 표준과 지식재산권의 연관성

표준과 지식재산권은 기본적으로 공공의 후생을 증진시키기 위한 것이다. 앞에서 살펴본 바와 같이 표준은 생산자는 물론 소비자에게 커다란 경제적 이득을 가져다준다. 대표적 지식재산권인 특허도 개인과 기업의 발명동기를 유발하여 궁극적으로는 사회적 후생을 증진시킨다.

특히 〈그림 7-1〉에서 보는 바와 같이 표준이든 특허이든지 간에 모두 정보원천(information sources)으로서 사용된다(영역 C). 첫째는 표준과 특허는 기술적인 정보가 담긴 문서로서, 관련된 기술동향을 알려 주고, 기술적인 문제해결을 가능하게 하며, 기술개발 시 중복노력을 회피하도록 한다. 둘째, 표준과 특허는 사업정보의 원천으로서, 기업들은 이들을 통해서 시장에서 판매할 제품을 명확히 규정하고, 투자영역을 결정하며, 잠재적인 협력 기업들이 누구인지를 파악할 수 있다. 셋째, 표준과 특허는 법적인 정보를 담고 있어서, 이를 통해 보호의 범위나 규제국가 등을 파악할 수 있다.

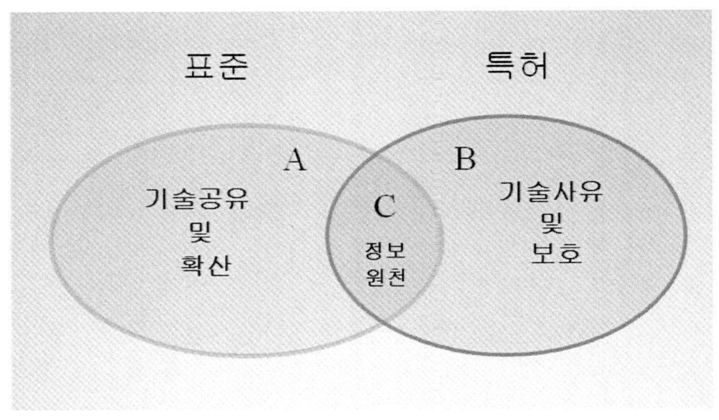

<그림 7-1> 표준과 특허의 관계

그러나 특허와 표준은 본질적으로 표준화의 이득과 특허의 이득이 상충되는 측면이 있다. 〈그림 7-1〉에서 보는 바와 같이 표준은 공동의 지식(혹은 기술)이 많은 참여자들에 의해서 사용되어지는 것을 목적으로 하여 제정되나(영역 A), 하나의 지식재산권은 개별기업에 의해 생산된 지식에 대해 정부가 배타적으로 부여하는 권리로, 사적 이득을 보장해 주기 때문이다(영역 B).

사실 과거에는 표준과 특허의 연관성에 대해서 논의조차 할 필요가 없었다. 표준은 기술개발 후 사후적인 품질의 문제로 국한되어 있었고, 재래기술에서는 표준과 특허가 어느 정도 분리가 가능하였다. 그러나 산업 및 경제가 정보화되고, 또한 정보가 산업화되면서 표준화과정에서 특허처리의 문제가 빈번히 발생하게 되었다. 그 대표적인 예가 유럽이동통신 표준인 GSM(Global System for Mobile Communications)의 표준화과정에서 나타난 '표준특허(standards patents)' 혹은 '핵심특허(essential patents)'의 문제이다(Bekkers et al., 2002). 표준특허는 표준으로 정해진 기술 혹은 제품을 구현하기 위해 꼭 필요한 특허인데, 만약 특허보유자가 표준화과정에서 자신의 권리를 포기하거나 저렴한 가격으로 라이선스해 준다면, 문제가 되지 않을 것이다.

문제는 특허보유자가 그렇게 하도록 하는 강제력이 없다는 것이다. 오히려 특허를 보유하는 기업 입장에서는 이를 자사의 이윤극대화를 위한 하나의 전략으로 활용할 수 있다. 이 경우 특허는 표준의 실행은 물론 표준의 생산 자체를 저해하는 매우 심각한 장애요인이 될 수 있다.

표준과 특허의 문제를 분석하기 전에 다음 절에서는 지식재산권에 대해서 비교적 자세히 살펴보고자 한다.

7-2 지식재산권

지식재산(intellectual property)이란 어느 누군가가 직접적 혹은 간접적인 경제적 이득을 기대하여 생산한 특정한 아이디어 혹은 아이디어의 집합을 말한다. 따라서 지식재산권이란 지식재산에 대해서 정부가 배타적으로 부여하는 권리이다. 지식재산권은 〈그림 7-2〉에서 보는 바와 같이 산업재산권, 저작권 그리고 신지식재산권 등이 있다.

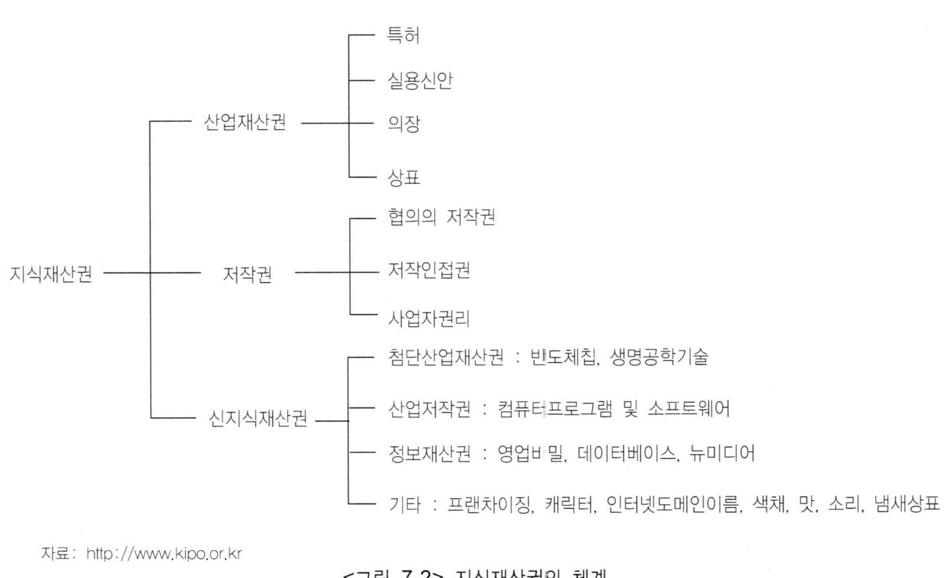

<그림 7-2> 지식재산권의 체계

1) 지식재산권의 유형

(1) 산업재산권

산업재산권에는 특허권, 실용신안권, 의장권 그리고 상표권(trademark) 등이 있다. 특허는 통상적으로 발명특허(invention patent)라고 불리는 것으로서 어떤 한 발명에 대해서 배타적인 법적 권리를 일정기간 동안 부여하는 것이다. 원칙적으로 특허권은 발명자에게 귀속된다. 그러나 대기업에 고용된 과학자, 엔지니어, 기술자들은 특허권을 그들의 고용주에게 양도한다. 우리나라의 경우 등록되는 국내특허 중 약 80%가 기업에, 14%가 개별발명가에, 그리고 5%가 공공기관에 주어지며, 1%가 대학에 귀속되고 있다.

정부가 특허권을 부여하는 목적은 첫째, 발명을 촉진시키고, 둘째 발명의 상업적 활용을 북돋으며, 셋째 발명자가 자신의 발명정보를 일반대중에게 공개하도록 유도하는 것이다. 실용신안권은 특허에 비해 상대적으로 '작은' 발명(고안 혹은 petty invention)에 대해 주어진다. 실용신안권은 주로 상품의 형태, 구조, 또는 조합에 관한 기술 창작에 주어지는 지배권으로 우리나라, 이탈리아, 일본 등 10여 개 국가에서만 인정되고 있다. 의장권은 상품의 독창적인 모양이나 형태 등 외관의 전체적인 효과에 대해서 허여되며, 상표권은 어떤 상품을 타 상품과 구별하기 위하여 사용된 문자, 도형, 기호, 색채 등의 결합으로 표현된 상징에 대한 독점적 사용권을 말한다.

상표권은 기업의 명칭이나 상징물을 배타적으로 인정해 주는 제도이다. 특허권은 새로운 아이디어의 생산을 유발시키기 위해서 부여되나, 상표권은 구매자에게 정보를 제공함으로써 시장 질서를 유지하기 위해서 부여된다. 상표권은 특허와 마찬가지로 특허청에 출원하여 등록해야 한다. 상표권을 얻기 위해서는 그 명칭이 '뚜렷하게 구별되는' 것이어야 하고, 고유한 상품명이나 지명은 허용되지 않는다.

예를 들어 스위스의 시계상표인 'Swatch'는 법적인 상표권이지만, 'Swiss'나 'Watch'는 각각 상표권으로 인정받을 수 없다. 상표권은 기업에게 경쟁우위를 제공하나, 그것이 영원히 지속되는 것은 아니다. 한때는 유명한 상표권이었던 '나일론(nylon)', '셀로판(cellophane)' 등은 오늘날에 와서는 일반적인 상품명으로 사용되고 있다.

(2) 저작권

특허는 출원하여 획득을 하게 되나, 저작권은 문학, 음악, 미술, 사진, 영화 등의 원작품에 대해서 자동적으로 주어진다. 저작권은 보통 저작권자가 살아 있을 기간 및 저작권자 사후 50년간 효력을 갖는다.[1] 연주나 가창 등은 저작인접권이라 하여 보호하고 있다.

(3) 신지식재산권

최근에 와서는 첨단산업의 발전으로 반도체칩, 생명공학기술 등에 대한 특허권이 새로운 특허유형으로 분류되고 있으며, 저작권의 범위가 컴퓨터산업의 발전과 함께 컴퓨터 프로그램으로까지 확대되었다.

정보재산권으로 분류되는 영업비밀은 기업 내의 기술적 정보뿐만 아니라 고객명단, 경영계획 등 경영정보를 포함한다. 특허, 저작권, 상표권 등이 다른 사람에게 알려진 지적활동의 결과를 보호하려고 하는 것과는 달리, 영업비밀은 일단 관련법이나 판례를 위반하게 되는 경우에만 더 이상의 비밀이 되지 않는다. 영업비밀이 위반되었다는 것을 증명하려면, 그 정보가 '부적절한 수단'에 의해서 획득되었다는 증거가 있어야 한다. 가령 전직한 기술자가 전에 다니던 회사의 영업비밀을 고용된 회사에 제공하는 경우이다. 물론 영업비밀이 산업스파이에 의해서 탈취되면 불법이지만, 우연히 획득되거나 '리버스 엔지니어링(reverse engineering)'에 의해서 획득되면 보호받지 못하게 된다. 영업비밀 보호의 경제적인 근거는 분명하다. 즉, 기업이 경쟁에서 살아남기 위해서는 다른 기업이 가지지 못한 정보가 필요한데, 그러한 정보의 보호는 경쟁시장의 기능을 원활하게 해 준다.

(4) 비공식적 보호

지식재산권 보호를 위한 가장 효과적인 비공식적 방법은 과학지식이든 응용기술이든 비밀을 유지하는 것이다. 앞에서 살펴본 공식적 영업비밀의 보호는 그것이 일단 위반되는 경우에만 이루어지므로 기업 특유의 기술정보의 많은 부분이 비밀에 부쳐지게 된다. 심지어 영업비밀이 시판된 제품에 체화되어 있다고 하더라도, 제품을 만드는 방법은 다른 기업의 능력범위를 넘어서는 경우가 있다. 예를 들어 코카콜라는 전 세계적으로 소비되고 있으나, 그 제조기법은 영업비밀이므로 다른 청량음료기업들이 도전을 못하고 있다.

그러면 특허보다는 비밀유지를 선호하게 되는 이유는 무엇인가? 첫째, 기술정보가 비밀에 부쳐질 가능성이 크면 비공식적인 비밀유지를 선택한다. 반대로 리버스 엔지니어링이 쉬운 기술인 경우에는 오히려 특허를 통한 공식적인 방법이 더 효과적일 것이다. 화학, 의약, 기계산업에서 특허

등록이 중요하게 되는 이유가 바로 여기에 있는 것이다. 둘째, 특허를 출원하게 되면 그 내용이 특허청에 의해 일반대중에게 공개되며, 이로 인해 불이익을 받게 된다. 잠재적 경쟁기업이 특허정보를 조회하여 응용연구의 실마리를 잡을 수 있다 독립적인 발명가의 경우에는 기존기업이 특허를 침해하더라도 그것을 방어할 자금의 부족으로 비밀유지를 선호할 수 있다. 또한 특정제품에 대한 특허 혹은 특허집합이 존재하게 되면 다른 기업들이 특허침해 없이도 동일한 기술적 목적을 달성할 수 있게 된다. '특허 주변의 발명(inventing around patents)'이 가능하게 되는 것이다. 셋째, 경쟁우위의 원천이 감추어진 일련의 기술정보에 있는 것이 아니라 생산과정에서 축적된 경험에 있다면 굳이 특허를 출원하지 않을 것이다. 특히 발명이 기업에 의해서 잘 통제되는 통합된 기술시스템의 일부분이라면 더욱 그럴 것이다.

한편 기술이 급격하게 발전하는 분야에서는 발 빠른 발명활동이 비공식적 지식재산권 보호의 한 수단이 될 수 있다. 컴퓨터 산업이 그 대표적인 사례이다. 1980년대 중반까지 컴퓨터의 하드웨어와 소프트웨어 양 분야에서 기술진보가 급속하게 진행되면서, 기존제품에 대한 특허권 자체가 별로 의미가 없었다. 이는 새로운 기술의 출현으르 기존기술은 바로바로 진부화되었기 때문이었다. 당시 컴퓨터 산업에서는 '단지 특허는 과거에 해놓은 것을 정리한 것에 불과하다'라는 말까지 나온 적이 있었다. 그러나 표준화된 제품들이 나타나자 컴퓨터 기업들은 특허나 저작권의 보호에 관심을 갖기 시작하였다. 최근에는 "Windows" 프로그램을 둘러싼 애플 컴퓨터와 마이크로소프트 사의 예에서 보는 것처럼 컴퓨터산업에서 특허분쟁이 크게 늘고 있다. 이 사례에서 우리는 기술발전의 초기단계에서는 발 빠른 발명을 통한 시장진입단이 지식재산권 보호의 지름길임을 알 수 있다.

요컨대, 많은 발명가들이 특허, 저작권, 상표권 영업비밀 등 공식적인 방법에 의해서 자신의 권리를 보호하고 있으나, 오히려 더 많은 부분이 비공식적 방법도 동원되고 있다.

2) 특허의 법적 측면

(1) 특허출원 가능한 발명

어떤 발명이 특허권을 얻기 위해서는 다음의 조건을 만족하여야 한다.

- 신규성
- 산업상 이용가능성

- 진보성(비자명성)
- 공익성

① 신규성

일반적으로 발명 완성 시에 전 세계적인 기술기준에 비추어 볼 때 새로운 발명일 경우 질이 높은 것으로 판정할 수 있다. 즉, 절대적인 신규성을 만족시키는 발명이면, 그 특허에 대한 질은 높다고 보면 된다.

신규성은 우리나라를 비롯한 대부분의 나라에서 하나의 근본 원칙이 되고 있다. 물론 국가에 따라서 신규성에 대한 기준을 달리하고 있다. 우리나라의 경우에는 국내에서 공지·공용된 기술이 아니고, 국내에서 반포된 간행물에 기재된 또는 인터넷을 통하여 공개된 기술이 아니면 신규성을 인정하는 상대적 신규성의 개념을 취하고 있다.

② 산업상의 이용가능성

특허제도는 산업의 발달을 목적으로 하기 때문에 산업상 이용할 수 없는 발명은 특허부여의 가치가 없다고 할 수 있다. 따라서 우리나라 특허법뿐만 아니라 대부분의 나라에서도 산업상 이용가능성, 즉 유용성(utility)을 특허요건으로 삼고 있다.

유용성을 가지는 발명은 그 성질에 따라서 기술적 의미에서 생산 또는 사용할 수 있는 것이어야 하고, 영구운동과 같이 실시 불가능한 것이어서는 안 된다. 일반적으로 학술적 혹은 실험적으로만 이용되는 발명은 유용성이 없다고 보고 있으며, 경제성기 적다거나 기술적 불이익이 있더라도 실시 가능한 것은 유용성이 인정되고 있다.

한편 기술적 가치가 없거나 극히 낮은 발명은 유용성이 없는 것으로 볼 수 있다. 반대로 기술적 가치가 높은 발명은 발명 당시 상품의 가치가 없더라도 유용성이 매우 높은 발명으로 볼 수 있다. 벨의 전화기 발명 등 대부분의 기본 발명 등이 여기에 속한다.

일반적으로 산업의 범위에는 광업, 농업, 임업, 공업 등 전통적인 산업뿐만 아니라 운수업, 교통업, 금융서비스업 등 일체의 산업이 포함되고 있다. 그러나 치료나 진단방법 등 의료업은 특허 가능한 '산업'에 해당되지 않는다.

③ 진보성(비자명성)

발명의 비자명성(non-obviousness) 요건은 신규성과는 별도로 지정된 특허요건이다. 즉, 새로운 발명이라 하더라도 특허출원 전에 그 발명이 속하는 기술 분야에서 통상의 지식을 가진 자가 공지·공용 및 발간물 기재의 기술로부터 용이하게 발명할 수 있는 것이면 특허권을 부여하지 않는다.

선행기술에 비추어 자명한 혹은 용이한 발명은 발명으로서의 창조성이 없거나 극히 미미하여 발명적 진보(inventive step)가 이루어졌다고 보기 어려우므로 세계 각국의 특허법은 정도의 차이는 있지만 특허 권리를 부여하지 않고 있다.

④ 공익성

이상의 특허요건을 만족한다 하더라도 특허법은 공익적 혹은 산업정책적 이유에서 특정한 발명을 특허대상에서 제외하고 있다. 예를 들어 우리나라에서는 화폐위조기, 마약흡음구, 절도를 위한 만능열쇠 등과 같이 '공공의 질서 또는 선량한 풍속을 문란케 하거나 공중의 위생을 해할 염려가 있는' 발명에 대해서는 특허를 부여하지 않는다.

(2) 특허출원 가능한 분야

특허는 기계, 제품, 물질 등에 대해서 허여된다. 또한 특허는 디자인이나 식물의 새로운 종에 대해서도 허여받을 수 있다. 최근에는 BM(business method) 특허라고 하여 경영방식(예: 판매방법)에 대해서도 특허를 허여하고 있다. 그러나 앞서 언급한 바와 같이 치료나 진단방법 등 의료업은 특허 가능한 분야에 해당되지 않는다.

(3) 특허 클레임

명세서에 포함되는 클레임(혹은 청구항)의 내용이 특허의 핵심적 내용이다. 즉, 클레임이 기술하는 규정이 특허보유자가 기대하는 법적 보호의 정도를 결정한다. 만약 클레임의 범위가 너무 좁다면 다른 사람들이 원래의 아이디어와 비슷한 발명을 쉽게 할 수 있을 것이고, 너무 포괄적으로 기술되면 특허청이 그것을 기각할 것이다.

1880년 1월 27일 토머스 에디슨은 처음으로 사용 가능한 전구에 대해서 특허를 받았다. 그런데 그의 청구항은 카본 필라멘트에 제한되어 있었다. 따라서 어느 누군가가 다른 소재의 필라멘트를 사용하여 전구를 발명하고 시장에 판매하였다고 하더라도 이는 특허침해에 해당되지 않을 수 있었다. 이는 청구항의 범위를 너무 좁게 잡은 사례로서, 이를 인식한 에디슨은 다른 발명에서는 청구항의 범위를 넓게 잡으려 했다고 한다.

(4) 특허보유자의 권리

현행 특허법에 의하면 특허보유자는 발명을 20년 동안 '대여, 사용 혹은 판매'할 배타적인 권리를 갖는다. 배타적이라 함은 특허보유자가 자신의 발명을 다른 사람이 사용하는 것을 금지함을 의미한다. 이러한 권리는 발명자가 발명 아이디어를 활용하여 신제품 혹은 신공정을 발전시키는 노력 여하에 관계없이 존속된다.

특허권자가 특허권을 타인에게 사용을 허락하는 경우에는 허락받은 타인은 계약에서 정한 범위 안에서 독점적으로 지배·이용할 수 있는 전용실시권과 그렇지 않은 통상실시권을 가질 수 있다. 전용실시권은 발명으로 인한 경제적 이득을 보장하기 위한 것이므로 특허권자라도 실시할 수 없다. 통상실시권은 배타성 없는 채권적 권리로서 다시 '허락에 의한 통상실시권', 법정실시권, 강제실시권 등으로 구분된다.

우리나라 특허법에서 특허의 획득은 자동적인 효력(validity)의 발생을 전제하지 않는다. 다시 말해서 특허침해 소송 시에 침해 증명의 의무를 특허 보유자와 침해자가 같이 지게 된다. 따라서 특허권자는 법에 호소하기 전에 자기 특허권의 유효성이나 침해여부 등에 대한 충분한 사전조사를 해 두어야 법의 보호를 받을 수 있다. 특허권자가 특허침해를 증명하지 못하면 부당가처분에 의한 손해배상, 형사상 명예훼손 및 업무방해죄 등을 구성하게 될 수도 있다. 침해자 측에서도 특허권의 무효심판 내지 권리범위확인심판을 제기하는 등 준비를 해야 한다. 여하튼 특허의 방어는 복잡하고 비용이 많이 드는 일이며, 결국은 비용편익분석에 의존한다.

3) 특허의 사용

특허는 발명자에게 일시적인 독점권을 부여해 준다. 이러한 독점의 경제적 이득(지대)은 발명이 과연 신제품 또는 신공정으로 전환될 것인지, 그리고 이러한 기술혁신에 대한 수요가 있는지에 의존한다. 일단 발명가가 특허의 경제적 지대를 기대하여 특허를 획득했을 경우에, 이의 실현을 위해서 다음과 같은 몇 가지 대안을 고려해 볼 수 있다.

- 벤처기업의 창업
- 특허의 판매
- 특허의 라이선싱
- 특허의 미사용

(1) 벤처기업의 창업

특허의 독점적 이득을 실현하는 첫 번째 방법은 발명자가 직접 창업자가 되는 것이다. 즉, 발명가가 특허를 기반으로 직접 자금을 조달하여 제품개발, 생산, 판매활동을 수행하는 것이다. 발명의 역사를 돌이켜 보면, 19C에는 대부분의 발명가들은 직접 경영자가 되어 특허의 경제적 이득을 실현시켰으며, 대기업에 의해서 발명이 수행되는 오늘날에 와서도 이는 가장 일반적인 방법이다. 특히 전자기기, 컴퓨터 소프트웨어 등과 같이 새로운 제품에 대한 잠재성이 매우 크나, 개발 및 진입비용이 상대적으로 낮은 분야에서 많이 이루어진다. 기존산업에서도 새로운 기술적 아이디어를 가진 벤처기업이 중요한 역할을 수행하고 있다.

이 경우에 발명가는 어떤 경제적 이득을 향유할 수 있겠는가? 먼저 정태적 관점에서 보면, 만약 발명가가 성공적으로 특허를 제품으로 개발하고 이에 대한 시장이 존재한다면, 단기적으로 독점이윤을 얻을 수 있을 것이다. 그러나 동태적인 측면에서는 이러한 독점이윤이 장기에서도 지속되지 못할 것이다. 왜냐하면 특허의 독점이윤이 존재하게 되면, '특허 주변의 기술(technology around patent)'을 발명하는 경쟁자에 의해서 시장을 뺏길 수 있기 때문이다. 예를 들어, 미국의 필름회사인 Polaroid사는 즉석사진기술을 약 50여 년 동안 독점해 왔으나, 최근에 이러한 독점의 가치가 전혀 새로운 사업 분야인 속성현상기술에 의해서 잠식되었다. 따라서 잠재적 기업의 공격을 잠재우는 최적전략은 새로운 특허를 계속적으로 출원하는 길밖에 없다.

이뿐만 아니라 소비자들도 하나의 독점기업 ― 아무리 기술적으로 우월한 기업이라도 ― 과 거래하기를 꺼려한다. 이는 하나의 기업에 의존하기를 원하지 않기 때문이다. 타이어제조업체인 BF Goodrich사는 튜브 없는 타이어의 특허권을 가지고 있었으나, 동사가 이 특허를 다른 경쟁회사에 사용하게 만든 후에야 비로소 이 제품에 대한 수요가 발생하였다. 이 사례는 동태적인 측면에서의 경쟁이 제로섬 게임(zero-sum game)이 아니라 포지티브섬 게임(positive-sum game)임을 보여주는 사례이다. 즉, 튜브 없는 타이어 시장에서의 기업 간 경쟁이 고정된 시장을 단순히 분할하는 것이 아니라, 오히려 새로운 수요를 창출함으로써 각 기업은 더 많은 수요를 확보할 수 있었다.

(2) 특허의 판매

발명가가 특허를 자신이 직접 사업화할 수 없을 경우에는 특정한 가격을 받고 특허를 판매하기도 한다. 발명가가 위험기피자이거나 사업화를 위한 자금을 조달할 수 없는 경우에 이 방법이 사용된다. 특히 독립적인 발명가가 제품개발을 위한 인력 및 설비를 갖추고 있는 대기업에 기술을 파는 경우가 일반적이다. 그러나 대기업도 자신의 기업전략이나 사업에 적합하지 않은 기술은 판매하기도 한다.

특허기술의 판매자나 구매자가 엄청난 경제적 이득을 얻었던 많은 사례가 있다. 필름소재에 대한 기술이 대표적 사례이다. 1899년 Leo Baekeland라는 사람이 Eastman Kodak사에 필름소재에 대한 기술을 당시 돈으로 75만 달러에 팔았다. 어떤 경우에는 판매한 기술로 특허의 구매자가 큰돈을 벌게 되자, 더 많은 대가를 요구하기도 하였다. 최근의 예를 들면, 미국 Sears Roebuck의 종업원이었던 사람이 소켓렌치를 발명하여 특허를 얻고, 이것이 상업적으로 성공하자 추가적인 대가를 더 요구하는 소송을 벌인 적이 있었다.

그러나 경제학적인 관점에서 과연 발명특허에 대한 효율적인 시장이 존재할 것인가라는 의문이 제기될 수 있다. 즉, 기술시장은 정보의 비대칭성으로 달미암아 효율적이지 못하게 된다. 특허기술의 구매자는 발명의 특징조차도 모르고 의사결정을 하게 되는데, 만약 특허기술의 판매자가 그 기술에 대해서 구매자에게 모두 설명해 준다면, 그 특허는 사실 더 이상의 가치가 없게 될 것이다. 서양 속담에 "고양이가 자루 속에서 이미 빠져나온 격"이 된다. 이러한 이유로 대기업에 특허를 판매하려고 하는 독립적인 발명가들이 종종 대기업이 자신과의 협상과정에서 사실상 기술을 '훔쳐갔다'는 소송을 내기도 한다.

이뿐만 아니라 정보가 비대칭적인 상황에서는 시장의 효율성은 가격이 결정되는 방법에 의해서도 저해된다. 시장에서 형성되는 가격은 구매자와 판매자의 주관적인 가치를 일부 반영할 뿐만 아니라 그들 각각의 협상력을 반영하기 때문이다. 물론 특허의 가격이 일반에게 공개되면, 미래의 거래에 영향을 미치는 신호등이 될 수는 있을 것이다.

또 하나의 문제는 대기업에 속한 발명자의 고용관행과 관련된 것이다. 일반적으로 대기업에 취업한 엔지니어나 기술자가 발명을 하면, 특허권은 그를 고용하여 봉급을 지급하는 회사에 양도해야 한다. 그런데 만약 회사의 기술이나 사업과는 관계없는 발명을 했을 경우에는 어떻게 되겠는가? 결국 기업 '안과 밖'의 구분은 법정이 결정할 문제가 된다.

(3) 특허의 라이선싱

특허활용의 가장 일반적인 형태가 바로 라이선싱이다. 즉, 한 번만 대가를 받고 기술을 판매하는 것이 아니라, 특허를 대여해 주고 상업화의 정도에 따라서 정기적으로 로열티를 받는다. 이 경우에 특허의 대여자가 받는 금액은 구매자의 경제적 및 기술적 능력에 의존하기 때문에 특허의 판매보다는 위험도가 높다.

라이선싱은 특허의 판매자가 독립적인 발명가일 경우에 가장 우선적으로 생각해 볼 수 있는 방법이나, 실제적으로는 기업에 의해서도 많이 채택되고 있다. 즉, 기업 간에 라이선싱을 통하여 서로 특허를 허용하는 경향이 있다. 이를 특허의 크로스 라이선싱(cross-licecing)이라고 부른다. 이는 특허제도의 핵심적인 특징이 보완적인 특허들의 군집이기 때문이다. 예를 들어 미국의 주요 자동차 업체들은 수십 년간 이러한 크로스 라이선싱을 체결해 오고 있다. 이는 주어진 기술의 다양한 측면들을 서로 보완시키며, 발명 노력의 낭비적인 중복을 피하게 한다. 반면에 이는 산업을 카르텔화시키는 강력한 수단으로도 활용된다. 예를 들어 크로스 라이선싱은 경쟁자의 발목을 묶으며, 판매쿼타, 판매지역할당, 가격설정 등 기업행동의 여러 측면에 대하여 제약을 준다. 우리나라에서는 이것이 법적으로 가능하지만, 미국에서는 법으로 금지되고 있다.

개별기업 입장에서도 라이선싱은 부정적인 효고를 갖는다. 가령 어떤 이유로 두 기업 간의 라이선스 계약이 파기되면 상대기업은 라이선스 기간에 획득한 노하우를 계속 가지게 된다. 그리고 이러한 노하우는 경쟁기업으로서의 상대기업의 경정력을 강화시키는 외부효과를 창출한다. 상이한 특허제도를 가지는 외국기업과의 라이선스 계약 시에 그 후유증은 더 커진다. 따라서 기업은 핵심기술을 내부화하려고 노력하게 되는데, 그것이 바로 다국적기업의 확산이다.

(4) 특허의 미사용

획득한 발명특허를 사용하지 않는 것도 하나의 대안이 될 수 있다. 기업은 사용하지 않을 특허를 획득하여 축적시킴으로써 이를 보호장벽으로 삼아, 현재 사용하고 있는 기술을 보호하기도 한다. 이는 경쟁기업들로 하여금 당해 특허와 관련된 발명을 더 어렵게 함으로써 경쟁우위를 지킬 수 있다.

물론 이와 같이 특허를 선반 위에 올려놓고 의도적으로 사용하지 않는 행위(patent shelving)는 법적으로 논란이 되고 있다. 즉, 반경쟁적인 으도로 특허를 사용하지 않는 행위는 불법이라는 것이다. 미국의 반트러스트법에 의하면 특허의 축적은 그것이 기업 자체의 R&D 활동에 의한 것이면, 아무런 문제가 없다. 그러나 다른 기업의 특허를 구입하여 사용하지 않으면, 법에 저촉된다. 우리나라는 '독점규제 및 공정거래에 관한 법률'로 이의 규제가 어느 정도 가능하다.

7-3 특허의 표준화에 대한 부정적인 영향

일반적으로 표준의 실행이 특허권에 의해서 보호되는 기술, 즉 사적소유기술의 응용을 필요로 한다면 지식재산권(IPR), 특히 특허권은 표준의 실행을 저해하는 매우 심각한 장애요인이 될 수 있다. 〈그림 7-3〉은 특허가 표준의 개발, 보급 및 적용에 미치는 부정적인 효과를 설명해주고 있다.

1) 합의표준

(1) 개발단계

먼저 합의표준의 경우를 보자. 합의표준의 경우 표준의 개발단계에서 특허보유기업이 과도하게 특허권을 주장하거나 활용하면 '특허티켓(patent ticket)'을 창출하여, 합의표준 개발 자체를 어렵게 한다.

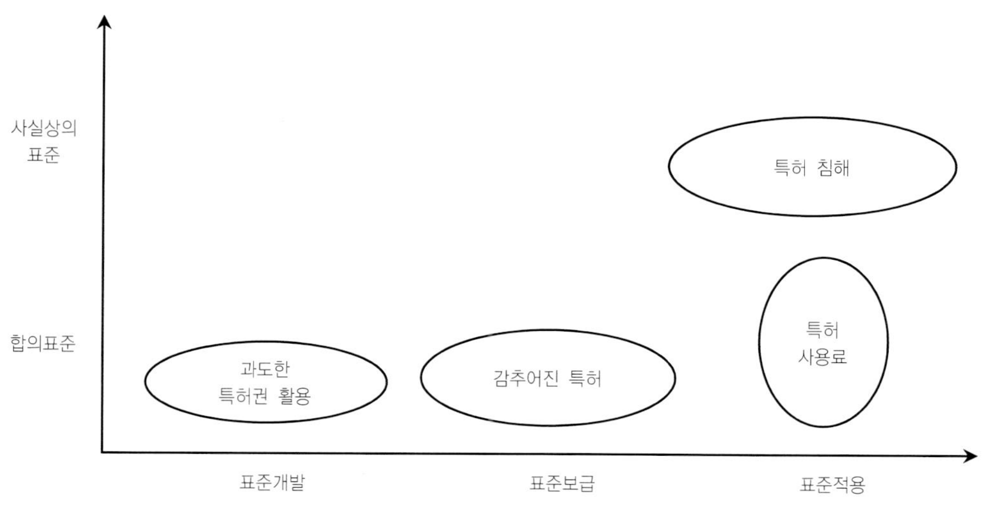

<그림 7-3> 특허가 표준슬행에 미치는 부정적 영향

(2) 보급단계

보급단계에서는 '숨겨진' 특허(hidden patents)가 합의표준의 보급을 방해할 수 있다. 이를 특허매복(patent ambush) 현상이라고 한다. 특허매복이란 하나의 기업전략으로서, 어떤 한 기업의 특허가 표준화과정에서는 문제 되지 않다가 표준과 관련된 시장이 형성되고 널리 사용되고 난 후에 경쟁기업들에게 엄청난 로열티를 요구하는 행동을 말한다. 이는 마치 전쟁에서 잠수함이 갑자기 나타나 적의 함정을 공격하는 것처럼 시장이 형성될 때까지 특허의 존재가 알려지지 않다가 갑자기 특허권자가 나타난다고 하여, '잠수함 특허효과'라고도 한다. 이러한 특허매복 전략은 특허권보유자에게 시장지배력을 행사하게 한다.

특허매복의 대표적 예로는 미국 필립스 페트롤리엄사의 폴리프로필렌(polypropylene)을 들 수 있다. 동사는 1950년대 말에 폴리프로필렌에 대한 특허를 출원하여 1980년대 초 특허가 인정되었는데, 이 기간 중 업계에서는 폴리프로필렌이 광범위하게 사용되면서 표준화되자 로열티로 막대한 경제적 이득을 챙겼다. 1980년대 현대 등 우리나라 자동차 회사들도 '범퍼'에 필립스 페트롤리엄사의 특허품을 사용하는 데 대해서 범퍼 무게 1파운드당 2센트의 로열티를 지불하였다고 한다.

1992년 미국 연방거래위원회(FTC)는 Dell사가 VL-bus 표준 ─ 한 컴퓨터의 운영시스템과 주변기기 내에서 자료가 전송되게 하는 메커니즘 ─ 을 채용하고 있던 경쟁사들에 대해서 감추어졌던 특허권을 사용하겠다고 위협한 사실을 조사하였다. 특별히 FTC는 Dell사가 표준개발기구인 VESA(Vedio Electronics Standard Association)에 대해 자사의 특허권을 잘못 해석하여 경쟁을 제한함으로써, 그 표준이 산업표준으로 자리 잡는 것을 지연시키고, 다른 기술이 수행되는 비용을 증가시켰으며, 표준참여자들이 표준화활동에 참여하는 것을 위축시켰다고 주장하였다.

그간 표준제정과정을 보면, VESA는 회원사들에게 VL-bus 표준에 문제가 될 만한 특허를 가지고 있는지를 물어 보았고, 이때 Dell사는 그러한 특허를 가지고 있지 않다고 확인해 주었다. 다른 회원사들도 모두 표준과 관련된 기술개발을 제한할 수 있는 특허가 없고, 혹 표준에 장애가 되는 특허가 있다고 하더라도 공정하고 합리적인 가격으로 라이선스하겠다는 의견을 표명하였다. 이를 토대로 VL-bus 표준이 제정되었다.

FTC가 공식적으로 문제를 제기하고 의사결정을 하기 전에 Dell사는 먼저 표준과 관련된 특허권을 사용하지 않을 뿐만 아니라, 표준제정과정에서 의도적으로 얘기하지 않은 어떤 특허에 대해서도 10년 동안 특허권을 주장하지 않기로 하여 이 사건은 마무리되었다.

(3) 실행단계

마지막으로 공적표준의 적용단계에서 특허보유기업이 고가의 특허 로열티를 요구하면 합의표준의 적용 노력이 크게 위축된다.

2) '사실상'의 표준

'사실상' 표준의 경우는 특허침해 문제로 인하여 표준의 적용이 위축될 수 있다. 심지어 어떤 기업들은 '사실상'의 표준특허를 사전에 확보하여 수익을 극대화하고 있다. 이른바 특허괴물(patent troll) 등장이다. 특허괴물들은 전략적으로 표준특허를 확보하여 글로벌 기업을 상대로 특허침해에 대해 높은 금액의 합의금과 배상금을 받아내고 있다. 예를 들어 인터디지털(InterDigital)은 2006년 노키아로부터 2억 5,300만 달러, 삼성으로부터 1억 3,400만 달러의 지불판정을 받았으며, LG전자로부터 2억 8,500만 달러 라이선싱 계약에 성공하였다. 여하튼 표준화과정에서 없어서는 안 되는 표준특허는 특허권이라는 사적 권리를 가지므로 사실상 표준의 보급에 장애요인이 된다.

3) 해결방안

표준과 특허 간의 이러한 상충관계를 해결할 수 있는 방안들은 다음과 같다.

(1) 합리적인 특허사용료

만약 특허보유자가 표준화과정에서 자신의 권리를 포기하거나 '합리적인 가격(reasonable price)'으로 라이선스해 준다면, 표준화과정에서 표준과 특허는 상충되지 않을 것이다. 예를 들어 Phillips사와 Sony사는 세계 표준으로 인정된 그들의 CD 특허를 수백 개의 기업들에게 라이선스해 주고 있다. 표준화된 네트워크 기술인 Etherret 관련 기술도 IBM과 Xerox의 특허에 기반을 두고 있다. 이 경우 표준과 특허는 상호보완적인 관계를 갖는다.

(2) 소재 이외의 표준규정

표준이 소재 측면이 아닌 제품, 공정 그리고 서비스로부터 나타나는 성과 측면에서 규정되면, 기업들이 자유롭게 표준을 개발하거나 적용할 수 있게 되어 표준과 특허의 상충문제가 어느 정도 해결된다.

(3) 국가표준기관의 개입

기술표준원과 같은 국가표준기관이 표준 실행과 특허가 상충되는 경우에 적절하게 특허문제를 고려하는 절차를 확립한다. 극단적으로 정부는 표준화를 위해서 표준특허를 강제적으로 시행하도록 할 수 있다. 특허를 받은 전화기 코드가 표준으로 강제되어 사용되는 경우이다.

(4) 기업 간 상호교차 라이선싱

상호교차 라이선싱(cross-licensing)제도는 기업 간 서로 상대방 기업의 특허를 사용할 권리를 가질 수 있도록 하는 계약이다. 특히 다수의 특허 및 제품군을 가진 대기업 간에는 개별 특허거래가 어렵고, 상호 간 특허분쟁으로 인한 비용을 절약하기 위해서 이 제도를 채택하고 있다. 상호교차특허 제도하에서는 특허침해나 고가의 로열티 지불이 없으므로 특허와 표준의 공존이 어느 정도 가능하게 된다.

(5) 특허 풀(patent pools)

특허 풀을 통해서도 표준화과정에서 표준특허의 문제를 해결할 수 있다. 특허 풀이란 '다수의 특허권자들이 자신이 보유하고 있는 특허들을 서로에게 또는 제3자에게 사용을 허락하기 위해 한 곳으로 모은 특허집합'이다(〈그림 7-4〉 참조). 특허 풀에는 관리기관이 있으며, 이 관리기관은 특허제공자에게 특허를 라이선스받아 이를 특허 실시자에게 다시 라이선스해 준다.

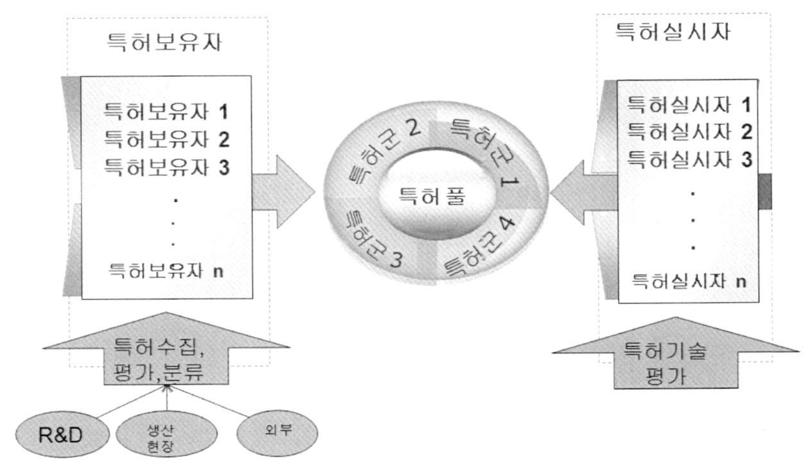

<그림 7-4> 특허 풀 개념도

특허보유자들이 제공한 특허들로 구성된 특허 풀은 특허군으로 구성되어 있다. 따라서 특허는 패키지(package)로 사용될 수 있다. 예를 들어 표준화된 하나의 부품은 많은 수의 구성품으로 조립되는데, 이 구성품들은 각각 특허로 보호되거나 로열티를 내야 활용할 수 있을 것이다. 이때 조

정노력과 비용을 절약하기 위하여 그 부품에 대한 특허들은 모두 한꺼번에 사용되도록 하면, 표준화와 특허 간의 갈등문제가 해결된다. 이러한 특허 풀을 활용하여 표준화를 달성한 기술의 예로는 DVDs와 3G 이동통신전화를 들 수 있다.

현재 미국을 비롯하여 세계적으로 다양한 특허풀이 운영되고 있으며, 대표적인 특허 풀로는 MPEG LA에서 운영하는 MPEG-4 Visual 특허 풀을 들 수 있다(〈표 7-1〉 참조). 우리나라도 독자적인 특허 풀 결성을 시도하였으나, 아직까지는 성공적으로 운영하지 못하고 있다.

〈표 7-1〉 특허 풀 현황

특허 풀 명	개요	주요 특허군
MPEG-LA, LLC	MPEG LA라는 동영상 압축기술에 대한 특허풀의 성공에 힘입어 세계적인 특허풀 대행기관으로 성장. 1997년 출범	MPEG-2, MPEG-4 SYSTEMS, VC-1 ATSC, MPEG-4 VISUAL, DVB-T AVC/H.264, MPEG-2 SYSTEMS, 1394
Via Licensing	음성압축기술 관련 특허풀에 관한 라이선싱 대행기관. 미국 돌비(Dolby)사의 독립 자회사이며. 1998년 출범.	IEEE802.11, MPEG-4 HE AAC MPEG-2 AAC, OCAP MPEG-4 AAC, UHF-RFID
Sisvel S.p.A	이탈리아의 특허권 행사 대행업체로 디국의 피네간 (Finegan)을 통해 특허권 공세를 강화. 주로 디지털 오디오 압축기술대상	MPEG AUDIO TOP TELETEXT
DVD 7C/4C	DVD 7C는 1999년 6개사로 시작되어 2002년 IBM이 추가되었으며, DVD 4C는 1998년 3개사로 시작되어 2003년 LG전자가 추가로 가입된 특허풀	DVD 7C(미츠비시, 도시바, 히다치, 마츠시다. 타임워너, JVC, IBM) DVD 4C(필립스, 소니, 파이오니아, LG전자)
3G Licensing	비동기식통신기술의 지재권을 보유한 100여개 기업이 로열티 협상을 해결하고자 3G3P(3G Patent Platform Partnership)를 설립하였으며 이 중 필수 특허를 보유한 11개 기업이 특허풀 결성을 추진 중	W-CDMA Technology(프랑스텔레콤. NTT. 후지쯔, NTT DoCoMo, KPN, 샤프, 미츠비시, 지멘스, NEC, DETECON, SKTelecom)
ULDAGE(Japan)	일본 기업을 중심으로 결성된 일본디지털방송표준 특허풀	ARIB Standards(프랑스텔레콤, 히타치, 마츠시타, 미츠비시, 일본방송협회, 산요, 샤프, 소니, 도시바, JVC)
VCD Pool(China)	중국에서 결성된 VCD중국표준과 관련한 특허풀	VCD(Enreach technology, Acer 등)

자료: 특허청.

7-4 표준특허

앞에서 살펴본 바와 같이 표준특허 또는 핵심표준이 표준화과정에서 커다란 장애가 될 수 있으므로 표준화를 위해서는 집단적으로 해결되어야 하는 과제이다. 그러나 개별기업 입장에서는 표준특허를 확보함으로써 이윤을 극대화하는 전략을 취할 수 있다. 즉, 표준특허는 기업의 핵심적인 지식재산이다. 반대로 비표준특허, 특히 통신 분야에서의 비표준특허들은 라이선싱이 거의 이루어지지 않을뿐더러 직접 제품을 생산하거나 서비스를 제공하지 않기 때문에 사용될 가능성도 낮아 특허 관리비용만 증대시키는 것으로 알려져 있다.

1) 정의

표준특허는 표준문서의 규격을 기술적으로 구현하는 과정에서 없어서는 안 되는 특허로서 필수특허(essential patents)라고도 한다. 구체적으로 〈그림 7-5〉에서 보는 바와 같이 특허 청구항들 중 하나 이상의 청구항이 표준문서에 '읽히는(read on)' 특허를 표준특허라 할 수 있다.

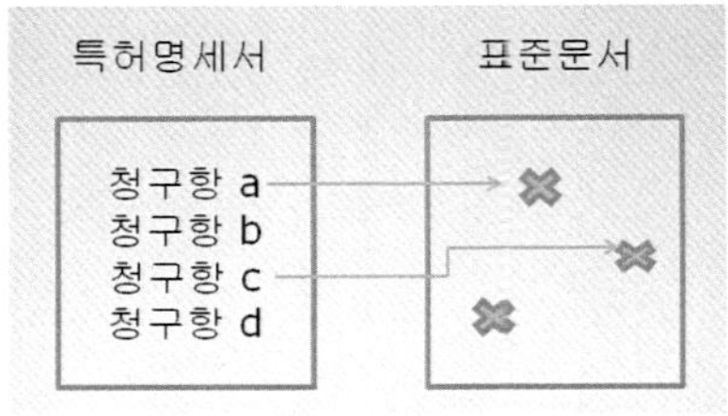

<그림 7-5> 표준특허의 정의

표준특허는 기본적으로 침해주장이 매우 용이하며, 청구항의 범위가 상당히 넓고, 회피설계가 불가능하다. 따라서 표준특허의 보유기업은 이를 전략적으로 활용하기가 매우 유리하다.

2) 표준특허 현황

전 세계적으로 표준특허의 현황을 보면(〈그림 7-6〉) ISO, IEC, ITU 등 국제표준화기구의 총 2만 7,750여 종의 표준 및 규격 중 1,880여 개의 특허가 발생하는 것으로 보고되고 있다. 이는 전체의 약 7% 수준이다. 부문별로 보면 산업일반(ISO) 141개, 전기전자(IEC) 122개, 정보기술 (ISO/IEC) 66개, 통신기술(ITU) 1,457개 등이다. 따라서 표준특허의 문제는 주로 통신 분야에서 많이 발생하고 있음을 알 수 있다.

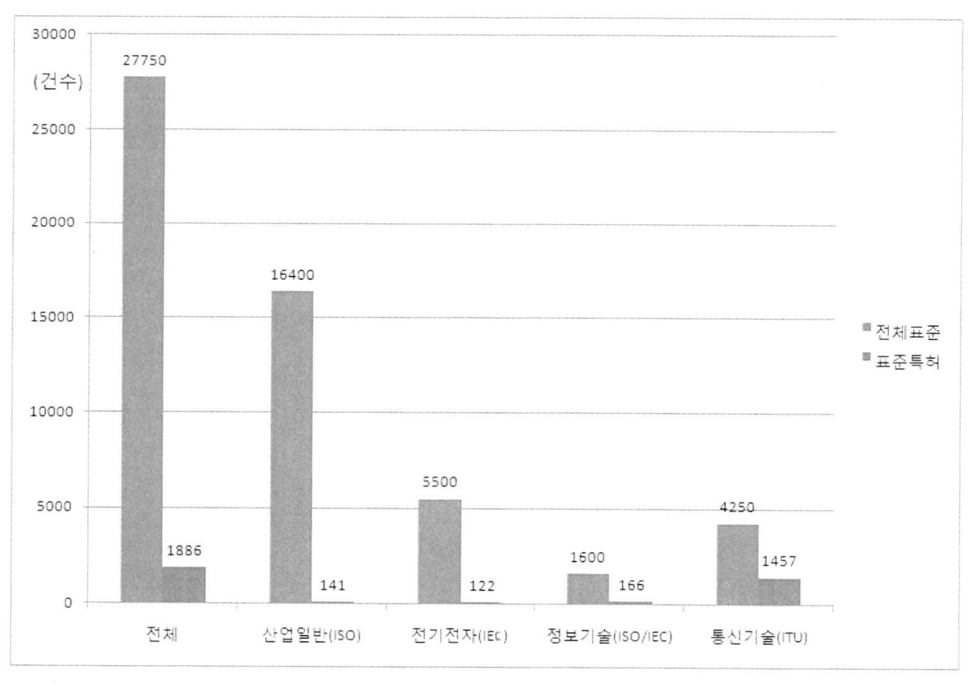

자료: 기술표준원.

<그림 7-6> 세계 표준특허 현황

국가별로 표준특허 현황을 보기 위해 통신 분야의 공식 표준화기구인 ITU-T에 신고된 표준특 허에 국한시키면(〈그림 7-7〉), 2008년 현재 1,672건으로 이 중 미국이 47.8%, 일본이 21.6%를

차지하고 있다. 이는 그만큼 미국과 일본이 통신 분야의 기술을 주도하고 있고, 양국의 기업들이 통신 분야의 핵심특허를 가지고 있음을 보여 주는 것이다. 우리나라의 표준특허는 38건으로 전체의 2.3%를 차지하고 있다.

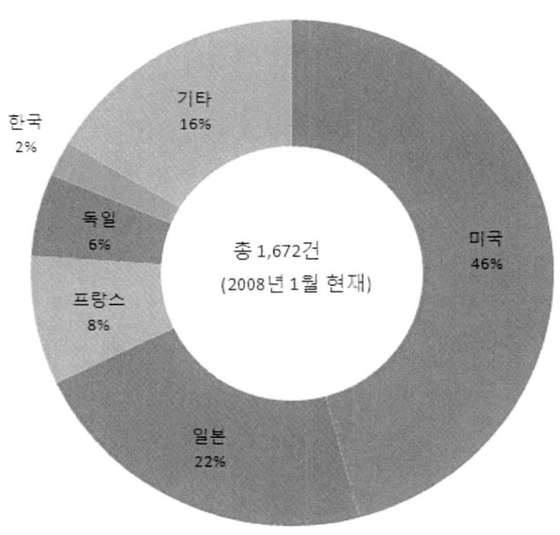

자료: ITU-T 특허분석 DB.

<그림 7-7> ITU-T에 신고된 표준특허 현황

한편 MPEG LA가 운영하는 9개 특허 풀에 포함된 특허는 2007년 말 현재 총 2,578개로 이 중 우리나라 출원인의 특허비중은 13.2% 수준이다.

<표 7-2> MPEG LA에 포함된 국내출원인의 특허현황(2007년 말)

기술 분야	참여 기업	한국 기업	전체 특허	국내 특허	비중
MPEG-2	24개	LG전자, 삼성전자	815	21	2.6%
MPEG-2 SYSTEMS	8개	삼성전자	150	1	0.7%
MPEG-4 VISUAL	27개	대우전자, LG전자, 삼성전자, 팬택앤큐리텔	450	94	20.9%
MPEG-4 SYSTEMS	8개	ETRI, 삼성전자	66	35	53.0%
IEEE 1394	10개	LG전자, 삼성전자	185	3	1.6%
DVB-T	4개	–	309	0	0%
AVC/H.264	23개	대우전자, ETRI, LG전자, 삼성전자	150	89	59.3%
ATSC	7개	LG전자, 삼성전자	44	18	40.9%
VC-1	17개	대우전자, LG전자, 삼성전자, 팬택앤큐리텔	409	80	1.6%
총계			2,578	341	13.2%

자료: 특허청.

7-5 표준화기구의 지식재산권정책

1) 국제표준화기구

ISO/IEC는 기본적으로 특허권에 관하여 "어떠한 특허권의 확인에 대해 책임을 지지 않는다"라는 입장을 취하고 있다. 그러나 표준화와 관련된 특허의 존재가 확인된 경우에는 ① 무상으로 사용을 허여하거나, ② 특허권자의 사용허가 조건이 '합리적(Reasonable)'이면서 '비차별적(Non-Discriminatory)'일 것을 요구하고 있다. 즉, RAND(Reasonable And Non-Discriminatory) 조건을 요구하고 있다. 하지만 특허권자가 ①과 ②에 따르지 않을 경우 관련 표준화는 진행될 수 없다. 이는 통신 분야 국제표준화기구인 ITU-T/ITU-R도 마찬가지이다.

2) 지역표준화기구

EU의 지역표준화기구인 ETSI는 1994년 임시로 지식재산권 정책을 채택한 후, 2005년 이를 개정하여 운영해 오고 있다. 주요 내용을 보면, ① 필수특허 및 특허출원 정보는 공개할 의무가 있으며, ② 표준특허 보유자에게 FRAND(Fair, Reasonable And Non-Discriminatory) 조건 라이선싱을 요구할 수 있다. 특허권자가 FRAND 조건을 거부하는 경우 표준화를 중지하는 것이 아니라 이를 우회하는 표준을 다시 도출하도록 되어 있으며, 회원들이 고의로 지연을 한 특허공개는 ETSI 총회에서 제재 가능하다. 이는 표준특허를 표준화 단계에서 제어하려는 구체적인 노력이라 할 수 있다.

3) 국가표준화기구

(1) 미국

미국의 경우 ANSI가 지식재산권 정책 실행을 위한 지침을 수립 시행하고 있으며, 표준 관련 기관들도 이를 준수하고 있다. ANSI는 미국국가표준(ANS)에 지식재산권이 포함되는 것을 원칙적으로 반대하지 않으며, 지식재산권 보유자에게 ① 권리를 포기하거나, ② 무상으로 제공하거나, 혹은 ③ RAND(Reasonable And Non-Discriminatory) 조건을 적용하도록 요구하고 있다.

(2) 우리나라

우리나라 기술표준원은 KS 제정 시에 FRAND(Fair, Reasonable And Non-Discriminatory) 조건정책을 펴고 있다. 웹상에서 표준특허에 대한 정보를 제공하지 않는 것만 빼면 ISO/IEC의 지식재산권정책과 동일하다고 보면 된다.

4) 단체표준화기구

전기·전자·통신 분야의 대표적인 학회인 IEEE 산하 IEEE-SA(IEEE-Standards Association)는 ANSI의 승인을 받은 표준개발기구이다. IEEE-SA 표준은 ANS와 ISO/IEC 국제표준으로 반영된다. IEEE의 지식재산권 정책은 RAND 조건을 요구하는 것은 ASNI와 같으나 이에 앞서 부지의 보증(Assurance of Non-Awareness)이라는 새로운 룰을 만들었다. 즉, 표준화과정에서 특허조사는 요구하지 않지만, 특허 선언을 한 선언자나 선언자가 알고 있는 자사의 표준화 참가자, 자사의 기술전문가 등을 통해 합리적인 수준에서 조사를 행한 이후 관련 필수특허가 없음을 선언할 수 있도록 하는 것이다. 이는 의무사항은 아니지만 표준특허 존재여부를 분명히 하는 발전된 룰이라 볼 수 있다. 또한 표준특허 지연문제를 사전에 제거하기 위해 제3자의 표준특허에 관한 서약도 장려하고 있다. 이 밖에도 필수특허의 권리가 이전된 경우에도 기존 특허권자가 선언한 내용을 권리를 이전받은 쪽에서도 이행되도록 한다는 룰이 있다.

CHAPTER 8

서비스분야의 표준화

8-1 서비스분야 표준화의 중요성

그간 표준화에 대한 연구는 주로 제조업을 대상으로 하여 제품 및 제조공정에 초점을 맞추어 왔다(Blind, 2004). 그러나 최근 서비스부문의 비중이 급속히 증대되고 있으며, 서비스 산업에서 표준 및 표준화의 역할이 커지고 있다. OECD 국가들의 경우 GDP 중에서 서비스 부문이 차지하는 비중이 평균적으로 70%를 차지하고 있다. 고용 면에서도 서비스 부문의 고용비중도 매우 크며, 특히 신규 고용의 경우 많은 부분이 서비스 산업에서 일어나고 있다. 이뿐만 아니라, WTO에 의하면 2000년대 이후 서비스 교역량이 크게 증가해 오고 있는 것으로 보고하고 있다. 우리나라의 경우도 여기에서 예외가 아니다. 따라서 국제적으로든 국내적으로든 서비스 분야에 대한 표준화가 중요한 과제로 부각되고 있다.

ISO는 1995년 9월 ISO 총회에서 소비자정책위원회(COPOLO)의 권고에 따라서 서비스 표준화의 추진을 결정하였고, 개인설계재무(TC 222), 관광서비스(TC 228), 네트워크 서비스 요금청구(PC 239) 등 기술위원회(TC)와 프로젝트위원회(PC)가 구성되어 표준화를 추진하고 있다. 유럽의 경우도 CEN에서 유지보수(TC 319), 운송서비스(TC 320), 관광서비스(TC 329), 우편서비스(TC 331) 등 6개의 기술위원회와 통역서비스(BT/TF 138), 장례서비스(BT/TF 139), 엔지니어링 컨설팅서비스(PC 395) 등의 팀을 통해 서비스 표준화를 추진하고 있다.

이와 같이 서비스 표준화가 추진되고 있는 것은 서비스 표준이 안전, 건강, 목적에의 적합성, 정보와 품질에 기여하고, 특히 소비자에게 확신을 심어 주는 혜택이 있음을 인식하고 있기 때문이다. 그러나 산업단체 입장에서는 국가 법률과 규정 위에 '규칙', 즉 표준이라는 층을 더 쌓아 올리는 측면이 있음을 우려하면서 국제적인 서비스 표준의 개발에 반대하는 움직임도 보이고 있다. 또한 서비스 분야의 표준화는 상대적으로 최근에 일어난 현상이고 시장에서 표준사용 경험이 없는 상황이다.

그럼에도 불구하고 최근 서비스 표준화에 대한 이해당사자들의 관심은 커지고 있으며, 실제 행동으로 이어지고 있다.

8-2 서비스표준이란

1) 서비스와 서비스산업

서비스는 흔히 경제학에서 용역으로 불리며, 재화와 함께 경제활동의 양대 객체이다. 서비스는 눈에 보이지 않지만 그 자체로서 가치를 가지며, 재화의 생산에도 기여한다. 예를 들면 인간의 노동은 서비스로서, 노동 서비스는 재화의 생산과정에 투입되어 부가가치를 창출한다.

서비스산업이란 이러한 서비스를 생산하여 제공하는 산업을 말한다. 서비스업종에는 도매 및 소매업이 있는데, 이는 재화가 거래되도록 생산자와 소비자를 '중개'하는 서비스를 창출하는 동종 기업군을 총칭한다. 같은 논리로 운수업, 금융업, 교육서비스업 등 각종 서비스업을 정의할 수 있다(〈표 8-1〉 참조).

<표 8-1> 한국표준산업분류에 의한 서비스산업

G	도매 및 소매업
H	운수업
I	숙박 및 음식점업
J	출판. 영상. 방송통신 및 정보서비스업
K	금융 및 보험업
L	부동산 및 임대업
M	전문. 과학 및 기술서비스업
N	사업시설관리 및 사업지원 서비스업
O	행정. 국방 등
P	교육서비스업
Q	보건 및 사회복지 서비스업
R	예술. 스포츠 및 여가관련 서비스업
S	수리 및 기타 개인서비스업
T	가구내 고용활동 및 달리 분류되지 않은 자가소비생산활동
U	국제 및 외국기관

자료: 통계청.

2) 서비스의 표준화

(1) 서비스 표준의 정의 및 분야

ISO는 서비스 표준을 다음과 같이 정의하고 있다.

"서비스 표준은 목적에 대한 적합성을 확립하기 위해 서비스에 의해 충족되어야 할 요구사항을 구체화한 표준이다."

이는 표준의 일반적인 정의를 서비스에 적용한 것으로서, 매우 광범위하므로 보다 구체적으로 나누어 살펴볼 필요가 있다. 첫째 서비스 표준은 개별서비스 차원에서의 표준화를 의미할 수 있다. 예를 들어 장례서비스에 대해서 표준을 정하고, 표준화를 진행시키는 경우이다.

둘째, 서비스 표준은 서비스 산업에서의 표준화를 의미할 수 있다. 예를 들어 운송, 금융, 유통, 통신, 항공운수 등 전통적인 산업분류에 따라 표준화를 진행시키는 경우이다. 사실 금융산업 같은 경우에는 오랜 표준화의 전통을 가지고 있다.

셋째, 모든 서비스산업에 공통적으로 서비스 표준은 품질(quality)의 차원에서 진행되고 분석

될 수도 있다. Berry et al.(1992)은 표준이란 서비스 질을 개선하기 위한 지침의 형태로 종업원들에게 의미 있도록 기술된 소비자의 기대라고 정의하였다. 대표적인 품질표준은 ISO의 ISO 9000시리즈로서 제조업에 대해서도 적용된다(Davis, 1997). 그러나 서비스 산업의 품질 측면에서 ISO 9000시리즈를 연구한 사례가 축척되어 왔다. Docking and Dowan(1999)과 Karapetrovic and Willborn(2001)은 금융산업에 대해서, Chu and Wang(2001)은 대만의 공공부분서비스에 대해서, Gilpin and Kalafatis(1995)는 레저산업에 대해서, 그리고 Johannsen(1995)은 전문정보서비스에 대해서 품질문제를 다루었다. 이와 같이 품질측면이 서비스 표준의 중요한 영역으로 다루어져 왔다.

(2) 서비스의 특성과 표준

① 개별성

서비스 중에서는 소비자의 선호에 맞추어져야 하는 특성이 강한 서비스가 있는데, 이 경우는 서비스를 표준화하는 것 자체에 대해서 저항이 있을 수 있다. 이러한 서비스의 특성이 지금까지 서비스 분야에서의 표준화를 지연시켜 온 이유로 지적되고 있다.

하지만 서비스산업에서는 노동집약도가 높기 때문에 이를 낮추고 고객과의 상호작용 빈도를 낮추려는 경향도 있으므로 전체적으로 서비스산업에서의 표준화 욕구가 증대되어 왔다(Schmenner, 1992). Tether et al.(2001)은 대량 생산되는 서비스와 고객 중심의 개별화된 서비스와의 배분 정도를 연구한 결과, 표준화를 통한 대량생산의 장점으로 표준화된 서비스가 이미 상당량 존재하고 있음을 밝히고 있다.

② 생산과 소비의 연관성

서비스의 생산과 소비는 밀접히 연관되어 상호작용한다. 그렇기 때문에 서비스 제품은 종종 과정의 집합이 되며, 그 결과 서비스의 경우 제품과 공정 간의 구분이 어렵다. 더구나 서비스는 무형이라는 특성을 가지므로 생산된 것과 생산수단 간의 관계가 모호하다. 따라서 제조상품과 달리 서비스에 대해서는 제품표준과 공정표준의 구분이 명확하지 않을 수 있다.

③ 인적자원의 중요성

서비스를 제공함에 있어서 인적자본(human capital)은 핵심적인 역할을 수행한다. 즉, 서비스의 생산은 생산 및 혁신과정에 투입되는 사람들의 지식과 기능에 크게 의존한다. 물론 많은 서비스들이 정보, 소통 그리고 운송네트워크에 의존하고는 있다. 그럼에도 불구하고 서비스의 생산과 혁신과정에서 인적자본이 핵심성공요인(key success factor)이라는 것은 분명하다.

④ 정보 포함

유형의 제조제품에도 기술과 정보가 체화되어 있지만, 서비스의 결과물에는 많은 정보가 포함되어 있다. 따라서 서비스에 대한 연구에서 정보기술(information technology)이 주목받고 있다. 특히 서비스 자체가 정보이므로 서비스에 있어서 혁신(innovation in service)은 매우 중요하다.

⑤ 서비스 결과의 무형성

대부분의 서비스는 눈에 보이지 않는다. 따라서 서비스를 제공할 때 고객의 니즈에 맞게 서비스 상품을 특성화하는 전략이 바람직할 수 있다. 이는 서비스의 개별성과 함께 표준화를 저해하거나 지연시키는 요인으로 작용할 수 있다.

⑥ 조직요소의 중요성

서비스에 있어서 제품혁신을 할 때 고객의 니즈와 제공되는 서비스의 관계를 어떻게 개선시키느냐가 중요하다. 따라서 기업의 성과는 양자의 관계를 원활하게 하는 조직특성에 달려 있게 된다. 미국 Southwest 항공사의 'Fun management'의 사례는 이를 말해 주고 있다.

3) 서비스기업의 표준화 노력에 대한 영향 요인

(1) R&D집약도

표준 및 표준화는 기술혁신과 밀접히 연관되어 있다. 먼저 기술혁신의 투입요소로서 R&D 활동과 표준화활동의 연관성을 보면, 두 가지 상반된 견해가 존재한다. 하나는 긍정적인 측면이다. 즉, 표준화활동은 기업의 내부적 기술혁신 과정에서 연속적으로 이루어지므로 R&D 활동이 활발한 기업들은 다른 기업의 제품 및 공정기술과 호환되는 시장성 있는 제품 및 공정기술을 개발하기 위하여 표준화과정에 더 적극적으로 참여하는 경향이 있다는 것이다(Farrell and Saloner, 1985). 이러한 주장은 Link(1983)에 의해서 검증된 바 있다. 이 연구에 의하면 R&D 집약도는 자발적인 표준화과정에 참여할 가능성에 대해서 정(+)의 효과를 나타낸 것으로 보고하고 있다.

다른 하나는 위의 경우와는 반대되는 측면이다. 즉, R&D 활동이 저조한 기업들은 R&D 활동 수준이 높은 기업들로 구성된 표준화단체에 참여하여 기술이전의 이득을 획득하고자 한다는 것이다. 이는 표준이 최신기술(state of the art), 최상의 관행(best practice) 등을 체화하므로 기술이전의 수단이 될 수 있기 때문이다. 이러한 견해는 기업내부 R&D, 기술이전 그리고 네트워킹 간의 대체관계를 보고한 Love and Roper(1999)에 의해서 실증적으로 뒷받침되고 있다.

Lecraw(1984)도 R&D 집약도의 표준화활동 — 보다 정확히는 표준의 사용 — 에 대한 부(−)의 효과를 보고하고 있다. 그러나 그 이유가 다르다. 즉, 제품생애주기가 짧아져 표준이 급속히 진부화될 뿐만 아니라 자사의 R&D 집약적인 제품을 경쟁기업의 제품과 차별화하기 위한 인센티브가 강하게 작용하기 때문이라고 한다.

(2) 특허활동

기술혁신성과로서의 특허도 기업의 표준화활동에 영향을 미칠 것으로 기대할 수 있다. 특허변수가 표준화활동에 미치는 영향은 R&D 활동과 마찬가지로 양면성을 갖는다. 이는 기본적으로 기업이 표준화과정에 참여할 때 발생할 수 있는 자사 기술의 유출 혹은 보호문제와 연관되어 있다. 먼저 특허활동이 활발한 기업일수록 표준화과정에 참여할 가능성이 높아진다고 볼 수 있는데, 이는 표준화과정에서 다른 기업에 노출될 수 있는 자사의 노하우가 충분히 보호될 수 있기 때문이다. 예를 들어 IT서비스 제공기업인 Sun Microsystems는 자사가 가진 지식재산권의 일부를 시장에 제공하여 세계적으로 활용되게 하고, 결과적으로 거대한 기술표준을 구축하고 있다(성태경, 2008).[1]

그러나 반대로 표준화과정에서 공개된 특허는 충분히 보호되지 못할 뿐만 아니라, 표준화과정에 참여하는 기업들이 서로 토의하는 과정에서 특허문서에 있는 기술정보 이외에도 부수적인 기술정보가 잠재 경쟁사에 유출될 가능성이 크다는 견해도 있다. 따라서 특허활동이 활발한 기업일수록 표준화과정에 참여할 유인이 낮아질 것으로 예측할 수 있다.

---

1) Sun사는 세계적인 하드웨어, 소프트웨어, IT서비스 제공기업으로 1982년 설립되어 현재 100개 이상 국가에 지사를 가지고 있다. 1995년 Java 기술을 소개하였고, 세계적으로 2억 5천만 대 이상의 휴대전화가 이 기술을 사용하고 있다. Sun사의 많은 종업원, 특히 기술 분야의 전문직 임원들이 산업의 기술개발을 주도하는 공적표준 및 제원을 만드는 표준개발기관에 참여하고 있으며, 세계적으로 80개 이상의 표준기관에서 활동하고 있다. 필요한 경우에는 새로운 표준화 기구를 만든다.

(3) 기업규모

어떤 한 기업이 표준화과정에 참여하려면 고급인력 채용에 따른 인건비나 여행경비 등 관련 비용을 지출해야 한다. 이러한 비용은 고정비의 성격이 강하므로 소규모 기업들은 표준화과정에 참여하려고 하지 않고, 무임승차하려는 행동을 보일 수 있다(Blind, 2004).

또한 소규모기업들은 전유성 문제로 표준화를 꺼려할 수 있다. 표준화는 새로운 기술의 급속한 확산을 조성함에 있어서 광범위한 사회적 가치를 가지며, 명시적 자원의 투입을 필요로 한다. 그러나 개별적인 기업가들은 그러한 노력으로부터 오는 이득을 전유하기 어렵다는 이유로 필요한 자원을 투자하기 꺼려할 것이다(성태경, 1999). 특히 표준화를 통해서 시장을 확대하려는 중소기업의 경우에는 그들의 초기 노력이 대기업에 의해서 무용화될 것이라는 두려움을 가지기 때문에 더욱 그러하다. 반대로 규모가 큰 기업들은 소규고 기업들에 비해서 표준화로 인한 정(+)의 외부효과를 향유할 수 있다.

요컨대 소규모기업에게 표준화활동은 대기업어 비해서 비용뿐만 아니라 표준화의 이득 면에서도 불리하다.

(4) 수출활동

수출성과와 표준화활동은 서로 연계될 수 있다(Blind, 2004). 즉, 해외시장에 참여하는 기업일수록 국가 차원뿐만 아니라 국제적 차원에서 표준화활동의 필요성이 더욱 커질 것이다. 이는 수출기업들이 표준화 제정과정에 적극 참여하여 국제적인 제품사양표준에 영향을 미침으로써 자사의 제품이나 서비스 수출을 증가시킬 수 있기 때문이다. 물론 개별 기업이 국제적 표준제정과정에 미치는 영향은 제한적일 수 있다. 예를 들어 표준화위원회가 지역적 책임을 중시하는 상황에서는 수출기업들은 전 세계적인 표준화제정 과정에 참여하기를 꺼려할 수도 있다.

(5) 네트워크

표준화과정에서 네트워크의 역할은 매우 중요하다. 특히 네트워크 경제효과를 누리는 소위 네트워크 기업이나 보완 혹은 호환부품을 생산하는 기업들은 표준화의 외부효과에 크게 의존한다(Shy, 2001). 따라서 네트워크 성격이 강한 분야어서 활동하는 기업들은 기술적인 측면에서 표준에 대한 수요가 클 것으로 예측할 수 있다.

성태경(2009)에서는 우리나라 서비스업에 속한 기업들을 대상으로 기업 차원에서 표준화활동 결정요인에 대한 실증분석을 시도하였다. 기업 차원에서의 표준화활동을 기업의 전사적 표준경영, 국내표준화활동, 국제표준화활동 등 세 가지 유형(혹은 범주)으로 구분하였으며, 그 결정요인으로 기술혁신활동(R&D와 특허), 기업규모, 수출, 네트워크, 기업조직특성 등을 포함하였다. 분석된 표본은 서비스업에 속한 102개 기업으로 정성적 분석방법인 로지스틱 회귀모형(logistic regression)을 사용하였다. 〈표 8-2〉, 〈표 8-3〉 그리고 〈표 8-4〉에는 로지스틱 회귀모형에 대한 분석결과가 나타나 있다. 연구결과는 다음과 같다.

첫째, 기술혁신활동 변수 중 R&D집약도는 전사적 차원에서의 표준경영과 국내표준화활동에는 영향을 미치지 않지만 국제표준화활동에는 영향을 미치는 것으로 분석되었다. 즉, "R&D집약도가 높은 기업일수록 기업 차원에서 전사적인 표준경영을 추진하거나, 국내표준화활동이 더 활발할 것이다"라는 가설은 각각 기각되었다. 다만 "R&D집약도가 낮은 기업일수록 국제표준화활동에 참여할 가능성이 높아질 것이다"라는 가설이 성립하였는데, 이는 우리나라 기업들이 해외에서의 표준화과정에의 참여를 기술이전의 수단으로 활용하는 경향이 있기 때문으로 해석하였다.

둘째, 기술혁신활동 변수 중 특허출원은 전사적 차원에서의 표준경영에 대해 부(-)의 유의한 효과를 나타내었다. 이는 특허활동이 활발한 서비스기업일수록 표준화를 기술혁신의 관점에서 중시하지 않고, 오히려 표준화활동 참여를 통한 자사 기술정보의 유출이나 특허침해의 문제를 우려하고 있기 때문인 것으로 보인다.

셋째, 기업규모변수는 서비스기업의 경우 표준화활동과 연관이 없는 것으로 나타났다.

넷째, 표준화에 대한 경영진의 관심은 표준화활동의 유형에 관계없이 표준화활동의 중요한 결정요인으로 분석되었다.

<표 8-2> 회귀분석 결과: 종속변수가 전사적 차원에서 표준경영 여부인 경우

	모형 Ⅰ				모형 Ⅱ			
	계수 값 (B)	Wald 값	유의 확률	EXP (B)	계수 값 (B)	Wald 값	유의 확률	EXP (B)
상수	−4.586***	14.668	0.000	0.010	−2.820**	4.498	0.034	0.060
R&D 집약도(R&D)	−0.010	0.280	0.597	0.990				
특허출원(PATENT)					−0.913*	2.796	0.094	0.401
기업규모(SIZE)	0.650	0.292	0.588	1.916	−1.120	0.545	0.560	0.326
기업규모제곱 (SIZE^2)	0.081	0.043	0.835	1.084	0.592	1.421	0.233	1.807
수출비율(EXPORT)					0.026	2.367	0.124	1.027
네트워크 (NETWORK)					−2.364***	11.909	0.001	0.094
경영진의 관심 (CEO)	1.156***	18.496	0.000	3.178	1.141***	17.745	0.000	4.114
표본 수	102				102			
−2log우도	109.234				89.585			
Nagelkerke R^2	0.360				0.531			
분류정확도	65.7%				77.5			
Chi−square	32.129***				51.778***			

주: 1) 1) Wald 통계량=[계수값(B)/표준편차]^2; EXP(B)=e^B.
2) ***는 1%, **는 5%, *는 10% 수준에서 각각 유의함.

<표 8-3> 회귀분석 결과: 종속변수가 국내표준화활동인 경우

	모형 Ⅰ				모형 Ⅱ			
	계수 값 (B)	Wald 값	유의 확률	EXP (B)	계수 값 (B)	Wald 값	유의 확률	EXP (B)
상수	−7.095***	19.379	0.000	0.001	−3.330***	7.081	0.008	0.036
R&D 집약도(R&D)	−0.020	0.484	0.597	0.980				
특허출원(PATENT)					−0.199	0.161	0.688	0.819
기업규모(SIZE)	1.677	1.950	0.163	5.350	1.101	0.962	0.327	3.006
기업규모제곱 (SIZE^2)	−0.283	0.724	0.395	0.754	−0.247	0.621	0.431	0.781
수출비율(EXPORT)					0.014	0.983	0.322	1.015
네트워크 (NETWORK)					−1.474***	7.867	0.005	0.229
경영진의 관심 (CEO)	1.245***	14.805	0.000	3.506	0.782***	9.433	0.008	2.185
표본 수	102				102			
−2log우도	82.223				103.965			
Nagelkerke R^2	0.351				0.311			
분류정확도	79.4%				75.5%			
Chi−square	26.666***				25.883***			

주: 1) Wald 통계량=[계수값(B)/표준편차]^2; EXP(B)=e^B.
2) ***는 1%, **는 5%, *는 10% 수준에서 각각 유의함.

<표 8-4> 회귀분석 결과: 종속변수가 국제표준화활동인 경우

	모형 I				모형 II			
	계수 값 (B)	Wald 값	유의 확률	EXP (B)	계수 값 (B)	Wald 값	유의 확률	EXP (B)
상수	−4.118***	12.145	0.000	0.016	−6.332***	13.909	0.000	0.002
R&D 집약도(R&D)	−0.069**	3.961	0.047	0.933				
특허출원(PATENT)					−0.178	0.090	0.764	0.837
기업규모(SIZE)	1.504	2.083	0.153	4.498	1.140	0.762	0.383	3.126
기업규모제곱 (SIZE^2)	−0.343	1.345	0.246	0.71C	−0.147	0.167	0.682	0.863
수출비율(EXPORT)					0.007	0.165	0.684	1.007
네트워크 (NETWORK)					−1.286**	4.521	0.033	0.276
경영진의 관심 (CEO)	0.832***	11.083	0.001	2.29Ç	1.294***	14.052	0.000	3.646
표본 수	102				102			
−2log우도	107.091				77.753			
Nagelkerke R^2	0.278				0.401			
분류정확도	71.6%				81.4%			
Chi-square	22.758***				31.136***			

주: 1) Wald 통계량=[계수값(B)/표준편차]^2: EXP(B)=e^B.
　　2) ***는 1%, **는 5%, *는 10% 수준에서 각각 유의함.

8-3 서비스의 표준화

지금까지 서비스 표준화 현상을 분석하기 위해서 표준화되는 서비스를 다양하게 구분하여 왔다. 대표적인 예로 Henry(1996), Pelps(1999), De Vries(1999) 등을 들 수 있는데, 이 중 Pelps의 구분이 포괄적이므로 이를 중심으로 살펴본다. Pelps는 서비스 표준화의 차원을 다음 다섯 가지로 나누었다(〈표 8-5〉 참조).

- 서비스 수행능력의 표준화
- 서비스 제공과정의 표준화
- 서비스 제품의 표준화
- 외부적 요인의 표준화
- 상황요인의 표준화

1) 서비스 수행능력의 표준화

서비스 생산에 있어서 인적자본과 물적 자본 모두 필요하다. 서비스 표준화를 위해서는 적절한 기술장비의 선택이 필요하고, 일정 수준의 종업원의 자질이 갖추어져야 한다. 종업원의 경우 공식적인 자질과 서비스를 실제로 제공하는 성과 간어 갭이 존재하게 된다. 따라서 서비스 제공자의 자격에 대한 표준화가 필요하다. 예를 들어 한국산업인력관리공단에서 시행하는 각종 자격제도(예: 한식조리사)는 일종의 인적자본과 관련된 표준화에 속한다고 볼 수 있다. 실제로 ISO에서는 자산관리자의 자격에 대한 표준을 정하고, 프랑스에서는 석면관리자의 자격을 규정으로 정하고 있다. 물적 자본과 관련하여서는 공공운송수단(예: 열차)에 대한 기술적 요건을 예로 들 수 있다.

조직차원에서의 서비스 수행능력도 표준화의 대상이 된다. EU에서는 건설업체의 자격을 규정하고 있으며, 영국과 독일에서는 시장조사업체의 조직요건을 규정하고 있다.

<표 8-5> 서비스표준의 구분

Pelps(1999)	Henry(1996)	De Vreis(1999)
1. 수행능력의 표준화	· 종업원의 자격 · 서비스 제공조직	· 서비스공급자 · 서비스 지원 물적 수단
2. 제공절차의 표준화	· 제공조직과 종사자 간의 의사소통 · 고객과 종사자 간의 의사소통 · 서비스제공 수단(예: 용어)	· 서비스의 배달 · 서비스 공급자 내부 및 참여주체 간의 의사소통
3. 서비스 성과의 표준화	· 서비스결과 · 제공하는 서비스	· 서비스 결과 · 핵심서비스에 대한 추가 요소
4. 외부적 요인의 표준화	—	· 서비스이용자(태도, 윤리 등)
5. 상황요인의 표준화	· 서비스장소	· 작업장(예: 매장 인테리어) · 주의(응급조치, 불만처리 등)

2) 서비스 제공과정의 표준화

서비스를 제공하는 과정에 대한 표준화는 매우 효과적이다. ISO 9000은 여기에 속한다. 그러나 너무 규정이 엄격하면 종업원들의 행동에 부정적인 영향을 미칠 수 있다.

3) 서비스 제품의 표준화

서비스 절차가 생산한 서비스 결과에 대해서 표준화가 가능하다. 서비스 공급자는 충족되어야 할 품질기준이나 고객이 기대하는 것을 규정할 수 있다. 고객의 기대는 불확실하므로 주로 품질기준에 대한 표준이 많이 이루어지고 있다. 그러나 최근어는 고객만족도를 기준으로 한 표준화가 활발히 진행되고 있다.

4) 외부적 요인의 표준화

서비스가 거래되는 시장 등 환경에 대해서도 표준화가 가능하다. 예를 들어 시장을 작게 세분화
하면 할수록 시장은 동질적인 성격을 띠게 된다. 이 경우 서비스 성격에 대한 소비자의 기대가 분
명해지고, 서비스 공급자와 소비자 간에 의사소통이 중요해진다. 따라서 소비자의 기대를 표준화
함으로써 서비스시장이라는 외부적 요인을 표준화할 수 있다.

5) 상황요인의 표준화

서비스가 제공되는 상황, 예를 들어 서비스가 제공되는 시간과 장소에 대해서 표준화가 가능하다.

8-4 서비스산업의 표준화

1) 금융산업

금융서비스 분야의 표준화는 오래전부터 이루어져 온 현상이다. 많은 국가에서 소비자는 수많은 금융상품에 관한 명확하고 비교 가능한 정보에 접근하지 못한다. 그 결과 정보력 있는 선택을 내릴 수 있는 능력이 감소되고 따라서 서비스 계약 시 더 큰 개인적인 위험을 초래하게 된다. 이에 따라 ISO는 확산된 사용과 높은 금융 위험성을 감안하여 5가지의 서비스(생명보험, 담보, 개인연금, 소비자 신용, 지불시스템)에 대한 정보 제시를 통제하는 국제규격 제정을 시도하고 있다.

2) 관광산업

최근에는 관광산업이 중요한 표준화 대상으로 부각되고 있다. 이에 따라 ISO는 TC 228을 설립하여 표준화 작업을 진행하고 있다. 표준화 대상은 전시회 운영에서부터 환경을 파괴하지 않는 관광까지로서 주요 주제는 다음과 같다.

- 레크리에이션 다이빙 서비스
- 건강관광서비스
- 관광안내소의 관광정보 및 접객서비스

- 골프서비스
- 해변
- 자연보호구역

8-5 서비스품질의 표준화: ISO 9000시리즈

1) 주요 내용 및 인증절차

ISO 9000시리즈는 1987년에 제정되고 1994년 개정된 ISO의 대표적인 표준이다. ISO 9000시리즈는 5개의 개별적이지만 서로 연관된 품질경영 및 신뢰에 관한 국제표준의 집합이다. 이들은 특정 제품에 대한 표준이 아니라 일반적으로 적용 가능한 표준이다. 적용되는 산업은 제조업은 물론이고, 유통, 정보, 교육 등 서비스 등 산업 전반에 이른다. ISO 9000은 기업이 효율적인 품질시스템을 유지하는 데 필요한 품질시스템 요소를 규정한 것이다.

ISO 9000시리즈는 9000과 9001, 9002, 9003, 9004 등 5가지 규격으로 구성되어 있다. ISO 9000은 시리즈 사용의 기본 지침, 즉 9001, 9002, 9003 그리고 9004의 선택과 적용 방법에 대하여 설명 기술한 것이다. 9001, 9002 그리고 9003은 외부적 품질 표준이다. 즉, 계약에 의해 구매 조달을 할 때 구입자 측이 공급자 측에 요구하는 품질시스템 요구사항을 규정한 것이다. 주요 내용을 보면 ISO 9001은 설계, 개발에서 제품 설치, 애프터서비스까지를, ISO 9002는 제조에서 설치까지를, ISO 9003은 제품의 최종검사 및 시험을 각각 대상으로 한 것이다. ISO 9004는 자사의 사업과 기회에 맞게 품질시스템을 발전시키도록 기업이 내부적으로 사용하는 지침을 제공한다.

ISO 9000시리즈 중 기업이 어느 것을 선택할 것인지는 기업의 활동 범위에 달려 있다. 예를 들어 기업이 독자적으로 제품 혹은 서비스를 기획한다면 ISO 9001을 선택해야 한다. 만약 생산만 한다면 ISO 9002로 충분하다. 만약 기업이 기획이나 제조도 하지 않는다면 ISO 9003을 고려하는 것이 일반적이다.

ISO 9000시리즈를 적용하기 위해서는 공식적으로 인정된 독립적 인증기관에 등록을 하고 심사를 받아야 한다. 만약 심사에 통과되면 인증서를 받게 된다. 인증표시는 광고문구나 공문서 등에 표시할 수 있으며, 제품에는 표시하지 않는다. 인증기관은 정기적으로 ISO 9001, 9002, 9003 등 품질경영시스템이 제대로 유지되고 있는지를 심사하며, 기준에 미흡하다고 판단하면, 인증을 연기하거나 취소할 수 있다.

2) ISO 9000 품질인증의 이득

ISO 9000을 획득한 기업들의 혜택은 다음과 같다.

- 품질경영의 지침 제공
- 중복되는 시험검사의 회피
- 보증비용의 회피
- 중복노력의 회피 등

제품의 품질이나 서비스에 대해서 구매자와 판매자 중 어느 한쪽이 정보를 더 많이 가지는 경우가 있는데, 이를 경제학에서는 비대칭적 정보(asymmetric information)라고 부른다. 이의 가장 대표적인 예가 중고차시장인데, 이 시장에서 판매자는 자기 차의 성능이나 결함에 대해서 정확히 알고 있는 반면에 구매자는 그렇지 못한 것이 현실이다. 이와 같이 정보의 비대칭성이 존재하는 중고차시장에서는 중고차의 가격이 '평균적'인 중고차의 품질에 의존하게 된다. 그러므로 결함이 있는 중고차의 판매자는 차의 실제가치보다 더 높은 가격을 받는 반면에 결함이 없는 차의 판매자는 차의 실제 가치보다 더 낮은 가격을 받게 되는 경향이 나타나게 될 것이다. 따라서 성능이 좋은 차의 소유자는 중고시장에 차를 내놓으려고 하지 않을 것이고, 이는 거래 가능한 중고차의 평균가격과 품질을 낮게 할 것이다. 이뿐만 아니라 중고시장에서 형성된 '평균'보다 높은 성능을 가진 차량의 판매자도 중고시장에 참여하기를 꺼려할 것이고, 이는 중고시장에 매물로 나와 있는 차량의 가격과 품질을 낮출 것이다. 이러한 과정은 가장 성능이 낮은 차량들이 적정하게 낮은 가격으로 판매될 때까지 계속될 것이고, 결과적으로 중고차시장에서 성능이 나쁜 중고차가 성능이 좋은 중고차를 '밀어내는' 셈이 된다. 이러한 현상을 경제학에서는 역선택(adverse selection)이라고 부른다.

　이러한 역선택의 문제는 시장의 가격기구에 맡겨 놓으면 해결이 되지 않는다. 예를 들어 1995년식 중고차의 경우, 품질이 나쁜 차에 대해 시장이 따로 형성되어 가격이 200만 원으로 결정되고, 품질이 좋은 차에 대해서도 시장이 따로 형성되어 300만 원으로 거래된다면 아무 문제가 없을 것이다. 그러나 이는 품질 나쁜 차를 가진 사람들이 자기 차의 문제를 정확히 자진 신고하는 경우가 아니면 불가능하다. 누가 자기 차의 문제를 속속 알려 주어 낮은 가격을 받으려고 할 것인가? 오히려 가만히 중간 정도인 250만 원을 받으려는 것이 일반적인 경제적 행동일 것이다. 그렇다면 가격 이외의 방안은 없는가? 그것은 품질 좋은 차의 소유자들이 보내는 신호(signal)이다. 가령 구매자가 중고차에 대한 정보가 없는 상태에서 판매자들이 자신의 차에 대해서 1년 정도 보증(warranty)을 제공한다면, 구매자들은 좀 비싼 가격이라 할지라도 구매하려 하기 때문에 역선택의 문제는 어느 정도 해결된다. 평판(reputation)도 하나의 방법이다. 가령 A라는 자동차 딜러의 경우 좋은 차만 선정하여 판매한다는 오랜 명성을 유지한다면, 역시 좋은 중고차가 비싼 가격에 거래될 수 있을 것이다.

　이러한 정보의 비대칭성 문제와 해결방법은 서비스시장에도 그대로 적용된다. 서비스 기업 입장에서 보면 정보의 비대칭성 문제는 외부적인 문제와 내부적인 문제로 구분하여 볼 수 있다. 외부적인 문제는 서비스의 공급자와 수요자 사이에서 일어나는 문제이고, 내부적인 문제는 기업 내 경영자와 종업원 사이에서도 일어나는 현상이다. 먼저 외부적인 문제를 보면, 서비스공급자들은 서비스의 품질에 대해서 알고 있지만 수요자들은 이에 대한 정보가 부족하다는 것이다. 특히 현재와 미래에 제공받게 될 서비스의 품질에 대해서는 더욱더 모른다는 것이다. 따라서 역선택의 문제가 일어난다. 구체적으로 좋은 품질의 서비스를 제공하는 기업은 그에 대한 합당한 가격을 받지 못한다는 것이다. 이러한 문제는 어떻게 해결될 것인가? 중고차 시장에서와 마찬가지로 신호를 보내면 되는데, 품질표준을 통한 제3자 인증제도가 이러한 역할을 수행할 수 있다.

　한편 내부적 문제의 경우에는 정보의 비대칭성으로 인한 주인-대리인 문제 때문에 일어난다. 서비스 기업의 경우에는 경영자들이 종업원들의 행동목표와 태도를 다 알 수 없다는 것이다. 이때 ISO 9000시리즈와 같은 품질에 대한 표준제도를 도입하게 되면 어느 정도 종업원들의 태도와 성과를 통제할 수 있게 된다.

표준경영 및 전략

9-1 표준경영이란

　기업의 표준경영(management of standardization)이란 기업목표를 달성하기 위해서 R&D, 구매, 생산, 판매 등 기업의 모든 활동에 표준이 적절하게 활용될 수 있도록 하는 경영체계이다. 종전에는 단순히 품질경영으로 이해되었으나, 생산이나 엔지니어링뿐만 아니라 고객서비스, 시장, 마케팅, 재무 등에서도 필요로 하는 핵심 생산요소로 등장하게 되었다(〈그림 9-1〉 참조).

　한 기업 내에서 표준경영체제는 집중화되거나 분산화될 수 있다. 집중화 체제는 제품라인에 대한 전략을 수립하고 그 결과를 평가하면서 표준화를 통제하는 조직이다. 반대로 분산화 체제는 기업의 전사적 목표에 표준전략이 일치하도록 함에 있어서 하위부서들이 책임을 지고 통제하도록 하는 것이다. 일반적으로 표준화 조직은 그 기업의 핵심역량에 따라서 달라져야 한다. 만약 기업의 핵심역량이 기술이라면 표준기술은 CTO(Chief Technology Officer)나 기술개발을 담당하는 책임자에게 보고되어지며, 특허경영이 핵심 역량이라면 표준기술은 법 관련 조직이나 특허판매 부서의 통제하에 놓이게 될 것이다. 생산공정을 통해서 전략적 우위를 획득하는 기업들은 생산 혹은 제조담당부서 밑에 표준화 조직을 두게 될 것이다. 가장 중요한 것은 표준전략을 통해서 얻게 되는 경제적 이득에 대해서 조직 간에 의사소통이 원활히 이루어져야 한다는 것이다.

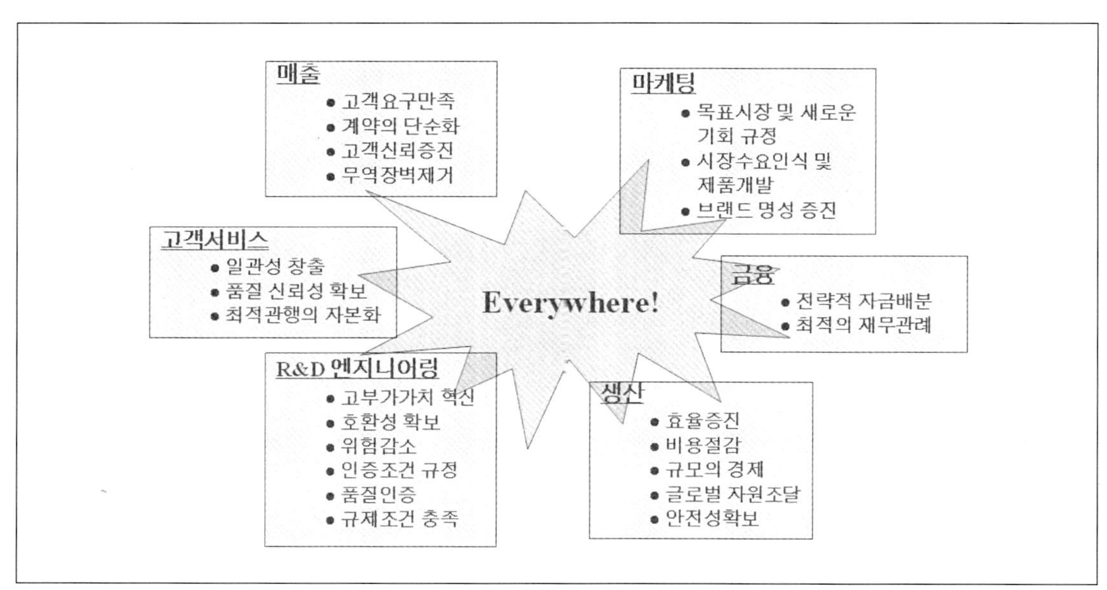

<그림 9-1> 기업 내에서 표준의 적용 분야

전략적 표준화(strategic standardization)란 기업의 표준경영이 '전략적'으로(strategically) 수립되어 수행되어지는 과정을 말한다. "만약 한 기업이 산업의 표준을 지배한다면, 그것은 산업의 자물쇠나 회계장부를 통제하는 것이나 마찬가지이다"라는 말이 있듯이 표준화는 기업선도전략 차원에서 다루어질 수 있다. 그러나 표준이 '전략적'으로 경영되어야만 이러한 이득을 얻을 수 있다.

표준화 전략(standardization strategy)은 전략적 표준화의 산물로서 대표적인 경우가 표준의 공개 여부이다. 공개되는 표준이란 그 표준이 한 기업의 통제하에 있는 것이 아니라 그것을 사용하여 제품이나 서비스를 생산하는 기업들이 쉽게 사용할 수 있다. Http, Html, XML 등과 같은 인터넷 표준이 공개된 표준에 속한다. 반대로 Windows 운영시스템은 폐쇄된 표준의 예이다. 이들은 널리 사용되지만 MS사가 이를 통제한다. 따라서 표준화를 고려할 때, 특허 등 지식재산권의 문제가 뒤따르게 된다. 만약 표준제품이나 표준기술이 특허, 라이선스, 기타 지식재산권 등에 의해서 보호된다면 그것은 폐쇄된 표준전략이고, 반대로 누구나 쉽게 사용할 수 있게 하면 공개된 표준전략이 된다. 표준기술을 개발한 기업은 개발비용을 회수하기 위해서 특허 등을 통해 로열티를 얻으려고 하겠지만, 문제는 잠재적 사용 기업들이 대가를 주고 사용하기를 꺼려한다는 것이다. 즉, 폐쇄전략을 구사하면 표준기술의 확산이 제한되어 시장 확대범위가 좁아지게 된다. 반대로 공개전략을 펼 경우는 시장 확대를 가져와 높은 투자수익을 가져다줄 수 있다. 이뿐만 아니라 보완제품 공급자들의 긍정적 태도와 다른 기술들에 대한 경쟁력을 얻을 수 있다.

좋은 표준기술은 그것을 다양하게 사용하게 하거나 실행하게 하는 동인(動因)을 가지는 표준이다. 기술표준원이나 표준협회 등 표준기관들에 의해서 인증된 표준은 시장에서 널리 받아들여져 시장 확대의 이득을 얻을 수 있을 것이다.

9-3 표준화 전략의 수립

1) 표준화 전략의 수립 과정

표준화 전략은 기업의 전사적 전략의 관점에서 수립되어야 한다. 이는 표준화 전략이 기업의 목표와 경영방침에 기여하도록 수립되어야 함을 의미한다. 〈그림 9-2〉에는 표준전략수립 모델이 제시되어 있다. 이 모델의 핵심과제는 "어떻게 하면 표준전략이 기업의 이윤으로 연결될 수 있겠는가?"라는 것이다. 즉, 표준화를 기업 부(wealth)의 원천으로 삼는 방법을 모색하는 것이다. 표준이 전략적으로 사용된다면 시장기회를 열고, 판매를 증진시키며, 기술혁신을 촉진시킬 수 있기 때문이다.

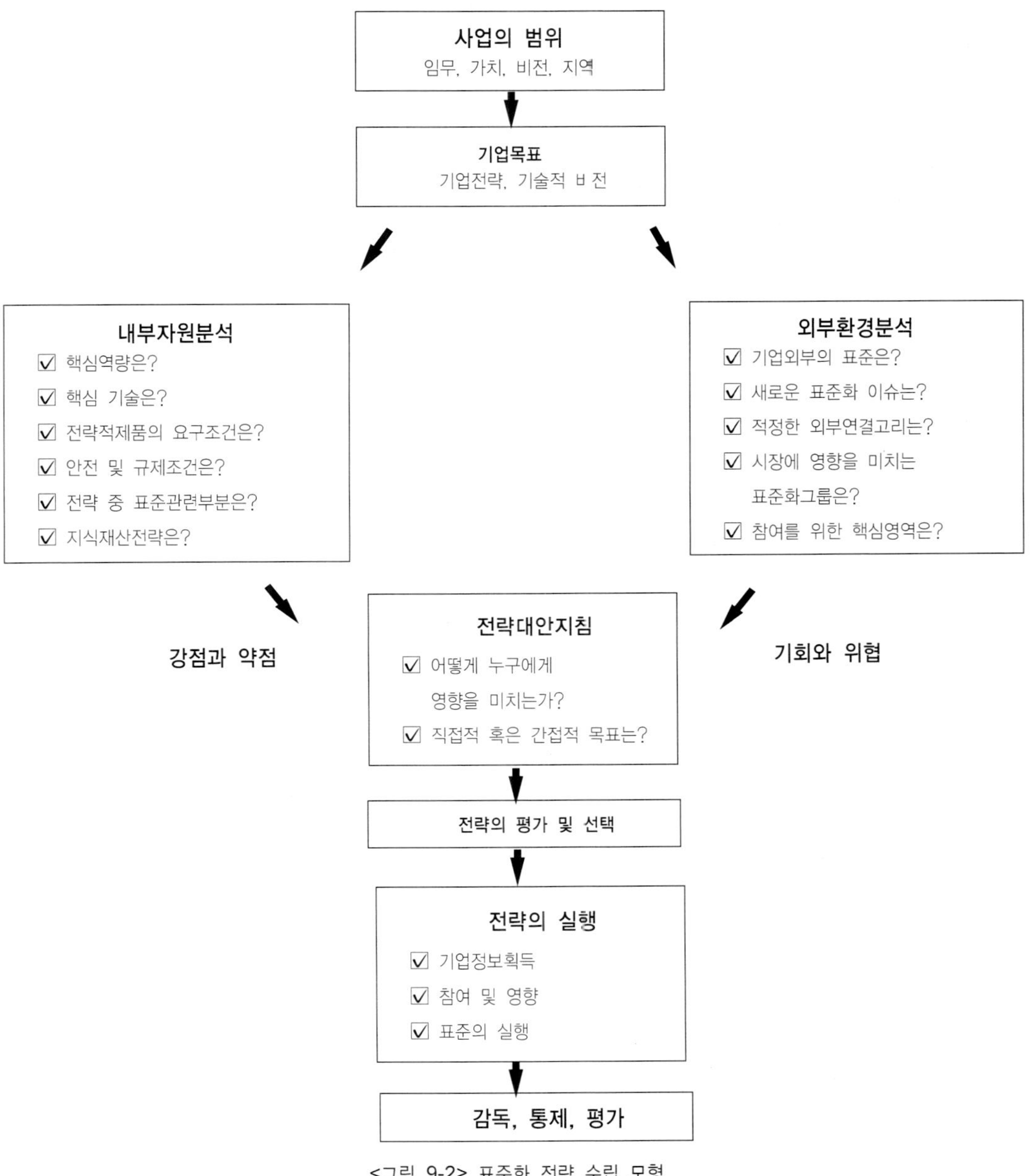

<그림 9-2> 표준화 전략 수립 모형

표준화 전략을 수립하기 위해서는 다음의 단계를 밟는 것이 바람직하다.

- 기업의 전사적 목표와 전략지침을 토대로 표준전략계획 수립에 착수한다.
- 외부환경 분석을 통해서 표준화의 기업경영에 대한 효과, 경쟁자에 대한 지식, 네트워크 효과

등을 파악한다. 또한 제품 및 서비스를 둘러싸고 있는 외부환경요인을 평가한다.

- 내부자원분석을 통해서 기존의 표준 혹은 생산공정이 기업의 운영시스템과 외부의 니즈에 적합한지를 파악한다. 만약 기존의 표준이 이러한 니즈를 충족시키지 못하거나 니즈가 변했다면, 기업 내부의 표준이 회사에 기여할 수 있는 방안을 모색한다. 동시에 기업은 지식재산경영에 관한 의사결정도 해야 한다.
- 내부 및 외부의 강점을 살리고 약점을 보강하는 전략을 마련한다. 다양한 제품라인이나 목표시장(target market)이 여기에서 도출될 수 있다.
- 표준화 전략을 명확하게 정의한다. 이때 표준화 전략이 다른 기업전략과 어떻게 조화를 이루고, 어떻게 기업목표를 달성시킬 수 있는지를 보여 주어야 한다. 전략실행은 다음 세 가지 형태를 취하게 될 것이다. 첫째는 표준 관련회의에 참가하거나 직접 구입에 의해서 기업정보를 획득하는 것이다. 둘째는 표준화 포럼에 참가하는 것이다. 셋째는 표준화를 내부적으로 실행하거나 다른 기업들과 협력하에 진행하는 것이다.
- 일정시점에서 기업조직 내의 개별 종업원들은 특정한 표준화활동에 참가할 것인지를 결정할 필요를 느낄 것이다. 기업들은 중앙집권적 표준경영체제와 분권적 표준경영체제 중 어느 것이 더 바람직한가를 결정해야 한다.
- 기업은 표준화 전략의 실행을 감독하고 통제한다. 환류활동(feedback)과 평가 메커니즘을 작동시켜야만 표준화 전략이 기업 및 시장 환경변화에 적합하도록 발전될 것이다.

2) 표준화 전략의 구조

표준화 전략의 핵심요소는 다음과 같다.

- 위치설정: 기업이 참여할 경쟁영역을 설정하고, 활동 분야를 디자인한다.
- 선점전략: 표준, 규제 등 경쟁무기를 통제하고 영향력을 행사한다.
- 성과 통제: 새로운 표준의 등장을 예측하고, 이들이 기업의 경쟁영역, 기술, 시장 등에 미치는 영향을 판단한다. 그리고 글로벌 경쟁의 규칙을 결정할 표준 관련 포럼에 효과적으로 참여한다.
- 경쟁자의 전략을 평가하고 그들의 강점을 무력화시킨다.

실제로 기업에서 표준은 〈그림 9-3〉과 같이 계층구조를 가지고 활용되어 진다.

- 시장접근: 이는 기업으로 하여금 새로운 시장에 진입하게 하거나 시장을 확대시키는 표준이다. 이러한 표준은 시장에서의 수용도를 높이고 고객신뢰를 획득하게 한다.
- 기술지침: 이는 플랫폼이나 메타표준의 형태이다. 이 경우에는 시장을 형성시키고, 대안적인 제원이나 디자인 등을 말해준다. 특히 기술 간의 호환성을 가능하게 한다.
- 기술군: 시스템 표준으로 경쟁우위의 상실을 막고, 사업시스템 혹은 기술적 시스템을 정의해 준다. 제품 및 서비스의 시스템 상호운용을 보장하고 조직의 효과적인 상호 협동을 가능하게 한다. 특히 신뢰와 믿음을 제공한다.
- 제원: 제품 및 서비스 수준의 디자인 표준으로 경쟁우위의 원천이 되며, 품질과 신뢰성 자료 등을 통해 제품의 성과를 규정한다. 또한 비용 및 다양성을 감소시키고, 구입 시에 경제성을 가져다주며, 부품교환이나 대체를 저렴하게 해 준다.
- 제품: 제품표준은 기술이나 제품 분야에서 선도적인 위치에 서게 해 준다. 비공식적이거나 '사실상'의 표준이 될 수 있다.

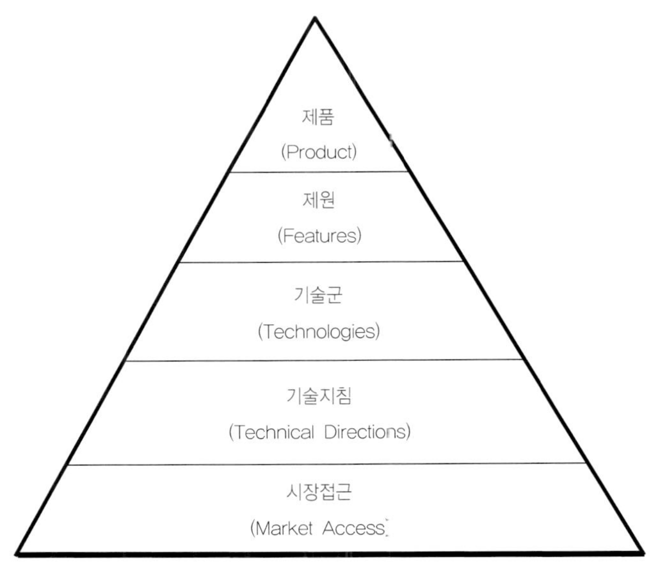

<그림 9-3> 기업 내에서 표준의 계층구조

9-4 전략적 표준화의 이득

앞에서도 언급하였지만 기업에 있어서 중요한 것은 표준의 내용 자체보다는 표준을 통해 얻는 이득이다. 먼저 하나의 특정 제품 혹은 서비스에 대한 표준은 기업에 다음과 같은 이득을 가져다 줄 것이다.

- 소비자 신뢰 증대
- 개발 및 제품비용 감소
- 신규시장으로 진입 용이
- 판매 및 제품수용도 촉진

만약 기업이 하나의 제품 혹은 서비스를 제공하는 소기업이라면, 표준은 새로운 판매기회를 제공하는 등 실질적인 이득을 가져다줄 것이다. 그러나 다양한 시장과 지역에서 다양한 제품 및 서비스를 제공하는 기업들은 이러한 이득을 인식하기 어렵다. 이 경우에 표준화의 이득은 전사적인 차원에서 전략적으로 접근되어야 실현될 것이다.

〈표 9-1〉에는 기업이 전략적 표준화를 통해서 얻을 수 있는 이득을 요약해 놓았다. 표에서 보는 바와 같이 전략적 표준화의 이득은 크게 기술혁신, 시장가치창출, 비용절감, 인증요건충족 등으로 나누어 볼 수 있다. 이러한 이득은 영리조직인 기업의 부를 창출하는 원천이 된다.

<표 9-1> 전략적 표준화의 이득

경영목표	기업전략	표준화의 이득
기술혁신	·제품/서비스차별화 전략 ·선도기업전략	·상업화 ·고부가 기술혁신 ·협력 ·위험감소
가치창출	·시장중시전략	·네트워크 효과 ·내부: 신속한 공정 확립 ·외부: 시장변화. 기회인식. 시장진입 원활
비용절감	·비용우위전략 ·운영효율전략	·다양성의 감소/단순화
인증요건충족	·규정준수전략	·거래의 기본 요소

1) 기술혁신

종전에는 표준이 오히려 기술혁신에 장애가 되는 것으로 인식되어져 왔다. 그러나 실제로 여러 산업에서 표준화는 기술혁신을 촉진시킬 뿐만 아니라 기술혁신의 과정을 성공적으로 이끄는 도구를 제공한다. 사실 표준기술의 개발 혹은 개선 자체가 기술혁신이 되고 있다. 표준화는 다음의 네 가지 방법으로 기술혁신을 촉진시킨다.

- 고부가 가치의 기술혁신을 가능하게 한다.
- 상업화를 가능하게 한다.
- 협력을 가능하게 한다.
- 위험을 감소시킨다.

첫째, 기술혁신은 한 기업 내에서 여러 수준에서 진행되는데, 표준화는 이 중에서 가장 가치 있는 활동에서 기술혁신이 일어나게 한다. 기술혁신은 내부적으로 비용절감 혹은 생산성 향상을 촉진하고, 외부적으로는 고객의 경험이나 제품제공서비스를 개선시킨다. 기술혁신은 다양한 수준에서 일어나지만 기업의 투자는 핵심적 경쟁우위를 가져다주는 분야에 집중되어야 한다.

둘째, 기술혁신의 과정에서 제품을 시장으로 연결시키는 상업화는 매우 중요하며, 발명만큼이나 매우 도전적인 활동이다. 표준화는 바로 이러한 상업화 활동을 촉진시킨다. 즉, 기술혁신의 성과를 표준화 그룹에 소개함으로써 산업의 광범위한 지원을 얻게 하며, 표준기술의 가치를 창출하는 다른 산업의 노력을 유발시킨다. 표준은 시장인식과 수요를 촉진하여 네트워크 효과를 창출한다. 표준을 창출한 기업은 해당 영역에서 경쟁우위를 유지하며, 초기 선점효과도 누릴 수 있다.

셋째, 집합적 지식의 힘은 기술혁신의 능력을 증진시킨다. 표준은 산업의 이해관계자들을 교류와 협력의 장으로 나오게 함으로써, 집합적 지식을 서로 교류하게 하여 기술혁신을 촉진시킨다. 이러한 협력의 장에서 기업은 다른 기업의 특허와 아이디어로부터 이득을 얻는다. 또한 혁신적인 아이디어들이 도출된다. 이뿐만 아니라 표준은 그룹들에 의해 공유된 지식을 성문화(codify)하여 쉽게 의사소통되며 행동에 착수되도록 한다. 결과적으로 기업의 R&D 비용은 감소되고, 혁신적 아이디어들은 신속하게 실현된다.

넷째, R&D 등 기술혁신활동은 위험이 내재하는 활동이다. 그런데 표준화는 기술개발의 결과로 출현되는 제품이 시장에서 수용될 것이라는 확신을 줌으로써 초기 R&D 투자의 위험을 감소시킨다. 또한 표준화된 부품과 비즈니스 프로세스를 활용하면, 초기투자비용이 낮아지고 잠재적인 손실이 크게 감소된다.

2) 시장가치창출

표준화는 사내에서 효과적인 의사소통수단이 되며, 변화를 가져오는 방법을 제공한다. 가령 표준화된 비즈니스 프로세스를 사용하는 기업은 그 프로세스가 급격하게 변하는 경우에 새로운 표준을 쉽게 설정할 수 있다. 표준화된 비즈니스 프르세스로 구성된 경영시스템에서는 공장, 부품공급자, 소비자 간 신뢰성 있는 의사소통이 가능하다.

외부적으로 표준은 새로운 기회를 인식하게 하고, 시장에서의 변화를 유발시키며, 시장수요에 즉각적으로 대응하도록 한다. 물론 기존시장을 더 심화시키는 수단이 되기도 한다. 보다 구체적으로는 기업은 표준화를 통해 시장창출 및 확대, 제품제원규정에 의한 경쟁우위 확보, 시장진입장벽의 제거, 무역장벽의 창출 및 제거, 구매결정의 단순화 등을 달성할 수 있다.

3) 비용절감

일반적으로 효율성 향상은 비용절감을 가져오며, 궁극적으로 이윤증가를 가능하게 한다. 바로 이러한 일련의 과정이 표준을 통해서 달성될 수 있다. 표준이 비용절감을 가져오는 방법들은 다음과 같다. 첫째, 제품표준의 경우 표준화된 부품을 사용함으로써 초기구입가격과 규모의 경제 면에서 비용절감의 효과를 향유할 수 있다. 둘째, 사내에서 사용되는 제품을 표준화함으로써 규모의 경제를 달성할 수 있으며, 다양성의 감소를 통해 관리비용과 학습비용을 낮출 수 있다. 셋째, 경영시스템을 표준화할 경우에도 비용을 절감할 수 있다. 공급사슬(supply chain)을 통해 표준은 검증된 최상의 관례를 채용하게 하여 공급자와 고객 요구를 충족시킨다. 예를 들어 기업은 고객의 불만을 처리하거나 공급사슬에서 품질을 관리하기 위해 경영시스템의 표준을 채용할 수 있다. 넷째, 표준은 거래비용을 낮추는 역할을 한다. 예를 들어 표준화가 되면, 국제적인 시험이나 인증하에 개별국가에서 상이한 시험·검사를 하지 않아도 되어, 거래가 원활히 이루어지도록 한다. 이 외에도 기업 내부의 경영활동에서의 표준화는 상당한 재무적인 이득을 가져다준다.

4) 인증요건충족

정부규제 충족은 시장진입에 있어서 필수적이다. 특히 다국적기업들의 경우 상이한 개별국가에서 이를 충족시켜야 하므로 비용과 시간이 많이 들어가는 활동이다. 이러한 상황에서 표준화는 현지 국가의 규제 문제를 해결하는 하나의 수단이 된다. 현재 산업 차원에서 표준이 제정되는데, 이는 정부나 사회적 요구를 만족시키면서도, 현행 사업관례나 산업하부구조를 보완하는 방향에서 이루어진다. 따라서 기업의 입장에서 표준에 따르는 것이 경직화되고 복잡한 정부규제를 맞추는 것보다 더 쉽고 비용을 절약하는 방법이다. 이뿐만 아니라 표준은 기업들로 하여금 브랜드 명성을 강화하고, 미래에 예측되는 규제에 대응하기 위해 자발적인 기준을 충족시키도록 도와준다. 예를 들어 기업은 오염물질을 잘 통제할 수 있거나 제품안전을 보장하는 표준을 사용할 수 있으며, 이러한 표준들은 제품이나 서비스에 대한 소비자의 신뢰를 증진시킨다. 소비자 입장에서는 표준을 항상 인식하는 것은 아니다. 그러나 인증표시가 제품의 질을 보장해 준다는 사실을 안다. 따라서 이러한 표준은 자발적인 것이라 하더라도 소비자들이 원할 때 강제적인 성격을 띠게 되며, 운영효율을 유지하기 위한 필수적인 요소가 된다.

9-5 유형별 표준화 전략의 사례

그간 국내외 많은 기업들이 표준의 중요성을 인식하면서, 표준화 전략을 통해 이득을 실현해 왔다. 이에 따라 다양한 표준화 전략 사례들이 축적되어 왔다. 여기서는 앞에서 설명한 전략적 표준화의 이득을 기준으로 하여, 기업들에 의해 추진된 전략 사례들을 소개하고 구체적인 기업사례를 분석하고자 한다. 전략적 표준화의 이득은 기술혁신, 가치창출, 비용절감 그리고 인증요건충족으로 구분하였으므로 이 순서에 따라 관련되는 전략들과 사례를 분석한다.

1) 기술혁신을 위한 표준화 전략 및 사례

기업들은 표준화를 통해 기술혁신을 유발하여, 궁극적으로 제품 및 서비스의 차별화를 창출한다. 이는 〈표 9-2〉에 요약해 놓은 바와 같이 표준전략을 통하여 지식이전, 시장으로의 신속한 진입, 고부가가치 혁신의 창출 등을 달성할 수 있기 때문이다. 이러한 목표들을 달성하기 위한 기업의 표준화 전략은 시장에서의 위치, 기업규모, 전사적 기업목표 등에 따라서 달라지겠지만, 대체로 다음과 같은 다섯 가지 전략이 가능하다.

<표 9-2> 기술혁신의 경우 표준화 전략 및 사례

표준화 동기	표준화 전략	사례
• 지식이전 • 빠른 시장 진입 • 고부가 가치 　창출 혁신 • R&D 위험 감소	#1 지배전략: '사실상'의 표준 확립 전략	MS: Explorer
	#2 표준의 특허화 전략	Intel: iAPX기술
	#3 표준제정 참여전략: 지식이전을 통한 실질적 선도적 위치 확보 등	Arup
	#4 시장침투전략: 제품 제원을 공개하면서 로열티 수입 추구	LG전자: 이동통신, 차세대DVD
	#5 모방전략: 시장차별화를 추구하나 표준화 주도자·원이 없는 기업	대부분의 중소기업

(1) 지배전략

지배전략은 기업이 속한 산업에서 널리 활용되는 '사실상'의 표준(*de facto* standards)을 확립하여 선도기업으로서의 위치를 누리려는 전략이다. 이러한 유형의 표준은 다른 경쟁자의 제품과 호환되지 않으며, 시장을 독점할 수 있고 특정 제품이나 기술에 소비자들을 붙잡아 놓을 수 있다.

이러한 전략의 대표적 사례로는 MS사의 익스플로러(Explorer)를 들 수 있다. 원래 인터넷 웹브라우저는 넷스케이프가 장악하였으나, MS가 OS시장에서의 경쟁우위를 이용하여 자체 웹브라우저인 익스플로러를 개발하여 개발 초기인 1995년에는 시장점유율이 3.2%에 불과하였으나, 현재는 시장을 지배하게 되었다. MS는 넷스케이프와 '사실상'의 표준경쟁을 통하여 시장을 선도하게 되고, 당분간 자물쇠 효과를 누릴 것으로 보인다.

(2) 표준의 특허화전략

표준을 개발한 기업이 표준의 전부 혹은 일부를 특허화하여 표준기술의 사용을 제한하거나, 특허권을 통한 수입을 증대시킬 수 있다. Intel사가 iAPX기술에 대한 특허권을 사용한 경우가 여기에 속한다.

(3) 표준제정 참여전략

표준제정 참여전략은 표준제정기관을 통해서 표준화의 이득을 추구하는 전략이다. 이는 지배전략을 추구하는 것은 아니지만 표준화에 많은 자원이 투입된다. 이 경우 만약 기업이 특허 대여로부터 발생하는 수입을 중시한다면, 지식재산권의 수익을 극대화하기 위해 다양한 전략을 활용할 것이다.

이와 달리 표준제정에는 참여하되, 참여 과정에서 자사의 지식과 경험을 다른 기업들에게 무료로 이전시킴으로써 그 분야에서 실질적인 선도기업으로 인정받는 전략을 취할 수도 있다. 이의 대표적인 예가 뒤에서 분석되는 영국 건설컨설팅 회사인 Arup사의 표준화 전략이다.

(4) 시장침투전략

시장침투전략은 보다 큰 시장으로의 침투를 달성하려는 기업의 전략이다. 이들은 제원공개 정책하에 제품제원을 공개한다. 따라서 소정의 로열티만 지불하면 누구든지 제품제원에 접근할 수 있으며, 또 다른 부가가치를 창출할 수 있다. 일반적으로 이러한 전략은 추가적인 기술혁신을 유발한다.

(5) 모방전략

모방전략은 시장에서 차별화를 추구하나 표준화를 주도할 만한 자원을 가지지 못한 기업들의 전략이다. 이들은 대부분 중소기업으로 선도기업의 기술이나 제품을 모방하고, 시장에서 하나의 대안을 제공하는 전략을 선택한다.

사례 9-1: Arup

Arup사의 종업원 수는 7,000여 명으로, 32개국에 72개의 지사가 있다. 최근 동사가 참여하는 건설프로젝트는 영국 맨체스터 축구경기장, 베이징 올림픽 스타디움(2008년 올림픽용) 등이다.

Arup사는 영국표준협회 등의 공식적 표준이든, 협회나 건설연구소의 비공식 표준이든 모두 자사의 지식기반으로 간주한다. 그리고 동사는 건설표준의 경우 ISO 등과 같은 조직으로부터 제정되는 국제적 공식표준이 거의 없기 때문에, 현지의 국가표준을 사용한다. 동사는 영국표준협회의 회원사이며, 중요 참모들은 다양한 표준개발위원회에 참여하고 있다. 이러한 활동들을 통해서 Arup사는 표준개발에 기여하고, 경우에 따라서는 새로운 표준이라고 생각하거나, 수정 혹은 부가적 정보가 유용하다고 보면 발제를 한다. 이때 Arup사는 자유롭게 정보를 제공하며, 지식재산권화될 수도 있는 정보를 거리낌 없이 이전시킨다. 심지어 기술정보를 책으로 출간하여 배포하기도 한다.

이 과정에서 Arup사는 건설기술 분야에서는 세계 최고라는 명성을 얻으며, 이것이 이 회사가 얻는 전략적 표준화의 이득이 된다. 요컨대 Arup사는 표준을 기술혁신의 기반으로 간주한다.

2) 가치창출을 위한 표준화 전략

기업의 가치창출을 위한 표준화 전략은 크게 두 가지로 나누어 볼 수 있다. 하나는 네트워크 효과를 추구하는 시장에서의 전략이고, 다른 하나는 플랫폼 전략이 유리한 시장에서의 전략이다. 〈표 9-3〉에는 이러한 표준화 전략과 사례를 요약해 놓았다.

<표 9-3> 가치창출의 경우 표준화 전략 및 사례

표준화 동기	표준화 전략	사례
· 시장창출 및 확대 · 제품제원 정의에 의한 경쟁우위 확대 · 시장진입장벽 제거 · 무역장벽 창출 혹은 제거 · 고객신뢰 증대 및 구매결정 단순화 · 브랜드 명성 증진 · 호환성 증진	#1 네트워크 효과 추구 전략 · 잠김효과(Lock-in) 전략 · 플러그 앤 플레이(Plug and play) 전략 · 소비자혼동(Consumers' white night) 전략 · 협력 전략	· Sun · BT
	#2 플랫폼 전략 · 유연성 확보전략 · 폐쇄전략 · 공개전략	· Sun · BT · HP · Intel

(1) 네트워크 효과 추구전략

네트워크 효과란 제품의 사용이 확산될수록 그 가치가 증가하는 현상이다. 전화나 이메일 등이 네트워크 효과를 나타내는 대표적인 예이다. 이러한 시장에서는 적절한 인터페이스를 통한 호환성, 상호운영 그리고 연결 등이 무엇보다도 중요하다. 따라서 표준은 필수적이며, 네트워크 자체의 생성과 진화를 규정한다. 하나의 공통된 표준이 연결과 상호소통을 가능하게 한다면 네트워크는 어디에서나 형성된다.

이러한 시장에서는 지식재산권의 관리가 중요하다. 일반적으로 기업들은 R&D에 많은 자원을 투입하고, 자사를 중심으로 한 네트워크 효과를 창출하려고 한다. 그러나 이에 대한 성공확률이 작고, 투자수익률이 낮을 것으로 예측되면 표준화를 통한 네트워크 효과를 창출하려고 할 것이다. 이 경우에 이 기업이 개발하여 보유하는 특허는 표준기술의 사용자들에게 대여된다. 물론 특허에 대한 로열티는 비싸지 않을 것이다. 이러한 전략은 매우 커다란 시장을 창출하여 오히려 더 많은 이윤을 가져다줄 것이다. 이와 같이 네트워크 효과를 가지는 시장에서의 표준화 전략은 다양하다. 몇 가지 전략대안을 소개하면 다음과 같다.

- 잠김(Lock-in)효과 전략: 시장을 통제할 수 있고, 자사에 유리한 매우 강력한 표준기술을 창출하는 전략이다.
- 플러그 앤 플레이(Plug and play) 전략: 고객들이 공통된 인터페이스를 통해서 부품 등을 결합할 수 있도록 표준을 창출함으로써 하나의 체계를 만드는 전략이다. 기존 기술에 가치를 부가하거나, 핵심부품의 수요를 창출하려는 부품공급자들이 주로 사용하는 전략이다.
- 소비자 혼동전략(Consumers' white night): 'Confusion marketing'이라고도 불리며, 휴대전화처럼 다양한 제품과 가격으로 수많은 제품군을 제공함으로써 소비자들의 혼동을 증가시키는 전략이다. 이 경우에 소비자들은 표준화된 제품을 평가하고 그 제품은 인정받게 된다. 선도적인 소비자들이 제품 사용을 선도하며, 그 제품의 생산기업은 브랜드 명성을 얻게 된다.
- 협력전략: 널리 사용되는 산업표준을 창출하려는 포럼 등에 바탕을 둔 전략이다. 이때 소비자 신뢰는 증가하고 시장수용능력이 가속화된다. 네트워크 효과를 가지는 시장을 창출하기 위해서는 협력하지만, 표준기술을 실행할 때는 서로 경쟁한다.

(2) 플랫폼 전략

플랫폼 전략은 모듈러 제품과 프로세스 아키텍처를 창출하는 전략이다. 이 전략은 부품개발과 개선을 통해서 시장에서의 선도적인 지위를 유지하게끔 한다. 표준은 모듈라 아키텍처에서 부품에 대한 정의와 인터페이스를 제공함으로써 혁신을 유발시킨다. 이러한 혁신은 종종 기업의 네트워크 사이에서 일어난다. 따라서 표준은 기술, 제품, 시장을 전략적으로 통합하여 플랫폼의 제품 및 부품시장을 더 크게 확대시킨다. 이와 같이 플랫폼 전략이 경쟁무기가 되는 시장에서는 유연성 확보전략, 폐쇄전략, 개방전략 등이 전개된다.

- 전략적 유연성 확보전략: 제품 및 프로세스 아키텍처가 유연성을 가지도록 디자인하는 전략이다. 예를 들어 표준화된 부품은 재사용할 수 있도록 하는 것이다. 인터페이스 제원은 하나의 제품에서 부품들이 서로 결합되어 기능을 수행할 때 상호작용하는 방법을 말해 준다. 이때 인터페이스 제원은 표준화되고 그 제품이 시장에 있는 기간 동안 안정적으로 적용된다. 따라서 다양한 제조업체들은 쉽게 부품을 교환할 수 있다.

- 폐쇄전략: 이 경우 기업은 단지 그 기업에 의해서 공급되는 부품만 수용 가능한 모듈러 아키텍처를 창출한다. 이의 대표적인 예가 Intel의 펜티엄 마이크로프로세서로서 1990년대 PC에 있어서 '사실상' 표준 아키텍처였다.
- 개방전략: 이 경우는 산업이 공동으로 사용하는 산업표준 및 인터페이스 제원을 창출하기 위해 다른 기업과 협력하는 행동을 취한다.

공개표준전략을 구사한 대표적 기업으로는 Sun Microsystems를 들 수 있다. Sun사는 세계적인 하드웨어, 소프트웨어, IT서비스 제공기업으로 1982년 설립되어 현재 100개 이상 국가에 지사를 가지고 있다. 1995년 Java 기술을 소개하였고, 세계적으로 2억 5천만 대 이상의 휴대전화가 이 기술을 사용하고 있다.

Sun사는 기본적으로 표준화를 시장에 영향을 미치는 경영전략수단으로 보고 있다. 설립 당시부터 Sun사의 제품전략은 하드웨어 및 소프트웨어의 표준에 기반을 두었는데, UNIX^{TM}, TCP/IP, Ethernet, VME bus 등이 이에 속한다. Sun사의 표준화 전략은 시장창출을 위한 공개전략(open strategy)과 산업 전체적인 협력전략이라고 할 수 있다. 즉, "큰 빵을 조금씩 나누어 가지는 것이 작은 빵을 많이 차지하는 것보다 유리하다"는 입장에서 자사가 가진 지식재산권의 일부를 시장에 제공하여 세계적으로 활용되게 하고, 결과적으로 거대한 기술체제를 만들고 있다. Sun사는 표준은 산업의 특정 분야에서의 단기적이고 기술적인 문제가 아니고, 장기적이고 산업 전체적인 과제로 보고 있다. 부품공급자로서 Sun사는 공개된 표준만이 공통되는 기술기반하에서 산업을 발전시킨다고 믿는다. 이러한 협력적 태도가 바로 Sun사의 성공요인이기도 하다.

Sun사의 많은 종업원, 특히 기술 분야의 전문직 임원들이 산업의 기술개발을 주도하는 공적표준 및 제원을 만드는 표준개발기관에 참여하고 있으며, 세계적으로 80개 이상의 표준기관에서 활동하고 있다. 필요한 경우에는 새로운 표준화기구를 만든다. 표준전략은 Sun's Corporate Standards Group에 의해서 자문을 받는데, 이는 전사적인 사업전략으로부터 도출되며 이를 달성하기 위하여 이 그룹은 Sun과 표준화 관련 외부기관과의 관계를 조정한다. 표준화 조직은 실험실의 일부로서 CTO(Chief Technology Officer)에게 보고하는 체제를 가지고 있다. Sun사는 매년 2,000만 달러 이상을 직접적 및 간접적인 표준화활동에 지출하고 있다.

Sun사는 그간 POSIX라는 표준체계하에서 UNIX^R 운영체제의 표준화에 많은 자원을 투입해 왔다. 이러한 표준화활동으로 인하여 Sun사는 연간 180억 달러 시장에 이르는 UNIX시장에서 30%의 시장점유율을 기록하였다. 또한 서버 시장에서만 UNIX는 매년 20%씩 성장하였으며, 선적기준으로 34%의 성장을 달성하면서 선도기업의 위치를 유지하기도 하였다. 현재는 기업 소프트웨어 제공업체인 Oracle사에 인수되었지만, 표준화전략을 잘 구사한 대표적 사례로 꼽을 수 있다.

사례 9-3: Hewlett Packard(HP)

HP사는 IT인프라, PC, 프린팅, 글로벌 서비스 등 다양한 제품과 서비스를 제공하는 기업이다. 2002년에는 컴팩 컴퓨터와 합병을 통해 전 세계 160여 개국에서 약 14만 명의 종업원들이 활동하고 있다.

HP사의 표준화 전략은 ① 산업표준아키텍처의 구축, ② 재사용가능한 부품, 그리고 ③ 일관성 있는 실행 등으로 요약된다. 이를 앞에서 살펴본 표준화 전략에 적용시키면, HP사는 산업표준을 위한 협력전략과 플랫폼 전략 중 유연성 확보전략을 취하고 있다고 할 수 있다. 특히 산업표준이 HP가 제공하는 서비스의 기반이라고 강조함으로써 소비자의 신뢰를 얻고 있다.

HP사는 내부적으로도 표준화 전략을 적용하여 생산의 유연성을 높이고 있다. 특히 표준화를 강력한 마케팅 수단으로 활용하고 있다.

3) 비용절감을 위한 표준화 전략 및 사례

비용통제와 운영효율은 비용절감을 가져오는 기본활동이다. 비용은 사용 중인 산업표준의 채용과 시장 관련 표준화활동에 참여함으로써 크게 줄감될 수 있다. 〈표 9-4〉에는 비용절감을 위한 표준화 전략과 사례를 예시해 놓았다. 비용은 기덕의 운영과정에서 발생하므로 제품개발, 구매, 생산, 판매, 서비스 등을 기준으로 표준화 전략을 구분할 수 있다.

<표 9-4> 비용절감의 경우 표준화 전략 및 사례

표준화 동기	표준화 전략	사례
• 기술, 작업, 운영표준으로 기업성과 증대	#1 제품 및 서비스개발전략: 호환성/통합, 품질 및 신뢰성, 규제적 인증	Tesco
• 하나의 플랫폼에서 다양한 모델개발	#2 구매전략: 성과규정, 다양성 감소, 구매원가 절감(규모의 경제)	영국국방부
• 공급사슬에서 경쟁 창출	#3 생산전략: 낮은 비용, 단순한 시스템, 재고감소, 물류개선	Li & Fung
• 부품가격 인하	#4 수요창출 및 소비자 만족전략: 쉬운 주문과정, 호환성 있는 제품	Dell 컴퓨터
• 공동플랫폼 사용으로 공급사슬에서 비용절감	#5 서비스전략: 쉬운 기술지원, 저렴한 표준부품 제공	
• 위험감소		

사례 9-4: Tesco

Tesco사는 영국의 대표적인 식품 소매업체로서 10개국에 걸쳐 기업활동을 하고 있다. 이 회사는 사내 운영표준으로 기업성과를 증대시킨 경우이다. 즉, 상품진열장을 단순화 및 표준화시킴으로써 비용을 절감하고 고객에 대해서는 가치를 증대시켰다. 구체적으로 Tesco의 건물, 배치, 심지어 비품까지도 표준화하였다.

이와 같은 진열장 표준화로 종업원과 소비자가 행동하기에 익숙하게 되었다. 이뿐만 아니라 새로운 지점을 건설할 때 공사기간을 크게 단축시켰으며, 디자인 및 건설비용의 40%를 절감하였다.

사례 9-5: Li & Fung Virtual Enterprise

Li & Fung사는 세계시장에서 생활용품(의복, 장난감, 신발, 여행용품 등)을 공급하는 인터넷 기반 회사로, 자회사들이 미국에서는 월마트, Kohl's 등에서 제품을 판매하고 있다.

동사는 공급사슬(supply chain)을 활용하여 제조공장 없이 정보의 흐름과 조정을 통해서 시장과 생산을 통합하고 있다(〈그림 9-4〉 참조). 인터넷이 미국경제 변화를 초래하는 상황에서 1997년 인터넷 기술을 사용하여 핵심적 경쟁우위를 창출하였다. Li & Fung사는 'XTS'라는 전자거래시스템을 개발하여 10대 고객사들과 웹사이트 상에서 과거 주문실적 조회, 현재 주문의 추적, 신규 주문, 생산제품 확인 등의 업무를 수행한다. 이와 같은 공급사슬 속에서 표준화의 성과로 인해 2002년에는 코카콜라사, 2003년에는 Levi Strauss사가 라이선스 협정체결을 제안하기도 하였다.

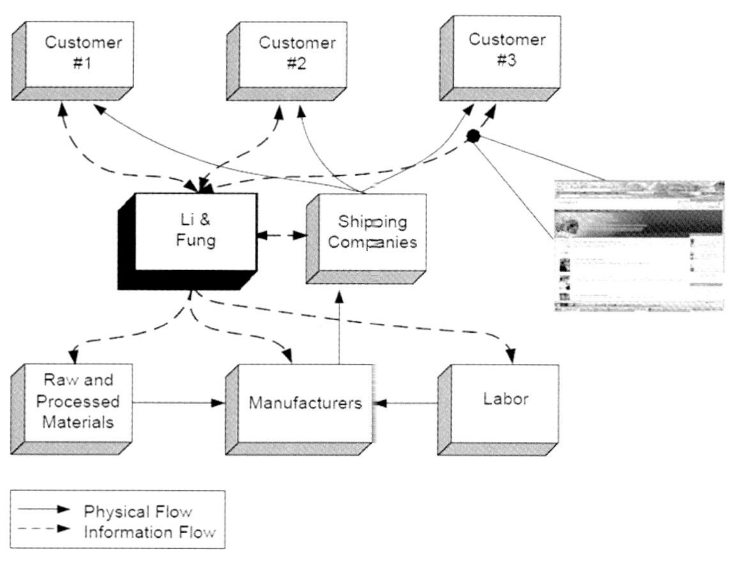

<그림 9-4> Li & Fung의 공급사슬통합 모델

사례 9-6: Dell 컴퓨터

Dell 컴퓨터는 세계적으로 널리 알려진 기업으르 미국 텍사스에 기반을 두고 있는 컴퓨터 조립 및 판매회사이다. 1994년 Dell사는 경쟁이 치열한 PC시장에서 파산 직전에 있었으나, 표준화에 기반을 둔 비즈니스 모델을 활용함으로써 2001년 이후에는 세계 PC시장에서 점유율 1위 기업으로 부상하기도 하였다.

특히 Dell사는 시장수요 측면에서 표준화 전략을 추구하였는데, 주문과정을 단순화 및 표준화하였다. 'Dell 비즈니스 모델'로 불리는 이 전략은 표준화에 의한 플랫폼 전략의 일종이다. 〈그림 9-5〉에 그려져 있는 'Dell 비즈니스 모델'은 전통적인 모델에 비교하여 크게 차이가 나지 않는다. 다만 공급사슬(supply chain)에서 유통업체와 소매상을 거치지 않고 제조업체인 Dell사와 고객이 직접 거래하는 모델이다. Dell사는 인터넷(Dell.com)상에서 고객이 요구하는 제원에 맞추어 주문을 직접 받는 프로세스(build-to-order)를 표준화시켜 물류비용을 감소시켰고, 소비자 만족을 증가시켰다. 이뿐만 아니라 부품을 표준화시키고 업그레이드된 부품의 교환을 보장함으로써, 고급 사용자들의 니즈에도 부응하였다.

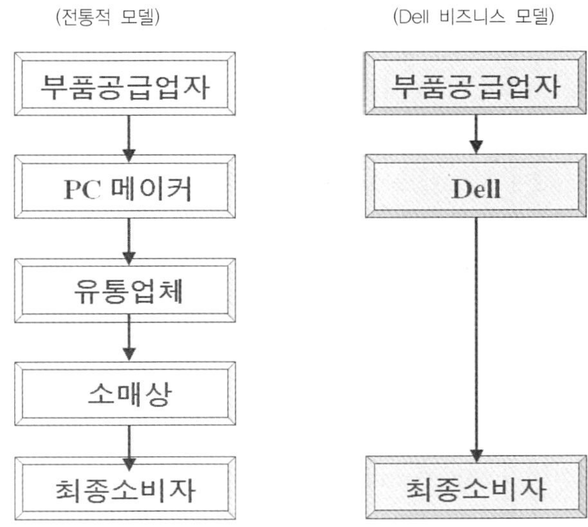

<그림 9-5> Dell 비즈니스 모델과 전통적 모델의 차이 비교

4) 인증요건충족을 위한 표준화 전략 및 사례

이는 전통적인 표준화 전략으로, 〈표 9-5〉에는 이와 관련된 표준화 전략과 사례를 예시해 놓았다. 기본적으로 기업들은 표준기관에서 인증을 획득하여 규제를 회피하는 전략을 펴게 된다. 특히 중소기업들은 제3자에게 인증을 받아서 경쟁무기로 활용하는 전략을 취하고 있다.

<표 9-5> 인증요건충족의 경우 표준화 전략 및 사례

표준화 동기	표준화 전략	사례
• 규제에 대한 대안 • 브랜드 명성 증대 • 신뢰성 및 성능 프리미엄 과시 • 중복평가 회피 • 규제변화로 기회 창출 • 인증된 Solution 제공으로 법적 갈등 회피 • 위험 및 안전관리 • 시장 진입과 소비자 신뢰 증대	#1 규제시장에서 표준기관의 인증획득	Deere & Company
	#2 표준을 통한 비용절감: 중복평가회피 등	
	#3 표준을 통한 품질보장	
	#4 인증전략	
	#5 제3자에게 제품 및 품질시스템을 인증받아 경쟁의 무기로 활용	대부분의 중소기업

인증요건 충족을 위한 표준화 전략의 대표적인 사례로 Deere & Company사를 들 수 있다. Deere & Company사는 영국에 기반을 둔 세계적인 농업기계 제조업체로, 다품종소량 생산을 기업전략으로 채택하고 있다. 160개국에 걸쳐 사업 활동을 하고 있다.

이 회사의 기본 전략은 제품을 글로벌하게 표준화하는 것이다. 회사의 비전이 '전 세계적으로 하나의 표준', '한 번의 시험검사' 그리고 '한 번의 인증' 등일 정도로 표준화를 강조하고 있다. 이를 통해 이 회사는 160개국에서 현지 규제요건을 충족시킴으로써 비용절감을 달성하고 있으며, 소비자들은 제품가격인하 및 부품의 원활한 대체라는 이득을 얻고 있다.

표준화활동을 보면, 사내에 설치된 위원회가 글로벌하게 표준화 전략을 조정한다. 부문책임자들이 표준화 전략에 동의하게끔 포럼을 개최하며, 표준제정기관에 대한 대응을 조정한다. 그리고 자발적 표준과정에 대한 회사의 의무를 관리한다.

Deere & Company사는 표준화를 전략경영의 도구로 삼아, 현지 및 세계적인 규제 요구에 부응하고 비용절감 및 고품질 제품 생산을 실현하고 있다.

CHAPTER 10

표준의 이행 및 확산

10-1 표준의 확산이란

표준의 제정 및 발간만으로는 경제적 성과를 가져올 수 없다. 표준이 사용되어야만 기업에 이득이 되고, 국민경제 전체적으로 경제적 가치를 창출할 수 있다. 따라서 표준화 기관이나 사용자들은 표준(standards) 그 자체가 아니라 표준의 이행 및 보급, 즉 표준의 확산(uptake or diffusion of standards)에 관심을 가져야 한다.

우리는 제2장에서 표준화는 표준의 제정, 발행, 실행 및 보급을 포함하는 광범위한 활동을 지칭한다고 정의하였다. 따라서 표준의 확산은 표준화의 후반부 단계, 즉 실행 및 보급 단계의 활동이라고 할 수 있다. 표준은 하나의 지식체계이므로 표준의 확산은 일반적으로 '지식의 퍼짐(spread of knowledge)' 과정으로 볼 수 있으며, 구체적으로는 제품, 생산기법, 관례 및 기계설비 등을 망라하는 광범위한 측면에서 표준의 확산이 이루어진다.

표준의 확산은 표준의 유형에 따라서 다르게 나타날 것이다. 우선 '사실상'의 표준과 공적표준 간의 차이이다. 시장에 의해서 결정되는 '사실상'의 표준은 역시 시장에 의해서 표준 확산이 이루어질 것이고, 제도에 의해서 결정되는 공적표준은 역시 제도적인 과정을 통해서 확산과정이 진행될 것이다. 사내표준은 기업 내에서 표준 확산이 이루어질 것이고, 산업표준의 경우는 한 산업 내에서 제품, 공정, 형식, 과정 등 모든 요소가 일치성(conformity)을 확립하는 쪽으로 표준확산이 진행될 것이다. 국가표준은 국가 전체적으로 표준이행이 이루어질 것이고, 국제표준은 전 세계적으로 표준이 확산될 것이다. 예를 들어 ISO 9000(품질)과 ISO 14000(환경)은 전 산업에 걸쳐서 표준보급이 진행될 뿐만 아니라 전 세계적으로 확산될 것이다.

어떤 한 표준이 사용되는 정도를 체계적으로 측정하여 하나의 지표로 나타내는 것은 매우 어려운 일이다. 그럼에도 불구하고 몇 가지 지표들을 통해서 표준확산의 정도를 가늠해볼 수는 있다.

1) 산업내 표준확산율

만약 한 산업 내에서 표준이 기업 대 기업 간에 어느 정도 퍼져 나갔는지에 대해서 관심을 갖는다면, 산업에 속한 기업 중에서 그 표준을 채용한 기업들(adopters)과 그렇지 않은 기업들(non-adopters)을 구분하여 전체 기업 중 표준을 채용한 기업의 비중을 가지고 확산의 정도를 판단할 수 있다. 이 경우 시장경쟁 정도, 기업규모, 제품생산의 범위, 의사결정자의 특성 등이 기업의 위치(status), 즉 표준의 채용자인지 비채용자인지에 미치는 영향도 파악할 수 있다.

그러나 이러한 지표는 표준채용기업의 수만 나타낼 뿐, 표준이 어느 정도까지 기업에 침투되어 적용되는지는 알려 주지 못한다. 가령 제품표준의 경우 신표준을 채용하는 기업이 부분적으로 약간 채용하는지, 아니면 전체를 다 채용하는지에 대해서는 알 수 없다.

2) 산업간 표준확산율

ISO 9000 등과 같이 품질경영에 관한 표준은 여러 산업과 국가들에 걸쳐 공통적으로 영향을 미치므로, 산업 간 혹은 국가 간 표준의 확산 정도를 측정할 수 있다(Swann, 1994; Hudson and Jones, 2000). 단순하게는 ISO 9000을 채용하는 산업 혹은 국가의 비중을 보면 된다. 실제로 Viadiu et al.(2006)은 EU 내에서 ISO 9000과 ISO 14000의 국가 간 확산율을 다음과 같이 계산하였다.

$$\text{ISO표준 확산율} = \frac{\text{ISOi}/\text{ISO}_{EU}}{\text{GDPi}/\text{GDP}_{EU}}$$

여기서, ISOi: i국가가 받은 ISO 9000 인증건수

ISO_{EU}: EU 전체가 받은 ISO 9000 인증건수

GDPi: i국가의 GDP

GDP_{EU}: EU 전체의 GDP

위의 표준확산 지표에 의해서 측정한 EU 국가들의 ISO 9000과 ISO 14000의 확산 정도는 〈표 10-1〉과 같다. 〈그림 10-1〉은 이를 지도로 표시한 것이다.

<표 10-1> ISO 9000과 ISO 14000의 확산 정도

country	Gross domestic product(GDP)	ISO 9000 certificates	Intensity in ISO 9000	ISO 14000 certificates	Intensity in ISO 14000
Austria	207,038	4,000	0.71	429	0.89
Belgium	247,469	4,670	0.69	264	0.46
Denmark	173,889	2,163	0.46	711	1.76
Finland	131,145	1,870	0.52	750	2.46
France	1,416,877	20,919	0.54	1,467	0.44
Germany	2,030,000	41,629	0.75	3,700	0.78
Greece	123,122	2,325	0.69	89	0.31
Ireland	102,910	3,700	1.32	289	1.21
Italy	1,164,767	48,109	1.51	2,153	0.79
Luxembourg	20,815	108	0.19	17	0.35
Netherlands	402,599	12,745	1.16	1,073	1.14
Portugal	115,042	2,474	0.79	137	0.51
Spain	609,319	17,749	1.07	3,228	2.28
Sweden	260,120	4,652	0.65	2,730	4.5
UK	1,559,392	66,760	1.57	2,917	0.8

주: GDP단위는 billion유로
자료: Viadiu et al.(2006).

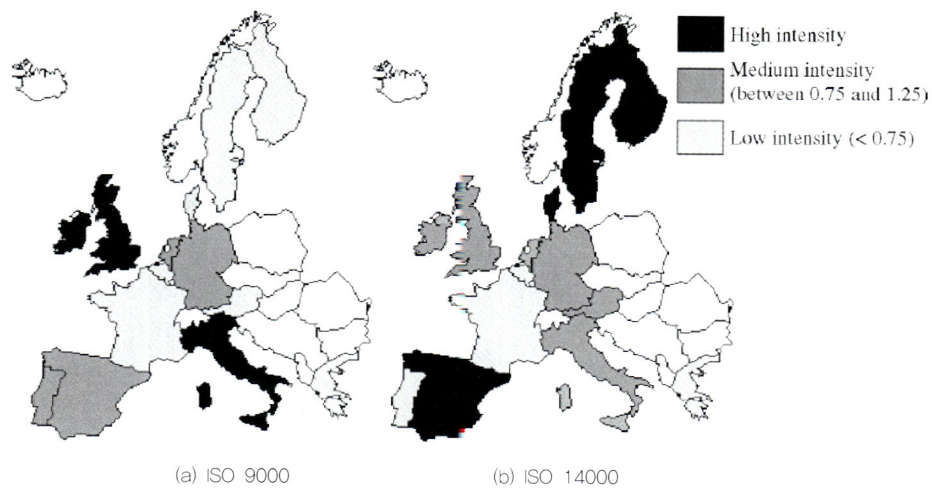

자료: Viadiu et al.(2006).

<그림 10-1> ISO 9000과 ISO 14000의 확산 정도

위와 같은 논리로 기업 내 표준 확산율도 측정할 수 있다. 예를 들어 E-Mart처럼 점포나 매장의 위치가 표준화된 경우에는 전체 매장 중 표준화된 매장의 수가 차지하는 비중이 하나의 측정치가 될 있다.

3) 소비재의 경우

소비재에 대한 표준확산의 경우에는 표준화된 제품의 보급률을 통해서 표준확산의 정도를 측정할 수 있다. 예를 들어 인터넷사용자들이 브라우저로 익스플로러를 90% 사용하고 나머지 10%는 모질라를 사용한다면 익스플로러로 표준화되어 있다고 볼 수 있을 것이다.

기술의 확산패턴에 대해서는 일반화된 모형(예: S자형)이 존재하나, 표준의 확산에 대해서는 정형화된 확산패턴을 찾기 어렵다. 이뿐만 아니라 표준확산에 영향을 미치는 요인들도 찾기 어려우며, 이에 대한 연구는 산발적으로 이루어져 왔다(Swann, 2000). 그럼에도 불구하고 이하에서는 표준확산의 결정요인을 살펴보기로 한다.

1) 표준의 가격

표준도 하나의 정보재로서 시장에서 거래되므로 표준화기관들이 표준에 대해서 책정하는 가격은 표준의 수요, 더 나아가서 표준의 확산율에 영향을 미칠 수 있다. 만약 국가표준화기관의 재정이 표준의 판매에만 의존한다면, 표준가격은 이윤극대화 수준에서 결정될 것이고, 표준확산은 위축될 것이다.

기술가치의 평가에서와 마찬가지로 표준의 가치를 가격으로 매기기 어렵기 때문에 일반적으로 표준의 가격은 표준문서의 페이지 수에 따라서 결정되고 있다. 그러나 국가표준화기관들은 표준의 확산을 위해서 표준의 가격을 결정한다.

표준의 확산은 가격수준뿐만 아니라 가격차별의 정도에 따라서 달라질 수 있다. 독일 DIN의 경우 Beuth Verlag라는 자회사를 통해서 표준을 판매하는데, 다음과 같이 다양한 가격차별을 실시하고 있다.

- 독일어로 된 표준은 영어로 된 표준보다 저렴하게 판매한다.
- 회원에게는 15% 할인된 가격을 적용한다.
- DIN과 협력관계에 있는 대학이 표준을 교육목적으로 사용하는 경우에는 무료로 제공한다.
- Mirror 위원회에 참여하는 회원에게는 무료 혹은 할인된 가격으로 표준을 제공한다.
- 가격할인 이외에 고객에게 부가서비스를 제공한다. 고객은 관심표준에 대한 동향 정보 및 최신 판을 얻을 수 있다. DIN은 표준에 대한 라이선스 권리를 유지하고, 고객들은 이를 사용한다.
- Beuth Verlag에 의해서 개발된 일부 출판물은 특별가로 제공한다. 예를 들어 특정 표준 혹은 중소기업을 위한 표준을 설명하는 "Din-pocket series"는 중소기업의 사정에 맞게 가격(12유로)이 책정된다.

위와 같은 DIN의 가격차별화전략은 표준의 구입 및 이행에 실제적으로 관심 있는 구매자들에게 혜택을 주어 표준확산을 촉진시키고 있다.

2) 경쟁압력

기업의 표준에 대한 수요와 이의 실행은 궁극적으로 기업경쟁력을 키우기 위한 것이므로, 시장에서의 경쟁압력에 영향을 받을 수 있다. Temple(1997)은 영국에서 ISO 9000이 확산되는 과정에서 경쟁압력이 가장 중요한 요인으로 작용하고 있다고 보고하고 있다. 그는 ISO 9000 인증서가 채용기업의 생산성이나 이윤을 크게 증가시키지는 않았지만, 제품개발활동과 연관된 인증은 기업성과에 크게 영향을 미치는 것으로 분석하였다.

Grindley(1992, 1995)는 공적표준의 채용 및 사용과정에서 경쟁압력은 큰 영향을 미치지 않지만, 사실상의 표준의 경우에는 자사제품을 표준으로 확립한 기업들에게 경쟁우위를 제공하는 것으로 보고하고 있다.

3) 표준채용기업의 특성

표준이 퍼져 나가는 속도는 채용기업의 특성 및 전략에 의해서 영향을 받을 수 있다. 만약 어떤 기업이 통신, 컴퓨터, 전자부품 등 네트워크 특성을 가지는 산업에 속해 있거나, 공급사슬관리가 필요한 경우에는 표준의 이행과 보급을 중시하여 이에 대한 많은 자원을 투입할 것이다.

이뿐만 아니라 기업경영자의 표준에 대한 인식도 중요한 요인이 될 수 있다. 즉, 표준화가 자사의 경영에서 중요한 성공요인이라고 인식하는 경영자가 있는 경우에는 표준의 채용이 활발하게 이루어질 것이다. 성태경(2008)의 연구에서도 표준을 중시하는 경영자의 인식이 산업특성과 기업규모에 관계없이 가장 중요한 요인임을 밝히고 있다.

4) 표준화 정책

정부는 표준제정의 주체일 뿐만 아니라 표준확산의 촉매자로서의 기능을 수행한다. 즉, 정부는 특정표준의 중요성을 채용자들에게 인식시키고 다양한 정책수단을 통하여 이를 확산시킬 수 있다. 예를 들어 정부는 국가표준기관에 재정적으로 지원함으로써 저렴한 가격으로 표준을 판매하도록 유도할 수 있다.

더 알아보기 10-1: ISO 9000과 ISO 14000의 확산패턴

앞에서 표준의 확산에 대해서는 정형화된 확산패턴을 찾기 어렵다고 하였으나, Viadiu et al.(2006)은 EU 국가들을 대상으로 ISO 9000과 ISO 14000의 확산과정을 병참모형(logistic model)을 적용하여 분석하였다. 설정된 가설은 다음과 같다.

가설 1: ISO 9000과 ISO 14000의 확산패턴은 글로벌 차원에서 S자형의 커브를 따를 것이다.
가설 2: 개별국가에 적용된 ISO 14000의 확산패턴은 S자형의 커브를 따를 것이다.
가설 3: ISO 9000과 ISO 14000의 비슷한 진화과정을 보일 것이다.

연구결과, 가설 모두 성립하는 것으로 나타났고, 특히 ISO 9000과 ISO 14000은 산업에 관계없이 비슷한 패턴을 가지고 확산되는 것으로 보고되었다.

10-4 표준의 실행과정

표준의 유형 및 내용이 매우 다양하기 때문에 표준의 실행에 대해서 일목요연하게 설명하는 것은 불가능하다. 따라서 특정사례를 통해서 표준 실행의 과정을 이해하고자 한다. 여기서는 싱가포르의 SPRING이 수행하는 '생산성 향상을 위한 표준실행(Standards Implementation for Productivity; SIP)' 프로그램을 살펴보고자 한다.

1) SIP 프로그램이란

SIP는 1997년 SPRING(당시는 PSB)의 표준화센터에 의해 개발된 프로그램으로, 현재는 생산성 향상에 매우 영향이 큰 표준들의 실행을 촉진하기 위한 국가표준화정책 중 핵심으로 자리 잡고 있다. SIP의 목적은 싱가포르의 자발적 표준, 산업표준 및 관례의 확산을 통해 생산성을 증대시키고 궁극적으로는 산업의 국제경쟁력을 획득 및 우지하기 위한 것이다(〈그림 10-2〉 참조).

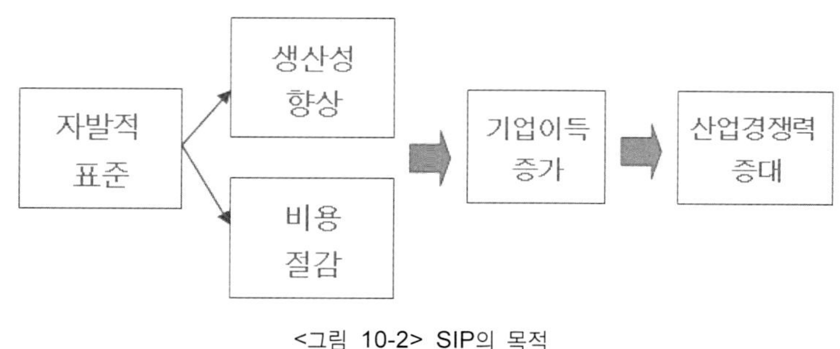

<그림 10-2> SIP의 목적

<표 10-2> SIP의 접근방법 및 사례

접근방법	사례(프로젝트명)
산업표준 프로젝트	· Specification for the Cleaning Industry · RosettaNet Standards for the Infocomm, Semiconductor and Electronic Components Industry
공급사슬관리(SCM)	· Pallet Standardization for Fast Moving Consumer Goods · Construction IT Standards
새로운 국제표준창출	· Radio Frequency Communication Protocol for e–Seal
안전 및 품질표준	· Cold Chain Management of Milk & Dairy Products(TR2) · Pipeline Service Corridors for Industrial Parks(TR)

주: 본래의 의미를 살리기 위해 영문표기 사용.

그간 프로그램 진행과정을 보면, 2000년 처음으로 'Standard Pallet(물류이동용기의 표준화)'이라는 프로그램에 적용되어 성공한 바 있으며, 2001년에는 약 11개의 프로젝트가 착수된 이래 2011년 현재까지 50여 개 이상의 프로젝트를 추진하여 1,000만 달러 이상의 경제적 이득을 창출한 것으로 알려지고 있다.

2) 프로젝트 추진방법

우선 SIP에서 활용되는 표준은 개발되는 표준일 수도 있고, 기존에 이미 존재하는 표준을 적용할 수도 있다. 어떠한 경우이든 간에 SIP는 〈표 10–2〉에서 보는 바와 같이 대략 네 가지 측면에서 프로젝트가 착수되어 추진되고 있다. 첫째는 산업표준 프로젝트의 추진이다. 즉, 한 기업뿐만 아니라 산업 전체적으로 적용되는 표준의 활용을 우선적으로 선정하여 추진한다. 이의 대표적인 예로서는 'Specification for the Cleaning Industry'와 'RosettaNet Standards for the Infocomm, Semiconductor and Electronic Components Industry'를 들 수 있다.

둘째는 SCM과 관련된 표준화 프로젝트이다. 이는 미국 NIST의 MEP시스템에서도 강조되고 있는 분야로, 대표적인 예로 'Pallet Standardization for Fast Moving Consumer Goods'와 'Construction IT Standards'가 있다.

셋째는 새로운 국제표준의 창출을 추구하는 접근방법이다. 이의 사례로는 'Radio Frequency Communication Protocol for e–Seal'이 있다.

넷째는 안전 및 품질표준 관련 프로젝트를 추진하는 것이다. 'Cold Chain Management of Milk & Dairy Products', 'Pipeline Service Corridors for Industrial Parks' 등이 이에 속한다.

3) SIP의 운용방법

(1) 참여대상 및 추진방법

SIP의 참여 주체는 다양하다. 우선 싱가포르라는 국가지역에 등록된 기업이면 된다. 여기에는 다국적기업, 대기업, 중소기업 등 모든 기업이 포함된다. 이 외에도 산업협회와 관련 정부기관이 참여한다. 추진방법은 기업집단에 의해 프로젝트가 발의되어 시작된다. 구체적으로는 중소기업을 파트너로 하는 다국적기업들, 또는 중소기업과 다기업들의 그룹, 그리고 중소기업들의 그룹 등에 의해 시작된다.

(2) SPRING의 역할 및 정부지원책

SPRING은 특정요구에 부합하는 신규 프로젝트를 개시할 수 있으며, 기존에 어떤 기업 혹은 산업협회가 추진 중인 표준화 프로젝트에 참여할 수 있다. 이 외에도 SIP 프로젝트는 기업의 표준화 노력을 지원하기 위한 각종 정부지원 프로그램을 활용할 수 있다.

(3) SIP의 실행과정

SIP 프로젝트는 〈그림 10-3〉에서 보는 바와 같이 5단계의 과정을 통해 진행된다. 프로젝트가 추진되는 내용을 단계별로 정리하면 다음과 같다.

<u>1단계: 표준화의 필요성을 규정하라</u>

- 특정산업의 공급사슬(supply chain)에서 표준화의 필요성이 있는지 확인하라.
- 산업의 수요와 이에 대한 공급 갭을 파악하기 위하여 연구 및 관련 회의를 수행하라.
- 예: 'Pallet Standardization' 프로젝트의 경우 표준화의 필요성이 1997년 당시 PSB의 산업 경영센터에 의해서 확인되었다.

<u>2단계: 표준화의 가능성을 탐색하라</u>

- 이해당사자와 관련전문가 그룹의 니즈를 파악하기 위해 그들과 토론하라.

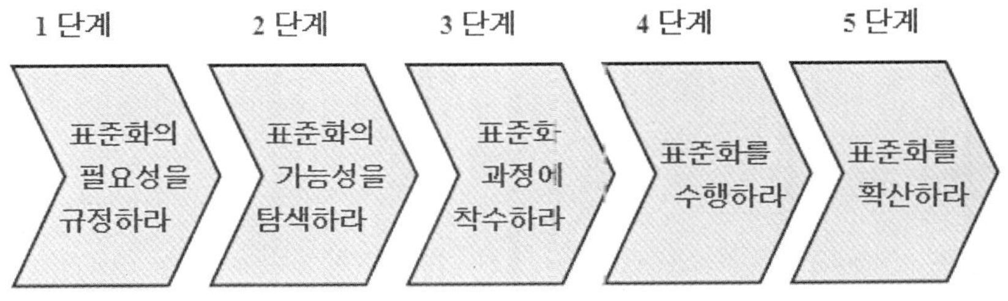

<그림 10-3> SIP의 실행과정: 5단계

- 표준화의 추진가능성을 타진하기 위해 다음 사항들을 확인하라.
☑ 주요 이해당사자가 누구인가?
☑ 당해 산업의 이해와 참여 여부
☑ 주요 정부기관의 지원
☑ 관련 산업의 국제적 추세 및 표준화 착수 여부

- 표준화의 가능성을 탐색하는 과정에서 SIP 프로젝트 선정기준은 다음과 같다.
☑ 표준에 대한 산업계의 니즈 및 실행 약속
☑ 표준화를 통한 생산성 향상의 정도
☑ 산업계에 대한 표준화의 정성적 및 정량적 이득
☑ 프로젝트 추진으로 인한 중소기업의 이득
- 예: 'Pallet Standardization' 프로젝트의 경우 싱가포르산업협회 사업부인 SANC(Singapore Article Number Council)와 ECR(Efficient Consumer Response) Singapore의 관심을 이끌어내고, 그 후에는 공동으로 표준화의 가능성을 탐색하였다.

3단계: 표준화에 착수하라

- 산업의 선도기업과 이해당사자를 규정하라.
- 관련 산업협회와 정부기관에 도움을 요청하라.
- 이해당사들을 포함하는 추진위원회를 구성하라.
- 실행 이슈를 토론하라.
- 표준 및 표준화에 대한 합의를 도출하라.
- 예: 프로젝트에 적용되는 표준은 기존의 국제표준이나 산업표준, 혹은 널리 인정되는 컨소시

엄 표준이 될 수 있고, 기존 표준이 없는 경우에는 TR(technical reference)이나 필요한 싱가포르 표준(SS)이 창출될 수 있다.

<u>4단계: 표준화를 수행하라</u>

- 표준의 적용을 장려하라.
- 표준의 수행을 감독하고 도와주기 위해 산업체를 방문하고 환류(feedback)하라.
- 표준의 정성적 및 정량적 영향을 평가하고, 사업의 이득을 계산하라.
- 필요하다면 시범사업(pilot project)을 수행하라. 이를 위해서는 다음 사항을 수행하라.
- ☑ 산업의 프로젝트 매니저를 규정하라.
- ☑ 산업체의 참가자를 규정하라.
- ☑ 시범사업 운영을 위한 핵심요소를 결정하라.
- ☑ 표준화 프로젝트의 이득과 영향 결정을 위한 기준을 결정하라.
- ☑ 교육기관의 도움과 함께 독립적인 평가를 수행하는 컨설턴트를 고용하라.
- ☑ 소요자금을 계산하라.
- ☑ 중간 및 최종결과를 감독하라.

<u>5단계: 표준화를 확산하라</u>

- 표준화의 적용을 위해 대대적으로 홍보하라.
- 인터넷, 교육, 세미나, 워크숍, 토론회, 발간둘, 잡지 기고, 포스터, 보도자료 등 모든 수단을 동원하라.

4) SIP의 대표적 사례: Pallet Standardization for Fast Moving Consumer Goods(FMCG; 신속한 수송이 요구되는 소비재)

이미 앞에서 언급한 바와 같이 'Pallet Standardization' 프로젝트는 PSB시절인 1997년에 고안되어 수행된 SIP 최초의 프로젝트이다. 당시 표준화의 필요성은 PSB의 산업경영센터에 의해서 확인되었다. 1997년 12월에 싱가포르산업협회 사업부인 SANC와 ECR의 관심을 이끌어내고, 그

후에는 ECR의 주도하에 공동으로 프로젝트를 추진하였다.

1998년 7월 ECR은 GLS(Standardization & Grocery Logistics Singapore)와 함께 프로젝트 작업팀을 결성하면서 공식적으로 프로젝트에 착수하였다. 이 작업팀은 표준화와 관련하여 취급시간, 수송 및 저장 그리고 분류 등의 문제를 검토하여, 1999년 10월 ISO 6780에 근거하여 표준 Pallet을 개발하였다. 즉, FMCG 산업의 표준 Pallet으로 4-way 1000mm x 1200mm의 용기를 제안하였다(〈그림 10-4〉 참조).

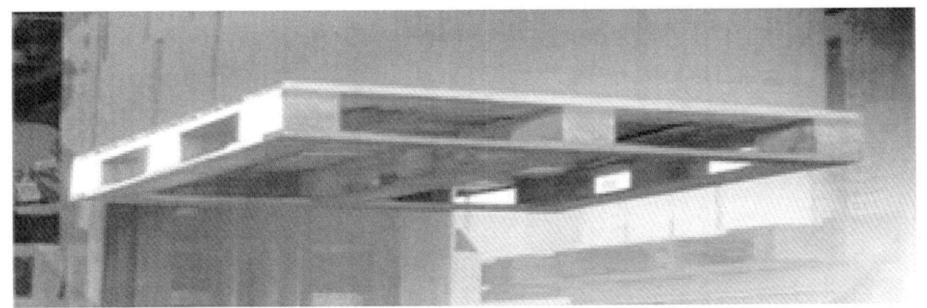

<그림 10-4> 'Standardization Pallet' 프로젝트 작업팀에 의해서 제안된 표준

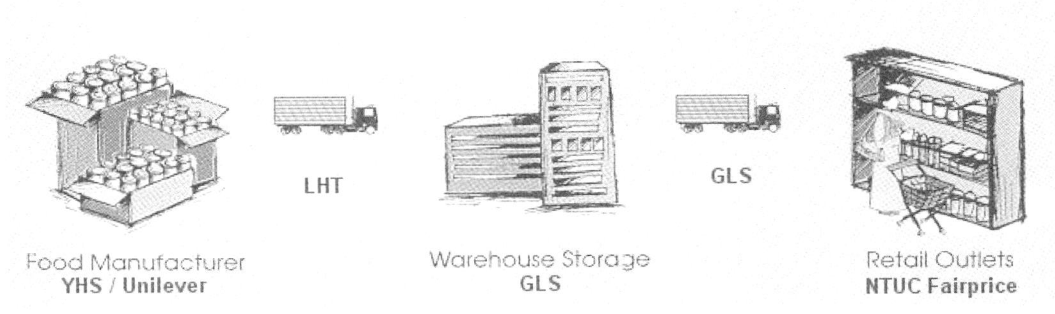

<그림 10-5> FMCG의 공급사슬과 표준 Pallet의 활용

2000년에는 시범사업이 이루어졌는데, 여기에는 공급체인망에 있는 3개의 회사와 1개의 리스 회사가 참여하였다. 즉, 식품제조업체인 YHS(Singapore) Pte Ltd와 Unilever Singapore Pte Ltd, 식품소매업체인 NTUC Fairprice Co-operative Ltd, 그리고 창고업체인 GLS Pte Ltd(NTUC의 유통업체) 등이 개발된 표준 Pallet을 사용하였고, 장비대여업체인 LHT Holdings

Ltd가 새로운 사업영역을 탐색하기 위해 참여하였다(〈그림 10-5〉 참조). 이 시범사업의 효과를 측정한 결과 참여업체의 생산성 증가로 공급사슬망의 효율이 크게 증가한 것으로 나타났다. 먼저 식품제조업체인 YHS의 경제적 이득은 다음과 같다.

- 배달시간 감소로 17%의 생산성 향상
- 한 번 배달 시 한 트럭당 4개의 Pallet을 더 실을 수 있음.
- 리스를 활용함에 따른 29%의 소유비용 감소
- 5년간 내부수익률(IRR) 256%

창고업체인 GLS의 경제적 이득을 보면,

- 수취한 YHS의 제품은 표준 Pallet 속으로 재선적 필요 없음.
- 인건비 20% 감소
- 더 적은 Pallet 사용으로 23% 비용 감소
- 5년간 내부수익률(IRR) 226%

장비 리스업체인 LHT Holdings는 다국적 기업으로 이 프로젝트에서 나온 표준 Pallet으로 새로운 사업영역을 찾게 되었고, 싱가포르에서는 최초의 현지 Pallet 대여업체가 되었다.

참여한 4개 업체의 전체적인 경제적 이득을 보면,

- 5년간 155%의 내부수익률 경험
- 소유비용 32% 절감
- 배달시간 11% 단축
- 생산효율 37% 향상
- 창고 공간 활용률 13% 증가
- 인력 7% 감소

이와 같은 표준의 적용으로 인한 이득을 계산하는 데는 IPF(Industry Productivity Fund)의 자금지원과 Singapore Polytechnic 대학의 도움을 받았다.

이와 같이 시범사업이 마무리되면서 표준 Pallet의 활용이 확산되었다. 먼저 GLS 이외에 Procter & Gamble이 이 제품을 사용하였고, 프로젝트에 참여한 SANC가 이 표준의 적용을 촉진하였다. 결과로서 10만 개 이상의 표준 Pallet이 사용 중에 있으며, FMCG 산업 전체적으로 매년 2,600만 달러의 비용절감을 달성하고 있다.

5) SIP의 성공요인

SIP 프로젝트는 성공적인 것으로 평가되고 있으며, 이에 따른 핵심성공요인(Key Success Factor)들이 지적되고 있다. 먼저 초기단계에서의 성공요인들은 다음과 같다.

- 싱가포르에 소재한 다국적 기업 및 대기업의 참여와 산업계의 강력한 지원
- 관련 산업 분야에서는 세계 최초로 추진되는 표준확산 노력이었다는 점
- 시범사업을 위한 주도자로서의 산업협회의 지원과 역할
- 세계적으로 처음 시도했다는 점과 선도적인 국제 컨설턴트들의 지원
- 당시 PSB의 정책 초점이 표준 자체의 생산보다는 표준의 활용을 통한 생산성 향상에 있었다는 점
- 산업계의 생산성 향상 자금지원
- 외부 교육기관(특히 대학)의 협력

이제 어느 정도 프로그램이 정착되고 있는 현재 시점에서 본 향후 성공요인들은 다음과 같다.

- 산업계의 주도
- 강력한 프로젝트 챔피언십
- 표준화 실행그룹을 위한 위원회의 적극적인 역할
- 표준화 이득의 독립적인 평가를 위한 컨설턴트
- 측정을 위한 제3의 기관과의 협력

CHAPTER 11

표준의 국제적 측면

국제무역은 국가 간의 재화 및 서비스의 거래로서 분업을 통해 효율성을 증진시키며, 교역당사국들의 후생을 증대시킨다. 이러한 국제무역 현상에서 표준은 기본적인 요소로서, 거래비용(transaction cost)을 낮추어 줌으로써 교역을 가능하게 한다. 거래비용은 다양한 형태로 나타나지만, 어떤 한 생산자가 고객이 원하는 것을 '제대로' 생산할 것인지를 확신하는 비용을 포함한다. 이러한 비용은 컴퓨터와 같이 부품이 매우 복잡하고 호환성의 문제가 중요한 경우에 매우 커진다. 만약 이러한 거래비용이 크다면, 다른 부품공급자로부터 부품을 구입하는 것보다는 자체적으로 생산하여 조달하는 것이 더 유리할 것이다. 즉, 거래가 일어나지 않는다.

표준제정을 통한 부품의 표준화는 이러한 거래비용을 낮추어 줌으로써 국내거래뿐만 아니라 글로벌한 교역 확대를 가져온다. 하나의 컴퓨터를 분해해 보라. 여러 나라들에서 생산된 많은 부품들을 발견할 수 있을 것이다. 이는 잘 정의된 표준들이 존재했기 때문에 가능한 것이며, 표준으로 인해 전자산업을 비롯한 많은 산업에서 글로벌화가 진행되었다고 볼 수 있다. 표준은 제품조립기업들로 하여금 특정부품에 특화하여 낮은 비용으로 생산하는 부품기업들로부터 부품을 구입하여 사용하게 한다. 표준화된 부품을 찾는 기업들에는 부품을 누가 만들었는지, 혹은 어느 국가로부터 왔는지가 중요하지 않을 수 있다. 요컨대 표준은 국제무역을 증진시키는 중요한 요인이다.

이뿐만 아니라 일반적으로 국가 간 표준이 다르더라도 표준 혹은 국가표준화제도(예: Korean Standards; KS)가 존재한다는 사실 자체가 수출에 긍정적인 영향을 미치는 것으로 알려져 있다. 이는 표준이 자국 내 제품의 특성을 국내 소비자들뿐만 아니라 해외 소비자들에게도 보다 명확하게 알려 주기 때문이다. 특히 표준은 제품의 품질인지도를 국내뿐만 아니라 해외에서도 높여 주므로 수출증대를 가져올 수 있다. 또한 표준화가 되면, 국제적인 시험이나 인증하에 개별국가에서 상이한 시험·검사를 하지 않아도 되어, 국제거래가 원활히 이루어지도록 한다.

그러나 한편으로는 세계무역기구(WTO)의 무역상 기술장벽(Techmical Barrier to Trade; TBT) 논의에서 알 수 있듯이 무역장벽으로 사용될 수 있는 표준은 국가 간 교역활동에 부정적인 영향을 미친다. 즉, TBT 협정이 각국의 상이한 표준제도 및 절차가 국제무역을 저해하는 '불필요한 장애(unnecessary obstacle)'가 되지 않도록 규제하고 있으나,[1] 실제로는 효과적인 무역제한 도구로 활용되어 왔다(전병호·강병구, 2007).

따라서 표준과 국제무역의 연관성을 이해하는 것은 매우 중요하다. 이는 경제현상을 연구하는 학자들뿐만 아니라 국제무역정책을 수립하여 시행하는 정책담당자들에게 중요한 과제이다. 왜냐하면 과거에 표준은 신제품 혹은 신시장 출현 이후, 하나의 기술적인 이슈 혹은 품질확보의 문제로 취급되었으나, 최근 시장의 글로벌화, 서비스화, 새로운 비즈니스 모델의 출현으로 표준 및 표준화(standardization)는 다양한 산업에서 제품개발과 경쟁에서 핵심적인 요인이 되고 있기 때문이다.

---

1) 이 외에도 WTO는 국제표준이 있는 경우 이를 자국 기술규정의 기초로 사용할 것을 권고하며, 재화 및 서비스가 자국의 기술규정에 적합한지를 평가하는 적합성평가(conformity assessment)의 절차에 관해서도 국제표준화기구의 지침이나 권고사항 또는 관련 내용을 사용하도록 함으로써 외국 원산지 표시 교역품에 대해서 불리하지 않도록 하고 있다.

11-2 국제무역패턴 결정요인으로서의 표준

전통적인 신고전학파 국제무역이론은 기술을 외생변수로 취급함으로써 국가 간 기술수준의 차이로부터 초래되는 무역현상을 배제하고 있다. 그러나 국제무역의 패턴이 결정되는 과정에서 기술요인의 중요성이 크게 부각됨에 따라 기술요인을 내생변수로 취급하는 무역이론이 등장하였다. 이는 크게 두 가지로 대별된다. 하나는 기존 무역이론을 재구성하는 것으로 신요소비율 모델(neo-factor proportion model)이 대표적이다. 다른 하나는 새로운 이론체계를 제시하는 것으로서, 기술격차모델(technology-gap model), 생산입지이론(location theory of production), Vernon의 제품수명주기이론(theory of product life cycle) 등이 이에 속한다.[2] 이하에서는 국제무역패턴에서 표준의 역할을 신고전학파와 신슘페터학파의 관점으로 나누어 해석해 보고자 한다.

1) 신고전학파

표준은 일종의 기술적 체계(technological regime)이므로 이상의 국제무역이론 중에서 신요소비율 모델의 입장을 견지할 수 있다. 신요소비율 모델은 기본적으로 헥셔-오린(Heckscher-Ohlin)의 요소부존이론을 확장한 것으로, 자본과 노동 이외의 기술요소의 상대적 부존 여부가 한 나라의 국제무역패턴을 결정한다는 이론이다(Kessing, 1966; Lary, 1968; Baldwin, 1971). 기술요소에는 숙련노동, 인적자본, R&D 지출, 과학자나 엔지니어의 수 등이 포함되어, 전통적인 생산요소와는 다른 요소의 중요성이 강조된다. 따라서 이 모델에서는 생산요소가 인적 혹은 물적 자본이든, 기술

---

2) 국제무역에서 기술의 역할에 대한 이론들은 성태경(1991)을 참고할 수 있다.

요소이든 교역당사국들이 상대적으로 풍부하게 보유하고 있는 생산요소를 집약적으로 사용하는 상품이 경쟁력을 갖게 된다. 따라서 이 모델에서 표준은 하나의 신요소로서 다른 나라에 비해서 양질의 표준스톡(standards stock)을 보유하는 나라는 관련 제품 및 부품에 대해서 국제경쟁력을 갖게 된다는 예측이 가능하다. 그러나 이는 어디까지나 신고전학파 이론 체제 내에서의 단순한 설명이다.

2) 신슘페터적 관점

이러한 신고전학파 이론을 넘어서서 신슘페터(Neo-Schumpeterian)적인 관점에서 국제무역에서 표준의 역할을 파악할 수 있다.

첫째, 신고전학파에서는 리카도의 비교우위설을 강조하고 있으나, 신슘페터적인 관점에서는 오히려 애덤 스미스의 절대우위설이 더 설명력을 가질 수 있다고 본다. 즉, 국제교역에 있어서 생산자들 간 제품 및 서비스의 품질 혹은 가격의 절대적인 차이가 국제경쟁력을 결정한다는 것이다. 따라서 경쟁기업보다 더 좋은 성과를 실현하는 기업은 시장점유율이 증가할 것이나, 경쟁력 없는 기업은 시장점유율이 낮아질 것이다. 여기서 표준은 하나의 기술제원 혹은 규정으로서 교역상품의 품질을 결정하는 요인이 되며, 표준이라는 기술적 정보의 절대적 우위가 국제경쟁력을 제공할 수 있을 것이다.

둘째, 기술격차모델을 통해서 국제무역에서 표준의 역할을 설명할 수 있다. 기술격차모델에서는 어떤 한 나라에서 신제품과 신공정이 계속적으로 개발되면, 이러한 제품에서는 교역상대국에 비해서 기술적 비교우위를 당분간 갖게 된다고 한다. 따라서 요소비율이나 부존여건 면에서 비교우위가 없다 하더라도, 기술혁신에 주력하여 성공하는 나라는 그 제품을 수출할 수 있다. 이러한 기술적 비교우위는 다른 국가가 기술을 모방할 때까지만 지속된다. 즉, 시간이 지남에 따라 신기술은 세계 전체적으로 확산되어, 초기의 기술경쟁력은 소진된다. 그 나라가 기술혁신활동을 통해 새로운 발명을 창출해 내면, 비교우위를 누릴 수 있는 새로운 제품군들이 계속 존재하게 된다. 요컨대 국가 간 기술격차는 부존여건의 차이에서 연유하는 것이 아니라 지식축적의 과정에서 나타난다는 것이다. 물론 특허와 같은 지식재산권에 의해서 보호되는 기술혁신은 다른 경쟁자들이 그 기술을 활용하는 것을 제한하기 때문에 수출을 증대시키는 효과를 가진다. 그러나 공식적인 기술표준은 본질적으로 공공재의 성격을 가지므로 국제무역에 대한 효과가 분명하지 않게 된다. 그럼에도 불구하고 표준은 특허와 같이 국제무역에 긍정적인 영향을 미친다. 이를 기술격차모델의 일종인 제품주기가설을 통해 본다면(Vernon, 1966) 기술혁신이 일어난 후에 그 내용이 정교화되고,

산업이 성숙단계로 들어가게 되면, 궁극적으로 '사실상'의 표준 혹은 공적표준의 형태로 표준화의 단계에 들어서게 된다. 이때 '사실상'의 표준은 특허에 의해서 보호될 수 있으므로 경쟁력 유지의 수단이 된다. 그러나 국가표준화기구에 의해서 발간된 공적표준에 담겨 있는 기술적 내용은 기본적으로 외국기업도 접근하여 활용할 수 있다. 그러나 이 경우에도 국내의 표준화과정에 참여하지 않은 해외기업들은 높은 채용비용(adaptation cost)으로 인해 표준에 포함된 기술적 내용을 사용하는 데 있어서 불리하게 된다(Antonelli, 1994; Matutes and Regibeau, 1996). 이뿐만 아니라 그 표준기술에 대응하는 기술흡수능력이 있어야만 외국기업이 표준의 내용을 효율적으로 사용할 수 있다. 따라서 특허에 의해서 보호되는 '사실상'의 표준은 물론 공개되는 공적표준도 한시적일지라도 경쟁력 유지의 수단이 될 수 있다.

셋째, 기술진보의 과정에서 제도(institutions)의 역할이 중요하다는 관점이다. 각국 간의 제도적인 차이가 기술격차를 가져와 무역패턴에 영향을 미친다는 것이다. 이러한 관점은 어떤 한 국가의 독특한 제도적 특성이 국제경쟁력을 결정한다는 Porter(1990), Nelson(1993) 등에 의해서 이미 정리되었으며, 보다 광범위하게는 국가혁신시스템(NIS)의 개념에서도 찾아볼 수 있다. 즉, 국가혁신시스템 내에서의 제도적 차이가 국제경쟁력에 영향을 미친다는 것이다. 국가혁신시스템은 〈그림 11-1〉에서 보는 바와 같이 제도적 하부구조, 인적자본하부구조 등 혁신의 전통적인 구성요소뿐만 아니라 기술하부구조(technological infrastructure)를 포함하고 있으며, 기술혁신의 궁극적인 목표인 산업기반의 구축도 하나의 구성요소로 보고 있다.

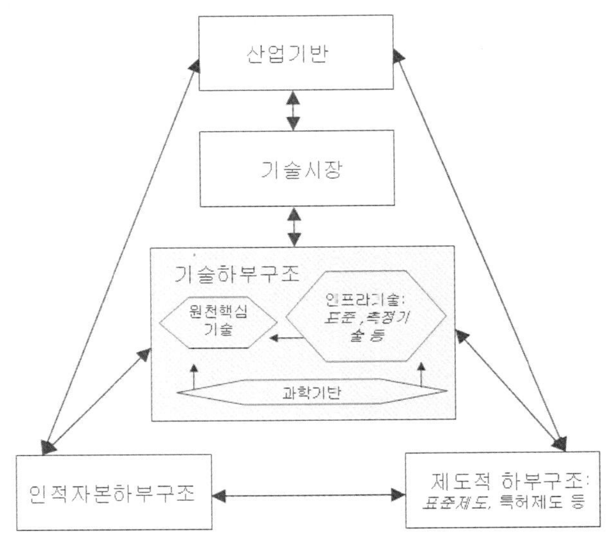

자료: 성태경(2008).

<그림 11-1> 국가혁신시스템에서 표준 및 표준제도의 역할

여기서 표준 및 표준제도는 국가혁신시스템의 중요한 구성요소가 될 수 있다(Blind and Grupp, 2000). 지식으로서 표준(standards)은 기술하부구조 중 인프라기술(infra-technology)을 구성하는 요소로서 과학기반으로부터 생산되며, 원천핵심기술을 지원한다. 물론 표준은 기술하부구조의 구성요소로서 산업기반과 상호연관관계를 가지면서 제품 및 공정기술도 지원한다. 인프라기술로서의 표준은 측정 및 시험방법, 호환표준, 과학정보 및 엔지니어링 데이터베이스, 참조표준물질 등 주로 비제품표준(non-product standards)이다. 한편 표준제도는 특허제도 등과 함께 국가혁신시스템에서 제도적 하부구조의 구성요인이 된다. 표준제도는 표준의 생산, 제정 및 관리 그리고 확산을 지원하는 역할을 수행한다. 국가표준화기구와 같이 통일된 제품 및 공정제원을 제공하는 공식적 기관도 제도적인 요인에 포함된다. 이와 같은 국가혁신시스템 내에서 표준 및 표준제도는 국가마다 다르며, 보다 우월한 표준제도를 가진 국가가 더 효율적인 혁신성과를 가지며, 이는 교역성과 및 패턴에 영향을 미칠 것이다.

실증적 연구결과에서도 이러한 신슘페터적인 논점을 확인해 주고 있다. 즉, 신고전학파에서 주장하고 있는 바와 같이 가격경쟁력만이 교역패턴을 결정하는 것이 아니라, 품질(표준), 기술혁신, 더 나아가서 판매 후 서비스(AS)와 같은 비가격경쟁 요소가 무역성과에 영향을 미치는 것으로 보고되고 있다(Stout and Swann, 1994; Wakelin, 1997; Anderton, 1999).

11-3 공적표준의 국제무역효과

표준이 국제무역에 미치는 효과는 앞에서 설명한 바와 같이 단순하지만은 않다. 보는 관점과 표준의 유형에 따라서 표준이 수출과 수입에 미치는 영향이 달라질 수 있기 때문이다.

1) 국가표준과 국제표준

국가표준은 국가표준기관이 채택한 표준이다. 특정 국가에서 제정하여 사용되는 규격으로 1901년에 세계 최초의 국가규격이 영국에서 제정되었다. 우리나라의 KS[3]와 일본의 JIS를 비롯하여, 영국의 BSI, 미국의 ANSI, 독일의 DIN 등이 제정하여 공표 및 판매하는 표준들이다.

국제표준은 전 세계 각국의 관련 단체가 회원이 될 수 있는 표준화 단체, 즉 ISO나 IEC, ITU 등 같은 국제표준화 기관이 제정하여 국제적으로 적용되는 규격 혹은 표준이다.

참고로 지역표준은 특정 국가의 관련단체로 회원 자격을 제한한 표준화단체, 즉 지역표준화 단체가 채택한 규격이다. 유럽의 EN(European Norm) 등이 있다. 단체표준은 업계, 단체, 학회 등의 특정 단체에서 제정하여 사용하는 표준으로 미국의 ASTM(American Society for Testing & Material), ASME(American Society of Mechanical Engineers), IEEE(Institute of Electrical and Electronics Engineers), 그리고 UL(Underwriters Laboratories)은 세계적으로 유명한 단

---

3) 우리나라의 표준화기관을 보면 정부기관으로 지식경제부 산하 기술표준원이 있고, 민간표준기관으로 학회, 협회, 조합, 학교, 시험검사기관, 인증단체 등이 있다. 기술표준원은 국가표준화기관으로 표준의 제정 및 관리업무를 맡고 있으며, 최근에는 표준업무를 민간에 이양하고 있다. 이를 위해 민간표준기관들 중에서 일정 요건을 갖춘 단체를 표준개발협력기관(Cooperation Organization for Standards Development; COSD)으로 지정하여 운영하고 있다. 2010년 9월 현재 44개의 COSD가 지정되어 있다. 이외에 각종 시험인증기관들이 있다.

체표준이라 할 수 있을 것이다. 물론 국가표준화기관과 단체표준기관은 서로 연결되어 있다. 예를 들어 미국의 UL은 ANSI의 통제를 받는 기관으르 UL규격은 ANSI/UL로 표기된다.

2) 공적표준 유형에 따른 국제무역효과

앞에서 언급한 바와 같이 표준의 국제무역효과는 보는 관점뿐만 아니라 표준의 유형에 따라서 달라질 수 있다. 여기에서는 〈표 11-1〉에서와 같이 표준의 국제무역효과를 네 가지로 나누어 살펴보고자 한다.

- 경쟁우위효과: 수출은 증가시키지만 수입은 감소시키는 효과
- 경쟁열위효과(Ⅰ): 수출을 감소시킬 뿐만 아니라 수입도 감소시키는 효과
- 경쟁열위효과(Ⅱ): 수출을 감소시키나 수입든 증가시키는 효과
- 산업 내 무역 증대효과: 수출과 수입을 모두 증가시키는 효과

산업 내 무역(intra-industry trade)이란 산업 간 무역(inter-industry trade)에 대비되는 개념으로 동종 제품이 외국으로 수출되는 동시에 외국으로부터 수입되는 현상을 말한다(Greenway and Miler, 1986; Greenway, 1987).

<표 11-1> 표준의 극제무역효과 구분

구분		수출	
		증가 (+)	감소 (−)
수입	증가 (+)	산업 내 무역 증대효과	경쟁열위효과(Ⅱ)
	감소 (−)	경쟁우위효과	경쟁열위효과(Ⅰ)

(1) 표준의 경쟁우위효과

한 국가의 R&D 수준 및 기술혁신역량이 수출증대를 가져오는 것과 마찬가지로 한 국가의 표준, 즉 국가표준은 국제경쟁력을 제고시키는 역할을 수행한다. 이는 국제표준의 경우도 마찬가지이다. 국가표준이든 국제표준이든 표준 및 기술기준은 한 국가가 생산하는 제품의 질을 향상시키

고, 비용을 절감시킴으로써 수출을 증대시키고 수입을 감소시킬 것이다. 만약 국내기업이 국제표준화 제정과정에 참여하여, 즉시 표준을 생산현장에 적용할 수 있으며, 품질 및 비용 측면에서 경쟁력을 획득할 수 있다. 특히 표준은 국내제품의 품질인지도를 국내뿐만 아니라 해외에서도 제고시킴으로써 국제경쟁력을 증대시킨다.

물론 앞에서 언급한 바와 같이 공적표준은 하나의 공공재로서 세계의 모든 생산자가 활용할 수 있을 것이다. 그러나 표준의 채용비용이나 기술흡수능력 문제로 인하여 표준화과정에 참여하지 않은 기업들은 관련 표준을 적용함에 있어서 불리할 수 있다. 결과적으로 공적인 국가표준은 국내기업들에 규모의 경제(economies of scale)나 부품 간의 호환성의 이득을 제공함으로써 국내기업들이 경쟁우위를 가지게 한다. 세계적인 공적표준도 이러한 효과를 가져다줄 것이다. 그러나 그 효과는 국가표준의 영향보다는 작을 것이다. 이는 국내표준의 경우 자국기업들이 국내표준을 통해 외국 경쟁사 제품에 대해 차별화가 가능하기 때문이다. 그러나 표준이 소비자 선호를 나타내고, 국가 간 선호의 차이가 매우 크다면, 이와 같은 공급측면의 장점은 상쇄되어질 수도 있다.

마지막으로 서로 다른 여러 국가에 걸쳐서 나타나는 네트워크 효과가 존재하는 경우에는 국제표준이나 최소한 호환 가능한 국가표준은 수출을 증대시킨다.

위와 같은 표준의 경쟁우위효과는 Marshall(1923)에 의해서 지적된 바 있으며, 최근에는 ANSI(2000)와 DIN(2000)에 의해서 강조되고 있다.

(2) 표준의 경쟁열위효과

표준, 특히 국내표준은 세계시장에서 자국 상품의 수출을 감소시키는 효과를 가질 수 있다. 매우 단순한 논리로 설명하면, 만약 어떤 한 나라의 표준이 외국 소비자들에게 '특이하게' 보이면, 그 표준을 적용하는 제품의 수출시장을 개척하기 어려울 것이다. 반대로 외국 생산자들이 적용하기 어려운 독특한 자국표준을 가지게 되면, 이것이 일종의 진입장벽으로 작용하여 수입도 감소할 것이다(경쟁열위효과Ⅰ). 이러한 효과는 한 국가가 가지는 국가표준이 '독특'하면 할수록 더 커질 것이다. 독특한 국가표준이면서 제품표준의 경쟁열위효과 ― 보다 정확히는 무역활동 위축효과 ― 는 Lecraw(1984; 1987), David and Shaimen(1996), McIntyre(1997) 등에 의해서 보고된 바 있다.

한편 국가표준화기관 혹은 표준개발기관(SDOs)이 공표한 국가표준이면서 공정표준의 경우에는 수출을 감소시키지만, 수입은 증가시키는 현상이 나타날 수 있다(경쟁열위효과Ⅱ). 국가가 부과하는 공정표준은 국내 생산자의 생산비용을 증가시킴으로써, 국제경쟁력을 약화시켜 수출을 감소시킨다. 또한 생산비용 증가에다가 행정적 혹은 관료적인 비용부담으로 인해 외국 상품에 비해

경쟁력이 떨어져 수입을 증대시킬 수 있다.

<표 11-2> 표준의 극제무역 효과 예측

관점(가설)	표준의 유형		경제적 효과	무역효과	
				수출	수입
경쟁우위효과	국제표준		자국제품의 품질향상 및 원감 절감	+	−
	국가표준		상동(효과가 더 큼)	+ +	− −
경쟁열위효과	국가표준	제품표준	자국시장의 개방도 감소 및 해외시장 진출 위축	−	− −
		공정표준	자국제품의 생산비 증가	−	+
산업 내 무역효과(혹은 교역창출효과)	국제표준	호환표준/품질표준/정보표준	자국시장의 개방도 증가	+ +	+ +
	국가표준	호환표준/품질표준/정보	상동(효과는 더 작음)	+	+
	국제표준/국가표준	다양성 감소표준	제품의 다양성 감소	?	−

(3) 표준의 산업 내 무역 증대효과

최근 선진국 간, 특히 EU국가 간에는 산업 내 교역이 증가하고 있는데, 국제적인 표준의 설정은 이를 더욱 촉진시킬 수 있다. 이러한 관점은 표준이 거래비용(transaction cost)을 감소시킴으로써 세계시장에서의 거래를 촉진시킨다는 생각에 바탕을 둔 것이다. 즉, 국제적인 공적표준은 규격, 무게 그리고 기타 제품 특성 및 품질에 대한 공통된 인식을 전 세계적으로 확산시킴으로써, 수출국이든 수입국에 관계없이 무역장벽을 낮춘다는 것이다. 지역통합에 관한 Venables(1990)와 Flam(1992)의 실증연구에서도 두 나라 간의 공통된 표준은 양국 간의 교역을 증진시키는 것으로 나타나고 있다. 더 나아가서 하나의 표준을 제정하여 공표하는 행위 자체가 현지 국가에 국한된 기술지식이 규격화하는 과정으로써 장기적으로 히외 경쟁자에게도 그 기술지식이 활용가능하게 될 것이다.

산업 내 무역에 대한 연구들을 정리한 Greenwεy and Miler(1986)와 Greenway(1987)의 연구에서도 국제표준은 산업 내 무역을 증대시키는 것으로 보고하고 있는데, 이는 국제표준들이 무역특화를 보다 실행 가능하게 하기 때문이라고 한다. 이들의 연구는 표준이 가져다주는 일반적인 교역촉진효과(general trade−promoting effects)와 산업 내 무역을 유발하는 규모의 경제 및 다양성과 관련된 특정효과(specific effects)를 구별하는 실마리를 제공한다.

이를 표준기능별로 보면, 호환표준, 최소품질표준, 그리고 정보표준의 경우에는 공통된 국제표준이 다양한 제품에서 특화현상을 초래하여, 규모의 경제를 얻을 수 있게 한다. 이에 따라 자국시장의 개방도가 증가하면서 수출이 증대할 뿐만 아니라 스입도 증가하는 일반적인 교역촉진효과가 나타날 것이다. 이뿐만 아니라 규모의 경제를 가능케 함으로써 산업 내 무역을 유발한다. 따라서 호환표준, 최소품질표준 그리고 정보표준은 전체적으로 산업 내 무역을 촉진시킨다고 볼 수 있다.

다양성 감소 표준 역시 규모의 경제를 가져다준다는 측면에서는 교역촉진효과를 가져올 수 있다. 하지만 표준이 실제로 다양성을 감소시켜 소비자 선택의 폭을 줄인다면 실제로 수출과 수입을 위축시킴으로써 산업 내 무역을 감소시키는 요인이 될 수 있다. 따라서 다양성 감소 표준의 산업 내 무역효과는 분명하지 않다.

그렇다면 표준의 기능 측면에서 전반적인 산업 내 무역효과는 어떻게 나타날 것인가? 물론 공적인 국제표준들은 다소 제품의 다양성 정도를 감소시키겠지만, 호환성 기능, 품질보증 기능, 그리고 정보 기능의 산업 내 무역에 대한 긍정적인 효과가 이를 능가할 것으로 볼 수 있다. 따라서 전체적으로 표준은 산업 내 무역의 순증가를 가져올 가능성이 더 크다고 할 수 있다.

한편 국내표준의 경우 산업 내 무역에 대한 효과를 보면 표준 자체가 없는 경우에 비해서는 교역을 촉진시킬 것이다. 그러나 그 효과의 크기는 국제표준의 산업 내 무역증진효과에 비해서는 작을 것이다.[4] 그렇다면 WTO가 TBT를 통해 권고하는 바와 같이 국가표준이 국제표준에 의해서 대체되면 어떻게 될 것인가? 사실 최근 무역의 글로벌화로 국가표준의 역할이 감소하고 선진국에 의해서 정의된 표준에 추종하는 현상이 나타나고 있으며, 기술추종국들은 표준활동 무임승차를 하나의 전략대안으로 선택하고 있다. 이와 같이 국가표준이 국제표준으로 대체되거나 국제표준이 시장을 지배하는 경우, 물론 교역촉진효과를 통해 무역활동은 더욱 활발해질 것이다. 그러나 앞에서 언급한 바와 같이 다양성의 감소를 초래하여 교역을 위축시키는 효과도 가질 수 있다. 따라서 순효과는 분명하지 않게 된다.

3) 실증연구: 잠정적 결론들

이상의 연구내용은 선험적인 분석을 통한 가설에 불과하다. 다시 말해서 본 연구에서 도출한 분석결과는 각각 하나의 가설로서 실증적인 검증을 거쳐야 한다. 이뿐만 아니라 국제무역패턴의 결정요인으로서 표준의 역할도 신고전학파의 입장을 취하든 신슘페터적인 입장을 취하든 실증자료를 통해서 확인해 볼 필요가 있다.

---

4) 이러한 단정적인 효과는 상황에 따라서 달라질 수 있음에 유의해야 한다. Cassella(2001)은 소수의 대기업들이 제휴를 통해서 제정한 관리되지 않은 표준의 경우에는 불신의 문제가 야기할 수 있으며, 이러한 상황에서는 통일된 국제산업표준이라 하더라도 산업 내 무역에 부정적인 영향을 미칠 수 있음을 보였다.

　　현재까지 진행된 실증연구결과를 보면, Swann et al.(1996)이 영국과 독일에 대해서, 그리고 Blind(2004)가 독일을 비롯한 유럽 국가들에 대해서 일부 실증분석결과를 보고하고 있는 정도이다. 예를 들어 Swann et al.(1996)에서는 영국과 독일의 경우 표준의 산업 내 무역효과가 나타난 반면에 경쟁열위효과는 나타나지 않은 것으로 분석하였다. 또한 영국의 국내표준은 국제표준보다 수출과 수입에 더 큰 정(+)의 효과를 보여 주었다. Blind(2004)는 Swann et al.(1996)의 연구를 확장하여 산업별 특성을 고려하여 분석한 결과, 기술 분야별로 볼 때 표준, 특히 국제표준은 호환성, 최소품질 기준으로 인해 산업 내 무역을 촉진시키는 것으로 보고하고 있다. 그러나 두 연구 모두 표준의 무역효과에 대한 실증분석은 어디까지나 실험적이며(Swann, 1996, p.1311), 보다 정교한 검증이 요구됨을 밝히고 있다(Blind, 2004, p.244).

11-4 표준과 국제무역정책

앞에서 살펴본 바와 같이 표준은 국제무역을 위축시키는 요인으로도 작용한다. 특히 각국의 상이한 표준제도 및 절차가 국제무역을 저해하는 '불필요한 장애(unnecessary obstacle)'가 될 수 있으므로 WTO는 무역상 기술장벽(TBT) 협정을 통해 이를 규제하고 있다. 본 절에서는 WTO의 표준과 관련된 국제무역 증진 노력을 살펴본다.

1) 무역상 기술장벽

(1) 무역상 기술장벽이란

무역상 기술장벽(Technical Barriers to Trade; TBT)이란 기술규정, 표준 및 적합성 평가절차 등이 국가 간의 교역에 불필요한 장애요인을 형성하는 것을 말한다.

여기서 기술규정(technical regulation)이란 적용 가능한 행정조항을 포함하면서 그 준수가 강제적인 문서를 말하며, 표준(standards)은 권위 있는 기관에 의해 승인되고 그 사용이 공통적이고 반복적이나 그 준수가 강제적이 아닌 문서를 말한다. 적합성 평가절차(conformity assessment procedures)는 기술규정 또는 표준의 관련 요건에 적합한지를 결정하기 위하여 직접 또는 간접적으로 사용되어지는 모든 절차이다. 실제로 일어나는 무역상 기술장벽의 유형은 다음과 같다.

- 일치화되지 않은 표준
- 자국제품과 수입제품의 차별적 대우
- 적합성평가 절차의 중복
- 적용되는 법률 및 기술규정의 투명성 부재
- 관료주의적 절차
- 외국의 유사인증 불인정 등
- 수입국에서만 적용되는 민간 임의표준에 대한 인증이 없이는 사실상 시장진입이 불가한 경우 (예: 일본의 JIS마크는 임의규격이나 소비자선호에 의해 실질적인 강제성 가짐)
- 라벨링 요건상의 장벽(예: 미국은 승용차 및 경트럭의 국산화율을 표시하도록 하는 자동차 라벨링 제도 시행)

(2) WTO의 TBT 협정

GATT체제에 이어 1997년에 출범함 WTO체제에서는 비관세장벽(NTB) 중 중요하게 부각되는 무역상 기술장벽(TBT)을 철폐하기 위한 노력으로 다자 간 협정을 맺고 있다. 그 주요 내용을 보면, 첫째 외국으로부터 수입되는 상품에 국가별 차별을 두거나 내국인과 비교하여 불리한 조건을 적용하여서는 안 된다(무차별원칙). 둘째 표준, 기술규정 및 적합성 평가절차에 대해서 국제표준을 채택해야 한다(국제표준 채택의무). 셋째 타국가의 무역에 중대한 영향을 미칠 수 있다고 판단되는 경우 이를 회원국에 통보해야 한다(통보의 의무). 넷째 외국으로부터 무역상 기술장벽에 대한 통보 및 질의가 오면 이에 접수하고 답변을 제공해야 한다(정보답변 및 질의처 설치 의무).

(3) 무역상 기술장벽마찰 현황

무역상 기술장벽 관련 문제제기 건수가 2005년 이후 점차 증가하고 있다. 〈그림 11-2〉에서 보는 바와 같이 WTO/TBT 위원회 특정무역현안 건수가 2005년에 24건이었으나, 2009년과 2010년에는 각각 75건과 63건으로 크게 증가하였다. 우리나라의 경우도 약간 증가하는 추세를 보이고 있으며, 2010년에는 6건의 무역상 기술장벽문제를 다른 나라에 제기하였다. 반대로 다른 나라로부터는 3건을 제기받았다.

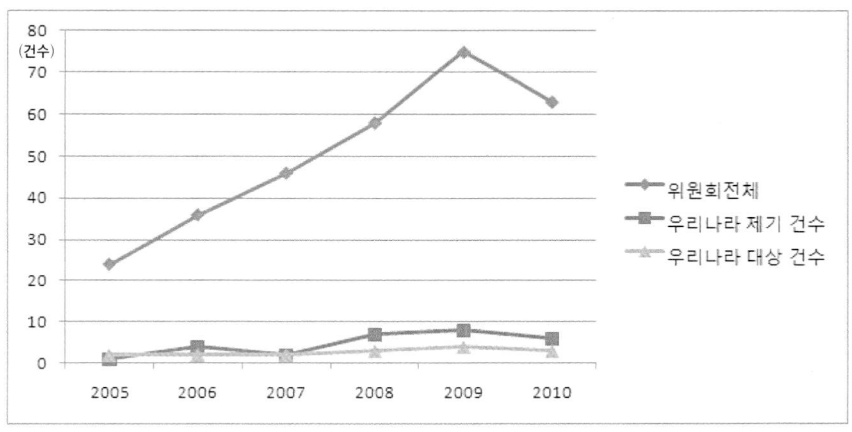

자료: 기술표준원.

<그림 11-2> WTO/TBT 위원회 특정무역현안 건수

우리나라가 제기한 무역상 기술장벽 현안을 보면 미국에 대해서 리튬이온전지, 항공운송안전규정 등 3건, 제품판매와 관련된 EU에 대해서는 인정체계 및 시장 감시 등 2건, 인도에 대해서는 자동차 타이어 및 튜브관련 인증지연 1건을 각각 제기하였다. 반대로 우리나라는 미국으로부터 박막태양전지모듈 시험 및 인정문제, 미국과 EU로부터 자동차온실가스규제, 그리고 뉴질랜드, EU, 미국 등으로부터 유기가공식품인증제도 등 각 1건씩을 제기당하였다.

<표 11-3> 우리나라 관련 WTO/TBT 우원회 특정무역현안 내역

(a) 우리나라가 다른 나라에 대해 제기한 현안

(2010년 11월 현재)

구분	제기 내용	비고
2010-1차	미국 리튬이온전지 항공운송안전 규정	국제표준 부합화
	EU RoHS 개정안	7개 신규물질 추가문제
	인도 자동차 타이어 및 튜브 관련 인정	ISI 각인 및 비밀정보 유출문제
	미국 에너지스타 개정안	EPA 인정 불필요 기밀유출 문제
2010-2차	미국 리튬이온전지 항공운송안전 규정	국제표준 부합화
	EU ROHS 개정안	제한후보물질 등록 문제
	EU 제품판매와 관련한 인정체계 및 시장감시	다자간상호인정체계수용
	인도 자동차 타이어 및 튜브 관련 인정	ISI 각인 및 비밀정보 유출문제
2010-3차	미국 에너지스타 개정안	CB 북미소재여부
	미국 리튬이온전지 항공운송안전 규정	국제표준 부합화
	EU ROHS 개정안	제한후보물질 등록 문제
	캐나다 대기전력 인증제도	CB 북미소재여부
	인도 자동차 타이어 및 튜브 관련 인정	인증 지연 문제

(b) 우리나라가 다른 나라로부터 제기당한 현안

구분	제기 국가	제기 내용(소관부처)
2010−1차	뉴질랜드, EU, 스위스, 호주, 미국	유기가공식품인증제도(농림부)
	뉴질랜드, EU, 스위스, 호주, 미국, 캐나다	유기가공식품인증제도(농림부)
2010−2차	미국	박막태양전지모듈 시험 및 인정(지경부)
	뉴질랜드, EU, 스위스, 호주, 미국, 캐나다, 칠레, 멕시코	유기가공식품인증제도(농림부)
2010−3차	미국	박막태양전지모듈 시험 및 인정(지경부)
	EU, 미국	자동차 온실가스 규제(환경부)

자료: 기술표준원

2) 국제적 적합성평가

(1) 적합성평가란

적합성평가(Conformity Assessment)란 제품, 공정 및 서비스가 규정된 요건에 충족되는지에 대해서 직접 또는 간접적으로 결정하는 일련의 행위를 말한다(ISO/IEC GUIDE 2: 2002). 이러한 일련의 행위에는 시험(testing), 검사(inspection), 인증(certification), 인정(accreditation), 그리고 이들의 조합 등이 포함된다. 각 활동의 개념은 다음과 같다.

- 시험: 측정, 교정 등을 통해 기술적 성질을 확인하는 행위
- 검사: 시험결과를 표준의 요건에 비교하여 판정하는 행위
- 인증: 제품, 공정 및 서비스가 관련 표준에 부합된다는 것을 보증해주는 절차로, 이의 확인이 문서형태로 이루어지면 인증서가 되고, 마크형태로 이루어지면 인증마크가 된다.
- 인정: 시험기관의 인증역량에 대한 검증

적합성평가가 국제무역과 관련되는 이유는 표준 및 기술기준, 그리고 이를 토대로 시행되는 적합성평가의 절차가 나라마다 다르다면, 국제무역에서 심각한 무역장벽으로 작용할 수 있기 때문이다. 따라서 WTO는 TBT에서 "표준, 기술규정 및 적합성평가 절차에 대해서 국제표준을 채택해야 한다"는 국제표준 채택의무를 규정하고 있는 것이다.

(2) 적합성평가 관련 국제표준

ISO/IEC에서는 적합성 평가에 필요한 국제표준 및 지침을 개발하여 사용해 오고 있다. 이를 내용 및 분야별로 소개하면 다음과 같다.

- 용어정의 및 일반적 적용 원칙: ISO/IEC 17000:2004
- 적합성 평가에 대한 공정성, 비밀 준수 등 세부사항: ISO PAS 17001-17005
- 시험 및 교정기관: ISO/IEC 17025: 2005, Guide 43:1997 등
- 검사: ISO/IEC 17020: 1998
- 공급자 적합성 선언: ISO/IEC 17050: 2004
- 인증: ISO/IEC Guide 67:2004(제품인증), ISO/IEC Guide 69:1999(시스템인증), ISO/IEC 17024: 2003(개인인증)
- 인정: ISO/IEC 17011: 2004(일반요건), ISO/IEC Guide 68:2002(상호인정협정), ISO/IEC 17040: 2005(상호동등성 평가)

(3) 국제적 적합성평가 체제

상대국의 적합성 평가결과는 서로 인정해 주는 제도가 있어야만 "하나의 표준, 한 번의 시험 검사, 그리고 전 세계 어디에서나 인정(one standard, one test, and accepted everywhere)"이 가능하며, 국제거래 시마다 받아야 하는 중복 시험검사를 피하고, 다른 나라 시장으로의 진입을 쉽게 만든다. 이러한 국제적 적합성 평가체제를 구축하기 위해서 WTO는 상호인정협정(MRA)을 체결하여 시행하고 있다.

현재 국제적 적합성 평가체제는 〈그림 11-3〉과 같이 구성되어 있다. 먼저 세계적으로 국제시험검사기관인정기구(ILAC)가 있으며, 지역단위로는 유럽시험인정기구(EA)와 아시아태평양시험기관인정기구(APLAC) 등이 있고, 국가별로는 ILAC 가입국들의 국가인정기구가 있다. 국가인정기구는 적합성 평가기관, 즉 인정기관, 인증기관, 그리고 심사기관 및 시험기관들을 지정하고 관리하는 조직이다. 우리나라는 ILAC의 회원국으로 한국교정시험기관인정기구(KOLAS)를 두고 있다. 지정기관은 2010년 현재 총 602개로 이 중 교정기관이 181개, 시험기관이 370개, 검사기관이 43개, 표준물질기관이 8개이다.

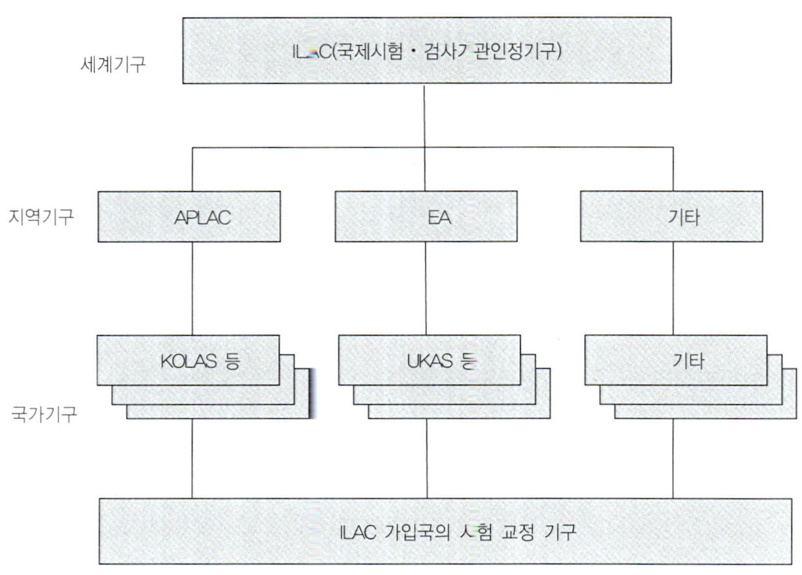

<그림 11-3> 국제적 적합성평가 체제

<표 11-4> 한국인정기구의 인정현황

(단위 : 개)

구분 \ 연도	2002	2003	2004	2005	2006	2007	2008	2009	2010
교정기관	146	162	173	189	190	194	191	199	181
시험기관	146	171	200	232	260	280	316	359	370
검사기관	8	19	8	81	86	89	91	84	43
표준물질기관	–	–	–	–	2	5	7	9	8
계	300	352	401	502	538	568	605	651	602

자료: 기술표준원

이상과 같은 인정기구와 별도로 인정협력기구들이 있다. 세계적으로는 국제인정협력기구(IAF)가 있다. IAF는 1993년에 설립되어 현재 총 39개 국가가 정회원으로 등록되어 있으며, 품질경영시스템(ISO 9000), 환경경영시스템(ISO 14000), 그리고 제품(ISO/IEC Guide 65)에 대해서 다자간 상호 인정체제를 구축하고 있다. 지역적으로는 APEC 경제권 내의 인증기관 연합체인 태평양지역인정협력기구(PAC)가 있다.

한편 적합성 관련 국제인증제도가 있다. IEC에서는 전기 및 전자제품 분야에 대해 회원국들의 시험결과를 상호 인정하는 제도를 시행하고 있다. 국제전기인증제도, 전자부품 품질인증 등이 이에 속한다. 유럽공동체(EU)에서는 지역 내 규격인증에 대한 단일 마크로 CE(Conformite Europeenne) 마크제도를 시행하고 있다.

표준 및 표준화정책

표준화과정에서는 일반적으로 경제학에서 거론되는 시장실패의 요인이 나타난다. 첫째, 표준은 혁신주도 성장(innovation-led growth)에 있어서 하나의 하부구조로 공공재이다. 표준화는 교량, 도로, 항만 등과 같은 하드웨어적 사회간접자본은 아니지만, 소프트웨어적인 하부구조로서 공공재이다. 공공재로서의 표준화는 비배제성이라는 특성을 갖는다. 즉, 어떤 기업에 의해 일단 표준화가 구축되면 다른 기업들이 그것을 사용하는 것을 배제하기 어렵다. 만약 배제가 가능하더라도 표준의 사용을 배제시키는 것은 사회적으로 바람직하지 못하다. 공공재이므로 무임승차문제가 발생하며 개별기업이 받아들이기 어려운 조정비용이 들어간다. 따라서 산업 차원에는 표준화를 통한 경제적 효율이라는 이득이 있으나 개별기업은 표준화에 대해 투자를 꺼리게 된다.

둘째, 표준화는 정(+)의 외부효과를 창출한다. 즉, 표준화에 투자하지 않고서도 표준이 구축되면 그 이득을 향유할 수 있다. 따라서 표준화 투자 시 사회적 수익률과 사적수익률 사이에 갭이 존재하게 된다. 이는 표준화를 시장에 맡겨둘 경우에 과소투자가 일어날 것임을 의미한다.

셋째, 일반적으로 수익체증(increasing returns) 현상이 일어날 경우 독과점이 허용되는 것과 마찬가지로 표준화에 있어서도 규모의 경제가 작용한다. 즉, 독과점기업 중심의 표준이 구축된다. 호환표준(compatibility standards)이 시장에서 형성되는 경우는 독과점의 위험성이 더욱 크며, 열등한 표준에 장기간 고착화될 가능성도 있다. 한편 중소기업들은 표준화과정에서 소극적 혹은 추종자적인 입장을 견지할 가능성이 크다. 이는 소규도기업들은 전유성 문제로 표준화를 꺼려하기 때문이다. 표준화는 새로운 기술의 급속한 확산을 조성함에 있어서 광범위한 사회적 가치를 가지며, 명시적 자원의 투입을 필요로 한다. 그러나 표준화를 통해 시장을 확대하려는 개별 기업, 특히 중소기업들은 그러한 노력으로부터 오는 이득을 전유하기 어렵다는 이유로 필요한 자원을 투자하기 꺼려할 것이다. 심지어 표준화를 위한 초기 노력이 대기업에 의해서 무용화될 것이라는 두려움도 가지고 있기 때문에 더욱 그러하다.

넷째, 정보 비대칭성(asymmetric information)의 문제이다. 즉, 판매자와 구매자 간의 제품의 품질에 대한 정보의 갭으로 인하여 양자가 거래에서 수용할 수 있는 가격을 찾기 어렵게 된다. 대표적인 예가 "악화가 양화를 구축한다"는 그레샴의 법칙(Gresham's law)이다. 표준의 경우, 특히 시장에서 형성되는 (최소)품질표준의 경우, 시장이 하나의 표준 자체를 정의 내리기는 어려우며, 시장에 맡겨 놓을 경우에 "그레샴의 법칙", 즉 좋지 않은 표준이 좋은 표준을 밀어낼 위험이 있다. 공공표준의 경우에는 규제의 위험성이 있게 된다 〈표 12-1〉에는 표준의 경제적 기능에 따른 시장의 표준규정의 가능여부, '사실상' 표준의 문제점, 공적표준의 문제점 등을 요약해 놓았다.

<표 12-1> 표준공급에 있어서 시장실패

	시장의 특정 표준 규정 겨부	'사실상' 표준의 문제점	공적표준의 문제점
호환표준	· 가능	· 열등한 표준으로의 고착화 효과 · 독점화	· 정의 과정의 지연 · 규제의 위험
최저품질/안전	· 불가능	· Gresham's law 위험	· 규제의 위험
정보/측정	· 가능하나 불완전	· 불완전 혹은 폐쇄적	· 규제의 위험
다양성 감소	· 가능		

이상과 같이 표준화의 시장실패로 인해서 나타나는 기술혁신 주도 성장의 장애요인들은 다음과 같이 요약할 수 있다.

- 인프라기술로서의 표준화에 대한 과소투자
- 표준제정과정에 대한 자원배분 미흡
- 비효과적 혹은 부절적한 표준: 예) 낮은 수준의 표준, 공개되어 활용되는 표준보다는 개인기업 소유의 표준 등
- 시장 요구에 표준이 시기적으로 뒤떨어지거나 효과적이지 못한 대응: 예) 차세대 표준으로의 전환 관리 미숙 등

12-2 표준화정책의 수단

1) 시장실패 보정

표준화의 문제를 시장에 전적으로 맡겨둘 경우 앞에서 제기된 문제들이 나타나므로 정부가 개입하게 된다. 가령 '사실상'의 표준이 시장을 지배하여 독점화되거나, 정반대로 전혀 표준화가 이루어지지 않아 비효율적인 상황이 초래되는 경우에 정부가 표준화 정책을 강구해야 한다. 이때 정부가 표준화과정에 개입하여 펼 수 있는 표준화 정책수단들은 다음과 같다. 이들은 대부분 전통적인 방법이다.

(1) 표준화 정도의 결정 및 지원

정책당국이 표준화와 관련하여 해결해야 할 문제 중의 하나가 표준화 정도의 문제이다. 과연 당해 분야의 표준을 제정하는 것이 사회적 후생측면에서 타당한가? 만약 표준을 제정한다면 어느 정도 하는 것이 사회적 효율성을 극대화할 것인가라는 문제를 해결하는 것이다.

사례를 들어 설명하면, 일본정부는 국내시장에서 다양한 PC 표준문제가 나타나자 이를 해결하기 위해서 SIGMA 프로젝트를 추진하였고, 그 결과 Unix 운영체제 표준을 유도하여 비표준화의 비효율성을 극복한 것으로 알려지고 있다(Cotrell, 1994). 이는 정부가 표준화의 유효성(effectiveness of standardization) 문제에 대한 정보와 해결능력을 가지고 표준화정책을 수행해야 함을 말해 준다.

(2) 표준과 R&D투자의 연계

　　정부의 R&D투자는 순수한 기술개발과 표준과 연계된 개술개발로 구분할 수 있는데, 최근 IT산업의 발전으로 표준과 연계된 R&D투자가 빈번히 일어나고 있다. 예를 들어 시스템 구성품의 공급자들(예: 컴퓨터 하드웨어와 소프트웨어 기업) 간의 수평적인 연계를 포함하는 R&D 프로젝트는 기술개발단계상 초기에 핵심제품의 표준화를 달성할 수 있다.

　　정책사례로는 일본의 TRON 프로젝트를 들 수 있다(Cotrell, 1994). TRON 프로젝트는 1981년부터 일본 산업계가 대학과 계속적으로 추진하는 사업으로 목적은 표준화된 운영시스템을 개발하는 것이었다.

(3) 표준하부구조에 대한 R&D투자

　　정부는 표준의 하부구조에 대한 R&D투자를 수행하여, 민간 기업들의 표준화 투자를 유도할 수 있다. 사실 인터넷에 대한 투자도 초기에는 민간어 의해서 이루어지지 않고 정부에 의해서 이루어졌다. 그러나 현재는 민간기업들이 대규모 표준화 투자를 아끼지 않고 있다. JAVA와 같은 산업표준도 미국정부의 지속적인 재정지원 없이는 개발 및 확산이 불가능하였다.

(4) 중소기업에 대한 표준화활동 지원

　　민간기업, 특히 중소기업은 표준화 능력이 부족하거나 노력이 미흡할 수 있다. 따라서 표준화를 시장에 전적으로 맡겨 두기보다는 중소기업을 위한 적절한 표준화정책이 필요하다. 외국의 경우에는 싱가포르가 SPRING(Singapore Productivity, Standards and Innovation Board)이라는 기관을 통하여 중소기업을 위한 표준화 지원정책을 강력하게 추진하고 있다. 미국의 경우에는 상무부 산하 국가표준기술국(NIST)이 MEP(Manufacturing Extension Partnership) 프로그램을 통해 중소기업의 표준화 및 기술혁신을 지원하그 있다. 독일의 경우에는 DIN의 재정지원을 받는 NAM을 통해서 유럽이나 국제 차원에서 개발도고 있는 신설 표준 초안에 관한 정보를 중소기업 표준화 전문가에게 적기에 무료로 제공하고 있다.

(5) 기업 표준화활동에 대한 직접적 재정지원

민간 기업들이 표준화활동에 투자하는 비용은 R&D투자와 같이 일종의 매몰비용(sunk cost)이므로 표준화활동이 위축될 수 있다. 따라서 정부는 직접적인 표준화활동 지원비를 비롯하여, 표준화활동 참가비(예: 항공료 등 여비) 등을 지원할 수 있다.

2) 시장선도

아직까지 정부가 과연 표준화와 관련된 시장실패를 보정할 수 있는지, 그리고 어떻게 이를 보정할 수 있는지에 대한 구체적이고 명확한 논의가 없는 실정이다(Swann, 2000). 이뿐만 아니라 시장실패에 대한 정부의 표준화정책은 '정부실패(government failure)'의 위험도 존재한다. 이에 따라서 그간 몇 가지 대안적인 정책이론들이 제기되어 왔다. 대표적인 것이 Daimler Benz(1998)에 의해 제시된 시장선도(market-led) 접근방법이다. 여기서 시장선도라는 의미는 표준화기관들이 시장요구에 반응할 때 효율적인 태도를 취한다는 의미를 가진다. 그리고 표준화기관이 제정하는 표준은 산업을 발전시키는 역할에 초점이 맞추어지고, 정부의 역할은 인증요건을 결정하고 조화를 이루는 데 국한되어져야 한다는 접근방법이다.

3) 표준화시스템의 구축

표준은 하나의 정보 혹은 기술로서 시장에 맡겨 두거나 단순한 시정보정정책을 통해서는 소기의 정책목표를 달성하기 어렵다. 따라서 기술시스템, 즉 특정기술을 토대로 하는 시스템과 같은 시스템의 구축정책이 바람직할 수 있다. Carlsson and Stankiewicz(1991)에 의하면 기술시스템은 "기술의 확산과 활용을 위해 특정한 제도적 하부구조하에서 특정기술 분야에서 영향을 주고받는 경제주체들의 네트워크"라고 정의된다. 이와 같은 기술시스템의 개념에 의하면 한 국가 내에서 여러 개의 기술시스템들이 존재한다. 예를 들어 자동화기술시스템, 통신기술시스템, 생명공학기술시스템, 인쇄기술시스템 등이다. 이와 마찬가지로 '표준'이라는 지식을 출발점으로 하는 기술시스템, 즉 표준기술시스템을 생각할 수 있다. 〈그림 12-1〉에는 이를 모형화하여 놓았다. 그림에서 화살표는 경제활동 주체 간 혹은 기술/지식 간 상호작용을 나타내며, 시스템의 범위를 점선으로 표시한 것은 시스템의 범위가 특정 지역을 넘어서며, 시간이 지남에 그 범위가 변할 수 있음을 나타낸 것이다.

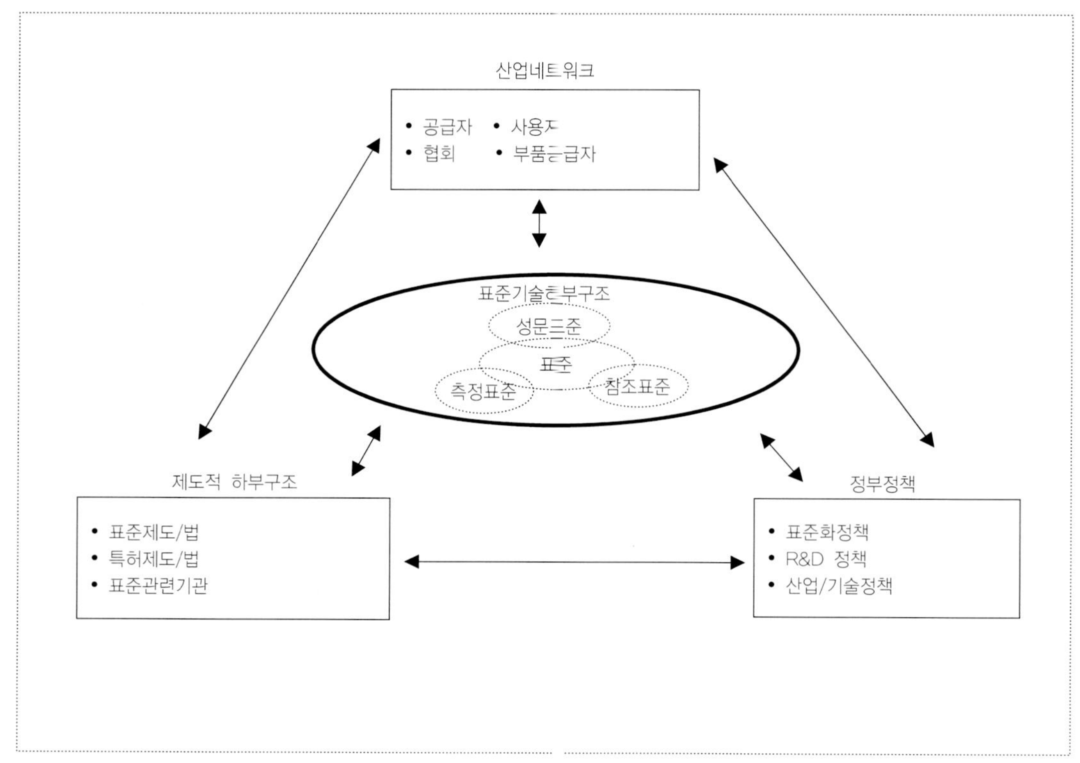

<그림 12-1> 표준기술시스템

먼저 표준기술시스템에서 핵심구성요소는 표준기술하부구조이다. 이는 표준과 관련 모든 지식의 집합체이다. 일반적으로 표준은 성문표준(documentary standards), 측정표준(measurement standards), 참조표준(reference standards) 등으로 구성된다. 성문표준은 문서로서 정의되고 작성된 표준으로 경제/산업은 물론 사회 전반적으로 영향을 미친다. 국가표준, 국제표준, 지역표준, 단체표준, 사내표준, 인증, 시험, 분석, 형식승인, 안전관리 등이 여기에 속한다. 측정표준은 말 그대로 측정 시 적용되는 표준이다. 정밀한 측정표준은 연구, 개발, 생산 등 모든 분야에 걸쳐 필수적이다. 국제단위계(SI), 계측, 계량, 교정 등이 측정표준에 포함된다. 참조표준은 신뢰할 수 있는 수치 데이터를 말하는데, 데이터와 정보의 정확도와 신뢰도를 공인하기 위한 자료로 사용된다. 각종 과학기술 물성 값, 실험측정 데이터, 수치 및 상수 데이터 등으로 구성된다. 참조표준에는 참조표준자료(SRD)와 참조표준물질(SRM)이 있다.

표준기술시스템의 제도적 하부구조는 표준제도 및 법, 특허제도 및 법, 그리고 표준화 관련기관들과 그들 간의 연계를 말한다. 특허제도가 표준기술시스템의 제도적 하부구조로 포함된 것은 표준 속에 특허가 포함되는 등 표준과 특허와의 연계 정도가 매우 높아지고 있기 때문이다. 표준화 관련기관은 기술표준원, 표준과학연구원, 표준협회, 산업별 협회, 민간표준컨설팅회사, 그리고 표준화 관련 정부부처 등이다. 이 외에도 인증기관, 교정검사기관, 시험검사기관 등이 있다. 더 나아가서 국제표준화기구(ISO), 국제도량형총회(CGPM), 국제법정계량기구(OIML), 국제전기기술위원회(IEC) 등 국제기구들도 여기에 포함된다.

산업네트워크는 이미 설명한 바와 같이 제품 혹은 서비스의 공급자와 사용자가 상호작용하는 네트워크로, 표준을 창출하거나 활용하여 경제적 가치를 창출하는 부문이다. 그런데 표준기술시스템에서 산업의 특성은 매우 중요하다. 예를 들어 자동차산업, 전자부품산업, 전자상거래산업 등에서는 공급사슬망(supply chain)상에서 표준의 역할이 중요하며, 통신산업에서는 호환표준이 매우 중요한 역할을 수행한다. 이뿐만 아니라 산업/시장의 동태적 경쟁이 '사실상(de facto)'의 표준을 결정한다. 기술혁신의 초기단계에서는 다양한 기술들이 시장에서 유일한 표준으로서 지배제품(dominant design)으로 자리 잡기까지 치열하게 경합하게 된다. 이때 규모의 경제가 작용하거나, 독점적인 시장구조하에서는 한 기업이 효과적으로 이를 달성할 수 있다. 그러나 하이테크시장에서 글로벌 경쟁은 한 기업의 지배를 어렵게 하며, 제품관련 표준을 위한 수평 혹은 수직적 결합의 컨소시엄을 형성하게 한다. 일단 표준상품이 확립되면 경쟁은 가격이나 A/S 측면에서 이루어진다. PC산업에서 Dell사의 성공사례를 보면 이를 알 수 있다.

마지막으로 표준기술시스템 속에서의 정부정책은 표준화 정책을 비롯하여 R&D정책과 산업 및 기술정책이 포함된다. 이러한 정책들은 표준기술하부구조, 제도적 하부구조, 그리고 산업네트워크에 영향을 미치며, 반대로 이들의 행동과 니즈를 반영하여 정책이 수정 혹은 새롭게 수립된다. 예를 들어 민간기업이 제품관련 표준 혹은 '사실상'의 표준을 개발할 경우 정부는 규모의 경제나 국가정책상 초기시장 점유가 중요하다고 생각되면 이를 장려하는 정책을 펴게 된다.

이상에서 정부의 표준화정책 수단들을 제시하였지만, 표준화과정에서 정부의 역할에 영향을 미치는 여러 가지 요인들이 존재한다. 그중 중요한 요인으로 제품생애주기, 산업특성 및 시장구조, 규제 및 구매정책, 기술혁신의 속도, 표준제정과정, 국제적 요인, 표준화 대상 등을 들 수 있다.

1) 제품생애주기

제품생애주기(product life cycle)는 두 가지 방법으로 표준화과정에서 정부의 역할에 영향을 미친다. 하나는 정부의 적절한 표준화정책은 제품생애주기의 속도에 의존한다는 것이고, 다른 하나는 정부의 정책대안은 제품생애주기 단계에 따라서 달라진다는 것이다.

(1) 제품생애주기의 속도

극단적으로 말하면, 제품생애주기가 급속히 진행될 경우에 표준화과정에서 정부의 역할이 의미가 없을 수도 있다. 제품생애주기가 빠르다는 것은 기술혁신의 속도가 빠르다는 것이므로 출현하는 표준나무의 형태는 복잡할 것이다(제6장 〈그림 6-4〉 참조). 이 경우 기술혁신 주도적 성장과정이 표준화의 미비 문제를 뒷받침해 주지 못하는 한 정부의 개입 자체가 어려울 것이다.

그러나 이러한 상황에서도 정부의 개입이 필요하다는 견해도 있다. 즉, 기술혁신의 속도가 빨라서 정부가 표준화 문제에 관여하지 않는다는 것은, 빠른 자동차를 운전할 때 보험이 불필요하다

고 말하는 것과 같다는 것이다

(2) 제품생애주기의 단계

표준화과정에서 정부의 역할은 제품생애주기의 단계에 따라서 달라질 수 있다. 정부의 역할은 〈표 12-2〉에서 보는 바와 같이 표준의 경제적 기능 혹은 유형에 따라서도 다르게 된다.

먼저 호환표준을 보면, 도입기에는 열등한 표준에 고착화될 가능성을 낮추어 주며, 성장기에는 제품 및 서비스를 지원하는 네트워크의 구축을 지원하는 정책이 필요하다. 성숙기에는 제품생산에 있어서 비용우위가 중요하므로 표준화를 통한 규모의 경제를 실현하도록 지원한다.

최저품질 및 안전표준의 경우, 도입기에는 미성숙 표준의 조기 출현을 방지하며 그레샴의 법칙 (Gresham's law) 문제를 회피하도록 지원한다. 성장기에도 계속해서 그레샴의 법칙문제를 회피하도록 도와주며, 성숙기에는 품질저하압력에 저항하도록 지원한다.

정보 및 측정표준의 경우는 도입기에 새로운 제품 및 서비스 특성의 판매를 가능하도록 도와주며, 성장기에는 대규모 시장에서 인지되는 위험을 감소시키는 정책수단을 강구한다. 성숙기에는 표준화를 통한 규모의 경제를 실현하도록 지원한다.

<표 12-2> 정부의 표준화정책: 제품주기 단계별

	도입기	성장기	성숙기
호환표준	·열등한 표준의 잠김 효과 탈피	·제품 및 서비스를 지원하는 네트워크구축 촉진	·비용우위의 경우 규모의 경제
최저품질/안전	·Gresham's law 회피 ·미성숙 표준의 조기출현 방지	·Gresham's law 회피	·품질 저하 압력에 저항하도록 지원
정보/측정	·새로운 제품 및 서비스 특성의 판매를 가능케 함	·대규모시장에서 인식된 위험 감소	·비용우위의 경우 규모의 경제
다양성 감소	·주요 혁신의 성장을 위한 가지치기	－	·비용우위의 경우 규모의 경제

마지막으로 다양성 감소표준의 경우는 도입기에는 몇 가지 중요한 혁신이 달성될 수 있도록 '가지치기'를 해주며, 성숙기에는 표준화를 통한 규모의 경제를 실현하도록 지원한다.

2) 산업특성 및 시장구조

시장구조 및 경쟁상황은 표준화과정에서 정부의 개입을 요청하는 중요한 요인이 된다. 만약 시장이 경쟁적이라면 표준화의 목적은 일정한 수준의 질서를 확보하는 것이다. 다시 말하면 〈그림 12-3〉의 상황을 회피하고 〈그림 12-2〉의 상황을 추구하는 것이다. 만약 시장이 경쟁적이지만 각 기업들이 기술혁신활동을 계속할 정도로 큰 규모라고 하면, 노드들(nodes) 주변에 광범위한 기술혁신들이 일어나게 될 것이고, 시장형성기에는 으히려 부작용 요인으로 작용할 것이다.

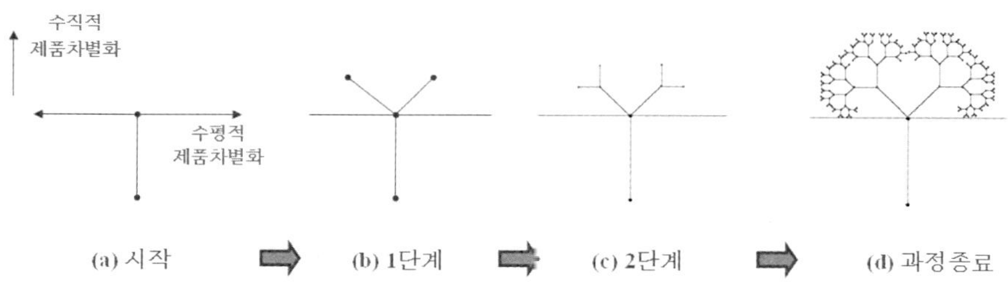

자료: 〈그림 6-1〉과 동일.

<그림 12-2> 표준화와 제품혁신: 표준화를 수반하는 경우

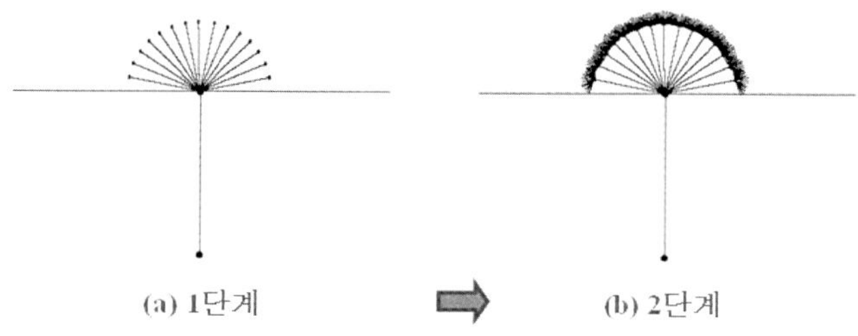

자료: 〈그림 6-2〉와 동일.

<그림 12-3> 표준화와 제품혁신: 표준화를 수반하지 않는 경우

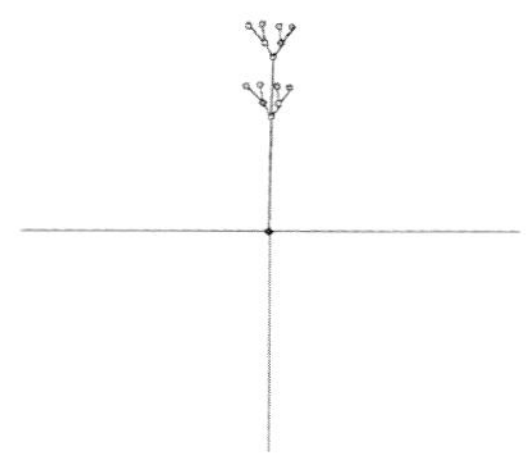

자료: 〈그림 6-3〉과 동일.

<그림 12-4> '사실상'의 표준화를 수반한 제품혁신

반대로 시장이 독점적이라면 〈그림 12-4〉와 같이 될 위험이 존재한다. 다시 정부의 역할은 이러한 상황을 회피하고 〈그림 12-2〉의 상황이 되도록 유도하는 것이다.

중간 정도의 경쟁이 존재하는 경우, 즉 과점시장에서는 표준화과정에서 정부의 개입이 필요하지 않을 수 있다. 그러나 이 경우에도 정부가 표준나무에서 각 노드들이 가능한 한 개방되도록 유도해야 한다. 과점시장에서는 기술혁신이 〈그림 12-2〉와 같이 일어날 것이다. 그러나 각 노드가 개방되지 않는다면, 〈그림 12-2〉의 (d)와 같은 바람직한 과정의 종료단계에서 나타나는 제품다양화를 기대할 수 없다.

3) 규제 및 정부구매와의 연관성

만약 보건, 안전 혹은 환경문제로 규제가 필요한 경우에는 제품혁신의 범위에 제한이 있게 된다. 이때 정부규제의 목적은 진행되는 기술혁신이 보건, 안전 혹은 환경문제에 적합하게 진행되도록 하는 것이다. 즉 소비자, 근로자, 기타 관련자 등의 이해를 감안한 상황으로 유도하여야 한다.

정부구매가 중요한 상황에서도 마찬가지다. 이때 정부는 표준을 정의함에 있어서 고객으로서 중요한 역할을 수행한다.

4) 기술혁신의 속도

이미 설명한 바와 같이 표준제정 과정은 시장과 제도로 대별된다. 그런데 표준화기구에 의한 제도적 제정과정은 급속히 진행되는 기술혁신을 따라잡지 못할 정도로 느리다는 지적이 있어 왔다. 따라서 기술혁신의 속도, 표준의 질, 그리고 표준화 속도 간의 적절한 조합을 유도하는 일련의 정책대안이 가능하다고 본다.

5) 표준제정과정

표준제정과정도 정부의 표준화 정책에 영향을 미친다. 즉, 정부는 표준화 제정과정에서 표준제정 참여자와 표준제정기관 간의 관계를 설정하여 보조금 등을 통해 양자의 적절한 조합을 유도할 수 있다. 이를 〈그림 12-5〉를 통해 이해할 수 있다.

그림에서 종축은 일종의 '가격' 축으로서 표준저정 참여의 비용인데, 표준제정에 걸리는 시간을 나타낸다. 횡축은 '양' 축으로서 표준제정 과정 참여자의 수를 나타낸다. 이 그림은 표준제정과정에 참여자가 많으면 많을수록, 더 등은 수준의 표준을 만들 수 있다는 가정하에서 그려진 것이다. 표준제정과정 참여에 대한 수요곡선 AD는 우하향하는 모양으로 그려져 있는데, 이는 표준제정에 시간이 많이 걸릴수록 참여자의 수는 적어진다는 것을 말해준다. 만약 표준제정과정이 매우 길어진다면, 몇몇 주요 기업 및 정부기관의 대표들이 참여할 것이다. 물론 중소기업들도 이해관계가 얽혀 있을 수 있으나 독자적으로 참여하기에는 자원이 부족할 것이다. 그러나 표준제정과정이 상대적으로 짧다면, 중소기업들도 참여의사를 가지게 될 것이고, 더욱 짧아져 참여비용이 극히 작아진다면, 일부 소비자 대표 혹은 단체들도 참여의사를 표시하게 될 것이다.

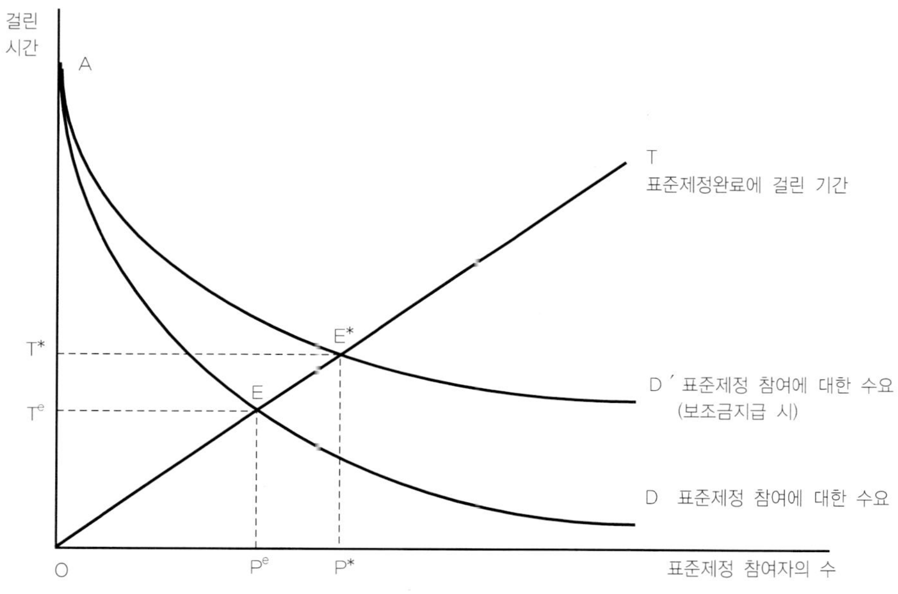

<그림 12-5> 표준제정 참여 시 참여자의 수와 제정기간의 관계

한편 직선 OT는 표준제정 참여의 공급곡선이다 이는 우상향하는 직선의 형태를 가지며, 표준제정참여자의 수가 많아질수록 표준제정완료에 걸린 기간이 길어짐을 의미한다. 여기서는 표준제정에 소요되는 자원이 단지 시간임을 전제하고 있으나, 시간이 이외의 자원을 고려하는 경우에는 공급곡선은 자체가 이동한다. 가령 표준문서 작성에 더 많은 자원을 투입한다면, 이는 OT곡선을 오른쪽으로 이동시키고, 결과적으로 표준제정완료 기간이 짧아질 것이다.

이상과 같은 상황에서 균형점은 E점이 될 것이다. 즉 균형참여자의 수는 OP^e, 균형기간은 OT^e

가 될 것이다. 만약 OP^e보다 많은 참여자들이 표준제정에 참여하려고 한다면, 제정기간이 길어지고 되고, 이는 참여자의 이탈을 초래하여 다시 OP^e수준으로 되돌아올 것이다. 이때 정부가 보조금을 지급하여 수요곡선을 AD'로 이동시킴으로써 E^*와 같은 상황으로 유도할 수 있다. 즉 표준제정 기간은 더 길어질지라도 표준제정 참여자 수를 증가시킬 수 있다.

6) 국제적 요인

우리는 제11장에서 국가표준은 국제경쟁력이 증진 요인이 될 수 있음을 지적하였다. 즉, 국가표준은 수출을 증가시키지만, 수입을 감소시키는 요인으로 작용한다는 가설이다. 이러한 가설이 성립한다면 표준화과정에서 정부의 개입이 요청되며, 이를 하나의 국제무역전략으로 활용할 수 있다.

국제무역을 전략적으로 활용하는 상황에서는 각국 정부는 국제무역질서가 국가의 이득을 반영하는 쪽으로 규정된다고 전제한다. 이러한 상황하에서는 무임승차가 필수적이다. 어떤 국가가 국제적 표준포럼에 참가하지 않고, 몇몇 다른 국가의 대표들에 의해서 표준이 제정된다고 하자. 그러면 제정된 표준은 포럼에 참가한 국가들의 이득을 탄영하게 될 것이다.

이는 최근 무역의 글로벌화로 국가표준의 역할이 감소하고 선진국에 의해서 정의된 표준에 추종하는 현상에 주목하여 나온 정책대안이다. 이에 따르면 기술추종국들의 무임승차도 하나의 전략대안이 될 수 있다.

7) 표준화 대상

표준화되어야 하는 것이 무엇이냐에 따라서, 즉 표준화 대상이 제품표준인지, 비제품표준인지, 서비스표준인지, 아니면 공정표준인지에 따라서 표준화과정에서 정부의 역할이 달라질 수 있다. 비제품 표준인 측정 및 시험검사표준의 경우, 엄청난 트자가 필요하다. 실례로 반도체 측정 장비의 경우 연간 40~50억 달러가 소요되므로 이와 관련된 측정표준 지원 금액도 크게 증가할 수밖에 없다.

　　과거의 표준은 신제품 혹은 신시장이 출현한 이후, 하나의 기술적인 이슈 혹은 품질확보의 문제로 취급되었으나, 최근 시장의 글로벌화와 새로운 비즈니스 모델의 출현으로 표준화(standardization)는 다양한 산업에서 제품개발과 경쟁양식의 중요한 고려 요소가 되었다. 이는 표준화정책에도 그대로 적용된다. 표준화정책이 단순히 도량형제도 수립이나 인증 등에 그치는 것이 아니라 표준화정책이 국가사회의 전반적인 정책목표를 달성시켜 주는 도구로 활용되고 있다. 이를 경제정책과 사회문화정책으로 나누어 살펴보자.

(1) 경제정책

　　표준화정책은 경제적 효율성을 가져다준다. 표준화정책은 무역상 기술장벽을 제거하며, 국제무역을 촉진시킨다. 또한 표준화정책은 산업 및 과학-기술정책으로서 지속적인 경제성장을 유지시키는 정책수단이다. 특히 서비스 분야에서의 표준화정책은 경제안정화 정책수단으로 활용될 수 있다. 예를 들어 ISO 31000은 기업 등 조직의 위험관리를 위한 표준으로 금융기관을 포함하는 모든 조직이 신뢰성과 효율성을 회복하고 앞으로의 위기를 예방하는 도구로 사용할 수 있다. 이 외에도 정보보안관리표준, 고객만족표준, 신용평가표준 등은 경제안정에 크게 기여할 것이다.

(2) 사회문화정책

　　표준화정책은 사회문화적 차원의 정책목표를 달성시키는 수단으로도 활용될 수 있다. 예를 들어 사회구조가 점차 고령화된다고 하면, 이에 따른 노인친화제품에 대한 표준화는 노인복지수준을 크게 향상시킬 것이다. ISO 26000에 의한 기업의 사회적 책임에 관한 표준화도 대표적인 사회문화정책이라고 할 수 있다. 이 외에도 인권, 노동관행, 환경, 공정거래, 소비자문제, 공동체 활동 등에 관한 표준화는 사회통합의 수단으로서의 기능을 수행한다.

12-4 주요국의 표준제도 및 정책방향

1) 국가표준제도의 유형

국가표준제도는 국가마다 표준제정절차가 다르고 역사와 문화가 다르기 때문에 매우 다양하다. 하지만 국가표준제도는 〈표 12-3〉에서 보는 바와 같이 독립자율형, 분산형, 통합형, 위탁형 등 4개의 유형으로 나눌 수 있다. 미국, 독일, 영국 등은 독립자율형에 속하는데, 정부예산으로 운영되는 국립표준기관을 정점으로 하여 독립적으로 운영되는 국가표준화기관(예: 미국의 경우 ANSI)이 표준을 제정·관리한다. 이와 대조적으로 일본, 프랑스는 분산형에 속한다고 볼 수 있는데, 표준업무를 단일화되고 독립된 국가표준기관에서 다루지 않고 연구기관에 분산시켜 다룬다. 통합형은 정부가 주도적으로 현대적 표준제도를 설립한 경우로 호주가 이에 속한다고 할 수 있다. 마지막으로 위탁형은 독립된 기본표준기관을 두지 않고 기술개발기관에 측정표준, 계량검정, 표준제정 업무를 대행시키는 제도로서 싱가포르에서 이 제도를 채택하고 있다.

<표 12-3> 국가표준제도의 유형

유형	특징	국가
독립자율형	국립 국가표준기관을 정점으로 하고, 독자적으로 운영되는 민간표준기관을 두는 제도	· 미국 · 독일 · 영국
분산형	표준업무를 단일화하고 독립된 국가표준기관에서 다루지 않고, 연구기관(예: 물리, 전기 등)에 분산하여 다루는 제도	· 일본 · 프랑스
통합형	정부주도하에 현대적 국가표준제도 설립	· 호주
위탁형	독립된 기본표준기관을 두지 않고 기술개발기관어 측정표준, 계량검정, 표준제정 업무를 대행시키는 제도	· 싱가포르

2) 주요국의 표준제도 및 표준화정책 방향

(1) 미국

미국의 경우 표준화 정책은 상무성 산하 NIST에 의해서 주도적으로 수행되고 있다. 원래 NIST
는 표준개발, 측정방법 및 도구, 품질 등 전통적인 표준화기관으로서의 임무를 수행하여 왔으나,
1988년 제조업 경쟁력 강화를 위한 무역법안이 통과되면서 직접 상용화기술을 개발할 뿐 아니라,
기술이전 및 확산의 임무도 수행하고 있다. 〈그림 12-6〉에는 이러한 NIST의 임무 변화가 잘 정
리되어 있다. 그림에서 보는 바와 같이 1988년 이전에는 NIST의 임무가 제품생애주기상 ① 과학
적 발견에서, ② 신발명 단계로 이어지는 과정에서의 기초과학연구와 측정 방법 및 도구 개발에
초점이 맞추어져 있었고, ② 신발명 → ③ 기술개발 → ④ 기술성숙 단계에 걸친 품질인증 및 표준
개발에 임무가 한정되어 있었다. 그러나 1988년 이후에는 ② 신발명에서 ③ 기술개발단계로 이어
지는 과정에서의 상업화기술개발과 ③ 기술개발에서 ④ 기술성숙단계로 이어지는 과정에서 기술
확산이 새로운 임무로 추가되었다.

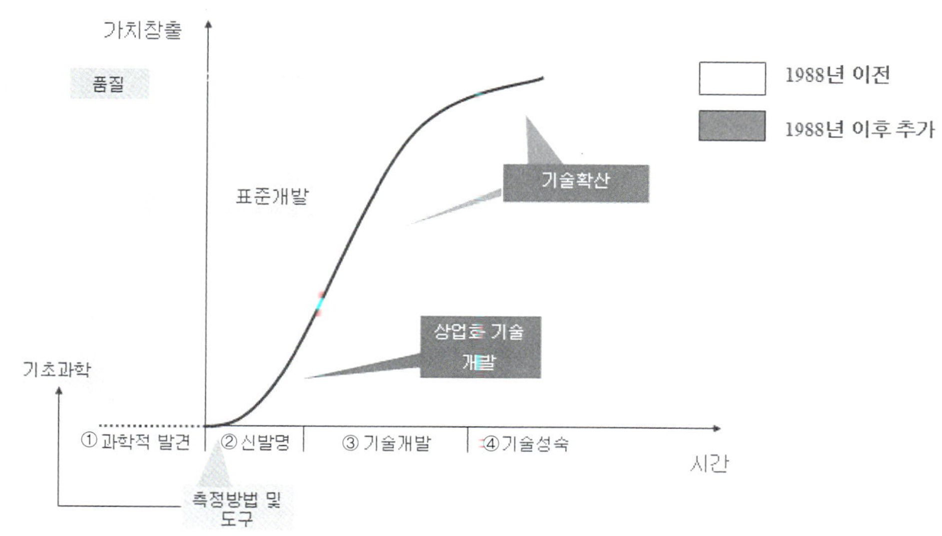

<그림 12-6> 1988년 이후 미국 NIST의 임무 변화

〈표 12-4〉에는 NIST의 임무를 설명해 놓았다. 우선 NIST의 임무는 국가적 계측 및 표준기반
구축, 기반기술 및 상업화기술개발, 기술이전 및 확산, 그리고 품질인증 등 네 가지로 나누어 볼

수 있다. 국가적 계측 및 표준기반구축은 NIST 고유 임무로서 표준개발실험실들(Labs)이 담당하고 있다. Lab들은 나노기술(NT), 생명공학기술(BT), U-컴퓨팅(U-computing) 등 차세대 분야에서 과학적 및 기술적 장애 제거에 노력을 집중하고 있다. 이뿐만 아니라 계측과학 및 표준개발의 리더로서 확립된 기술은 존재하나, 기술적으로 역동적 산업(예: 자동차, 화학, 건설, 철강 등)과 반도체, 통신, 바이오의료기기, 컴퓨팅, 정보서비스 등 첨단기술 분야의 효과적 상용화 및 거래를 지원하고 있다. ATP(Advanced Technology Program)는 신발명단계에서 상용화기술을 개발하기 위한 프로그램으로 첨단소재 분야, BT, 광학, 폴리머합성 및 제조 등에 자원을 투입하고 있다. MEP(Manufacturing Extension Partnership)는 주로 중소기업(Small and Medium Enterprises; SMEs)을 대상으로 기술이전 및 확산을 통해 생산성 및 경영성과를 향상시키는 정책프로그램이다. 마지막으로 BNQP(Baldrige National Quality Program)는 지속적인 품질관리를 해온 기업(교육 등 비영리법인 포함)을 포상하고 국가적 차원에서 그 기업의 품질을 인정함으로써 품질관리방법을 개선하는 제도이다.

<표 12-4> 미국 NIST의 현행 임무 및 프로그램

임무	프로그램	내용
국가적 계측 및 표준기반	Labs	·NT, BT, U-computing 등 차세대 분야에서 과학적·기술적 장애 제거(과학적 발견단계) ·계측과학 및 표준개발의 리더로서 확립된 기술은 존재하나, 기술적으로 역동적 산업(자동차, 화학, 건설, 철강 등)과 반도체, 통신, 바이오의료기기, 컴퓨팅, 정보서비스 등 첨단기술 분야의 효과적 상용화 및 거래 지원(신발명, 기술개발, 기술성숙단계)
기반기술 및 상업화 기술 개발	ATP	·주요 분야는 첨단소재, BT, 광학, 폴리머 합성 및 제조 등(신발명단계)
기술이전 및 확산	MEP	·중소기업(SMEs)의 생산성 및 기업성과 개선(기술개발 및 성숙단계)
품질인증	BNQP	·기업, 보건의료, 교육 및 비영리 기업들의 품질 및 성과 개선(기술개발 및 성숙단계)

주: Labs: Laboratories, ATP: Advanced Technology Program, MEP: Manufacturing Extension Partnership, BNQP: Baldrige National Quality Program.

　　이상의 네 가지 정책프로그램 중에서 기업혁신을 지원하기 위한 표준기술지원 시스템의 제시와 관련하여 주목할 수 있는 프로그램은 두 가지이다. 하나는 MEP시스템으로서 NIST는 기관 고유의 표준기술 혁심역량을 토대로 이 시스템을 성공적으로 운영해 오는 것으로 알려지고 있다. 다른 하나는 Lab들의 기능으로서 신발명 → 기술개발 → 기술성숙 단계에 걸쳐서 역동적 산업(예: 자동차, 화학, 건설, 철강)과 첨단기술(예: 반도체, 통신, 반도체의료기기, 컴퓨팅, 정보서비스)에서의 효과적 상용화 및 거래를 지원한다.

　　NIST와는 별도로 1918년에 설립된 미국표준협회(ANSI)가 미국 표준화정책의 핵심기관이다. ANSI는 ISO, IEC 그리고 표준 및 적합성기관들에서 미국을 대표하는 국가표준화기관으로 비영리조직(not-for-profit organization)이다. ANSI는 정부와 민간을 잇는 중립적 기관으로, 미상무부 산하 국가기술표준국(NIST)과 협력관계를 유지한다. 예를 들어, 대체에너지에 대한 미국의 관심이 집중되자, ANSI는 NIST와 공동으로 핵발전에너지 표준조정협의체를 설립하였다.

① ANSI의 조직

ANSI의 조직구조는 〈그림 12-7〉과 같다. 그림에서 보는 바와 같이 회원제로 운영되며, 전담직원의 수는 75명이다. 2009년 9월 현재 총 회원 수는 835단체로 이 중 기업회원이 453사(54%), 정부기관이 29기관(3.5%), 일반기관회원이 319기관(38.2%), 교육기관이 15기관(1.8%), 국제회원이 18기관(2.2%) 그리고 후원회원이 1개이다.

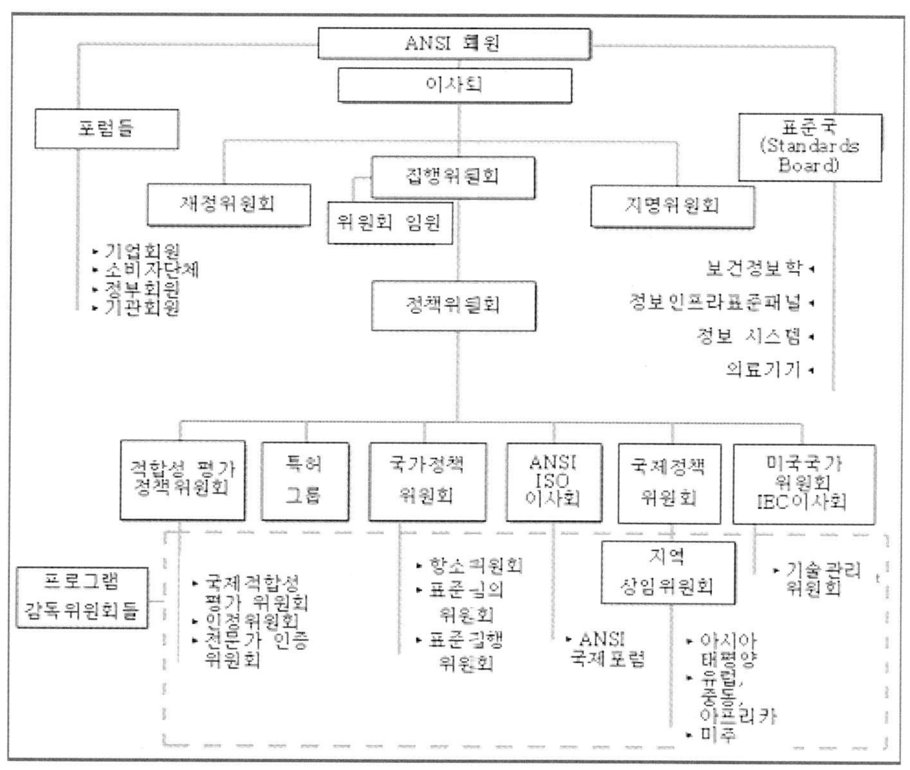

<그림 12-7> ANSI의 조직구조

② ANSI의 역할 및 성과

ANSI는 미국의 자율적 표준화 및 적합성 평가시스템을 관리하고 조율하는 역할을 수행하고 있다. ANSI는 직접 표준을 개발하지 않으며, 개발은 ANSI가 인정하는 표준개발기구(SDOs)에서 담당하고 있다(〈더 알아보기 12-2〉 참조). 2009년 현재 인정 표준개발기구(SDOs)의 수는 모두 222개이며, 승인한 미국국가표준(ANS)의 수는 총 9,380개이다.

더 알아보기 12-2: 미국의 표준개발기구(SDOs)

실제로 표준을 개발하는 표준개발기구(SDOs) 중 대표적인 기관으로는 미국기계공학회(ASME)와 미국재료시험학회(ASTM)를 들 수 있다.

먼저 ASME(American Society of Mechanical Engineers)는 1884년에 설립된 비영리법인으로, 공학 전반에 걸쳐서 지식을 나누고 기술을 발전시키며 협력을 가능하게 하는 한편, 사회에서 공학도들의 역할을 극대화시키는 전문가 조직이다. 특히 공학도들이 세계가 직면하는 문제들(예: 에너지문제)에 대한 해결책을 강구하도록 도움을 준다. ASME은 이러한 비전과 임무를 수행하기 위하여 표준화활동, 출판, 학술대회, 교육훈련 등 다양한 활동을 수행하는데, 이는 기술적 지식의 발전과 안전한 세계의 바탕을 제공한다. 이 중 표준화활동은 '표준을 창출하는 ASME(ASME setting the standards)'이라고 내세울 정도로 가장 중요한 활동이 되고 있다.

ASME는 최초로 '스팀 보일러에 대한 성능 시험'이라는 표준을 개발한 이후 현재까지 수작업도구 또는 엘리베이터로부터 바이오에 이르기까지 500여 개의 표준을 개발하여 발간해 왔다. 2008년 한 해 동안에도 14개의 신규표준을 개발하였으며, 33개의 표준을 수정 혹은 개편하였다. 특히 2007년에는 'Asia Pacific LLC Beijing Representative Office(BRO)'를 개설하여 세계적으로 활동영역을 넓혀 나가고 있다.

한편 ASTM(American Society for Testing and Material)은 세계에서 가장 큰 자발적 표준개발 기관으로, 재료, 제품, 시스템에 대한 신뢰할 만한 기술적 표준들을 공급하고 있다.[1] ASTM 표준은 고도의 기술적 수준과 시장에서의 신뢰를 받고 있으며, 전 세계적으로 설계, 제조 및 교역을 이끄는 정보하부구조로서의 역할을 수행하고 있다.

③ ANSI의 핵심능력 및 주요 전략

ANSI는 75명의 전임직원을 가지고 국가표준화 임무를 수행하고 있다. 다른 국가의 국가표준화

---

[1] ASTM은 100년 전 철도레일의 강도문제를 해결하기 위해 설립되었다. ASTM은 철도건설에 사용된 철강에 대한 표준을 제정하였고, 이는 철도의 안전을 크게 개선시켰다.

기관(예: 영국 BSI 2,500명, 독일 DIN 380명)에 비하면 아주 소수의 인원이다.

그럼에도 불구하고 기관이 독립적으로 운영될 수 있는 요인은 무엇보다도 ANSI의 탁월한 조정 능력이라고 할 수 있다. 표준의 개발을 222개의 SDOs에 맡기고, ANSI는 이를 제정하는 일만 담당하며, 국제표준의 경우 ISO, IEC 등에 적극 참여하여 표준을 공급받는다. 아울러 각종 위원회, 포럼 등을 운영하며 회원들에게 참여 동기를 부여한다.

둘째는 인터넷 정보망의 효과적인 활용능력이다. ANSI는 웹상에서(eStabdards Store, webstore.ansi.com) 표준을 판매하고 있으며, 다른 기관보다도 더 향상된 검색기능, 추가기능(예: 친구에게 e-mail로 알리기 등)을 선보이고 있다. 2009년에는 Citation Technologies사와 손을 잡고, 1만 8,000여 개에 달하는 ISO표준을 웹을 통해 제공함으로써 매출성장과 다각화를 꾀하고 있다.

신규로 사이트 라이선스 포털(Site License Portal)을 개설하여 표준정보 유통능력을 확대하고 있으며, 특히 ASTM, AAMI(Association for the Advancement of Medical Instrumentation), 독일의 DIN, 그리고 Citation Technologies사와 제휴하여 종합의료장비 표준포털을 열어 의료전문가를 위한 표준확산을 시행하고 있다.

또한 최근 크게 확산되고 있는 트위터, 페이스북, Likedln, 블로그 그리고 유튜브 동영상채널을 적극 활용하고 있다. 이를 통해 홍보를 강화하고, 회원 간의 정보를 공유하며, ANSI에의 참여를 유도하고 있다.

셋째는 다른 기관과의 적극적인 전략적 제휴관계이다. 앞에서 언급한 바와 같이 ANSI는 국내외 표준관련기관과의 적극적인 협력관계를 통하여 자원을 아웃소싱하고 있다.

넷째는 적극적인 마케팅활동이다. 일례로 ANSI는 최근 미국경제의 침체로 잠재 회원들이 재정적으로 어렵다는 점을 고려하여 기존회원, 제휴회원 그리고 비회원들에게 특별회원가로 정식 회원이 되는 판촉행사를 실시하고 있다. 또한 무료 교육정보 사이트에서는 사례연구 자료(예: 화재예방, 바이오연료 등)가 제공되어 실제로 표준이 적용되는 상황을 피부로 느끼게 하고 있다.

(2) 독일

독일의 표준화정책은 DIN에 의해서 수립되어 시행된다. DIN은 비영리법인으로 1917년에 설립되었으며, 1975년부터 국가표준화기구로서 국제 및 유럽 표준화기구에서 독일을 대표한다. DIN은 독일의 표준화기관으로서 산업과 사회에 필요한 표준과 규격을 제정한다.

① DIN의 조직

DIN은 매년 약 2,600여 종의 표준, 드래프트, 그리고 제품제원을 개발하는데, 이는 2만 8,500명의 외부전문가, 77개 표준위원에서 활동하는 380명의 내부직원의 도움으로 이루어지고 있다(〈표 12-5〉 참조).

〈그림 12-8〉과 〈그림 12-9〉에는 DIN의 조직도가 나타나 있다. DIN은 2개의 협력사와 4개의 자회사로 구성되어 있기 때문에 DIN Group으로 불리고 있다. 2개의 협력사와 4개의 자회사가 DIN의 비영리활동에 대한 자금조달원의 기능을 수행한다.

협력사는 다음과 같다.

● DIN GOST TÜV

DIN과 TÜV Rhineland Group의 합작회사로서, 러시아와 CIS국가로 수출되는 제품에 대한 인증, 등록, 그리고 승인서비스를 제공한다.

● DQS

많은 국제적인 활동 중에서 DQS and international DQS Group은 국제표준에 근거하여 국제적으로 통용되는 경영시스템인증서비스와 전문가를 제공한다. 세계적으로 퍼져 있는 DQS의 고객은 고객맞춤식 솔루션, 감사 등을 통해 "Business Excellence"를 추구한다.

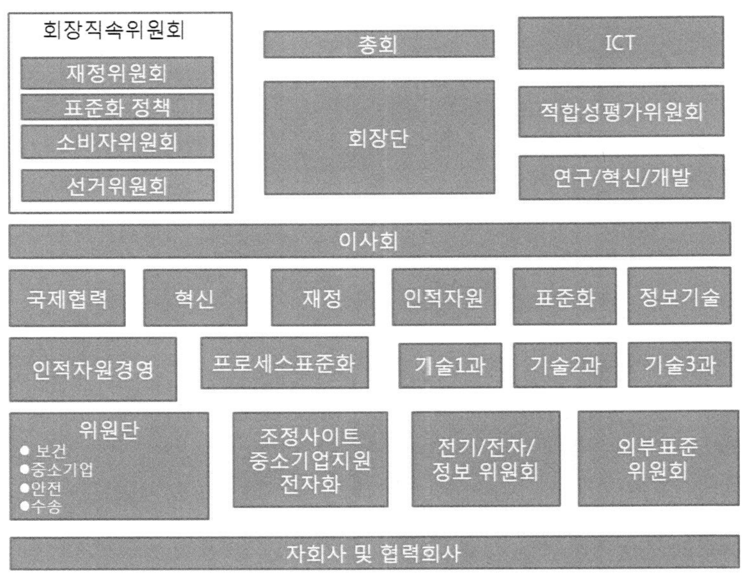

<그림 12-8> 독일규격협회(DIN)의 조직도

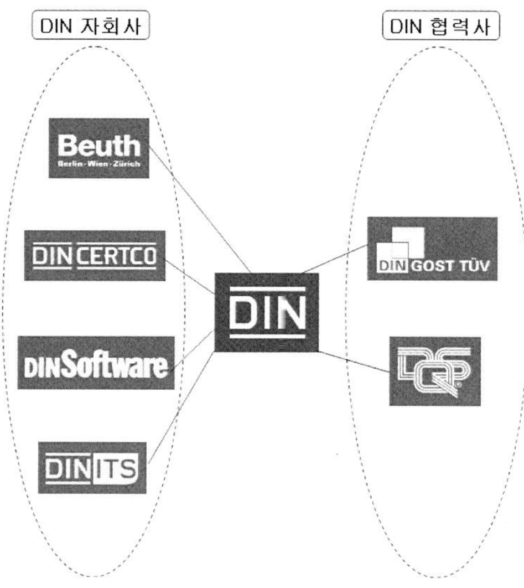

<그림 12-9> 독일규격협회(DIN-Group)의 구성

한편 자회사로는 DIN CERTCO, DIN Software, Beuth Verlag 등이 있다.

● DIN CERTCO

DIN CERTCO는 DIN and the TÜV Rhineland Group의 인증조직이다. 이 회사는 적합성평가를 수행하며, 제품, 서비스, 기업 그리고 인력을 인증하는 서비스를 제공한다.

● DIN Software GmbH

DIN Software는 DIN Group의 데이터베이스를 유지·운영한다. 이 데이터베이스에는 281개 발행기관에 의해서 제공되는 35만 3,000개를 넘는 국가 및 국제표준 및 기술제원이 포함되어 있다. DIN Software는 기업들이 기술적 문서를 운용하고, 데이터베이스를 관리하며, 표준문서를 보관 및 편집할 수 있도록 도와준다.

● Beuth Verlag

Beuth Verlag는 1924년에 설립된 독일 내 과학기술 분야의 출판사이다. DIN뿐만 아니라 다른 과학기술계 기관들도 Beuth에게 그들의 출판업무를 위임하고 있다. Beuth Verlag는 표준을 판매해 오고 있으며, 이것이 DIN 재정의 중요한 원천이 되고 있다. 전 세계적으로 40개 기관으로부터 제공되는 22만 개 이상의 국가 및 국제표준과 5만 개 이상의 타이틀이 공급되고 있다.

② DIN의 역할 및 성과

DIN의 가장 중요한 역할은 시장요건을 충족시키는 합의에 기초한 표준을 제정하기 위하여 이해당사자들과 협력하는 것이다. DIN이 수행하는 표준화 사업의 90% 정도가 국제적 활동이며, 주요 업무는 다음과 같다.

- 모든 이해당사자의 표준제정참여 유도
- 국제 및 유럽표준화활동에 참여함으로써 자유로운 국제교역 증진
- 국제표준위원회 사무국 역할
- 국가 차원에서 유럽표준 및 국제표준의 수용
- 표준의 일치성과 일관성 유지
- 합의도출에의 적극적 기여
- 법적 규제의 고려
- 표준개발을 위한 전자적 하부구조 구축
- 업무의 중복 회피

DIN의 수입구조를 보면(〈그림 12-10〉 참조) 그 규모는 2008년 총 6,200만 유로이며 이 중 표준 및 표준관련 제품 판매액(임대 및 이자수입 포함)이 52%를 차지하고 있으며, 회원사로부터 징수한 회비가 8%를 차지하고 있다. 나머지 40%는 외부르부터 조달되었다. 즉, 산업체로부터 22%, 공공부문으로부터 18%의 기금이 유입되었다.

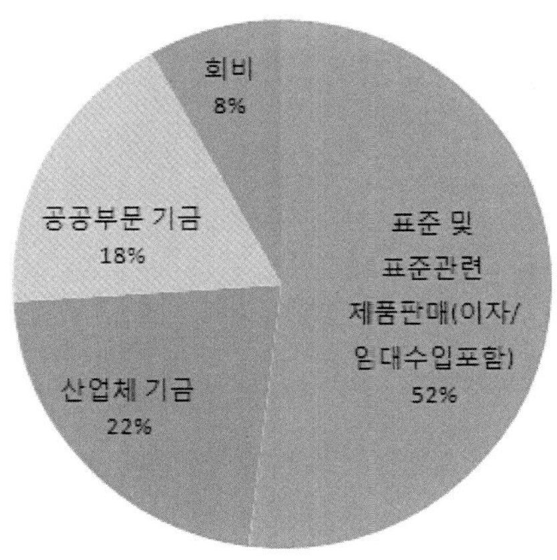

<그림 12-10> DIN의 수입구즈(2008년): 총
수입 6,200만 유로

<표 12-5> 독일규격협회(DIN)의 현황

	2005년	2006년	2007년	2008년
총 예산(천 유로)	57,418	60,265	67,170	62,463
·자체수입	29,869	36,315	42,264	37,864
·산업체기금	18,273	13,446	13,390	13,506
·공공기금	9,286	10,505	11,516	11,093
총 인원 수	1,671	1,693	1,711	1,772
임직원 수	390	397	373	377
총 표준건수	29,583	30,046	30,716	31,021
·신규표준건수	2,484	2,533	2,442	2,237
DIN 표준초안	5,674	5,011	4,540	4,775
영문표준수	16,034	16,699	17,512	18,130
수행 프로젝트	15,602	13,574	15,452	15,982
표준위원회/위원단	76/5	74/4	73/4	72/5
운영위원회	3,170	3,176	3,219	3,439
외부전문가	26,278	26,094	25,924	28,443
위원회 회의 수	4,171	4,135	4,191	4,610
ISO Secretariats	483	498	511	521
CEN Secretariats	459	461	465	477

자료: DIN 홈페이지.

③ 핵심능력 및 주요 전략

DIN은 표준의 개발, 제정, 판매, 이행 그리고 A/S를 포함한 전 과정의 활동을 수행한다. 이는 379명(2009년 현재)의 전담직원에 의해서 수행되고 있다. 이와 같이 소수의 인력으로 표준의 전 과정을 수행할 수 있는 DIN의 첫 번째 핵심능력은 'DIN-Group'으로 상징되는 자회사와 협력회사들이라고 할 수 있다. 즉, Beuth Verlag는 표준의 판매(보급), 이행(정보제공), A/S 등 일련의 활동을 독립법인으로서 전담하고 있으며, DIN GOST TÜV와 DIN CERTCO는 인증서비스에 특화되어 있다. 2009년 현재 DIN의 자회사 직원 수는 163명이다.

둘째는 네트워크의 결성 및 운영능력이다. DIN은 2009년 현재 2만 8,628명의 외부전문가를 활용하며, 71개의 표준위원회와 4개의 표준위원단을 결성하여 운영하고 있다. 표준위원회 산하에는 3,244개의 하부조직이 있다.

셋째는 고객 중심의 경영전략이다. 일례로 DIN은 회원가입에 대한 회비를 기업규모(종업원 수 기준)에 따라 86등급으로 나누어 징수하고 있다. 또한 다양한 가격차별을 실시하고 있다. 즉, 고객의 사정에 따라서 고가의 가격을 매기기도 하지만, 무료로 제공하기도 한다. 표준의 판매를 담당하는 Beuth Verlag는 책자 페이지당 고정된 가격을 적용하여 표준의 가격을 결정하나, 판매량, 경제상황, 고객의 지불의사, 다른 표준가격과의 비교 등을 고려한다.

넷째는 다른 기관과의 적극적인 전략적 제휴관계이다. DIN은 미국의 ANSI와도 협력관계를 맺고 있으며, Beuth Verlag는 오스트리아 및 스위스와 판매계약을 맺어 판매 영역을 확대하고 있다.

(3) 영국

영국은 NSSF(National Standardization Strategic Framework)라는 표준화 관련기관 간의 협력조직을 활용하여 표준의 확산 및 기업혁신을 유도하고 있다. 이 협력조직의 핵심은 영국표준협회(BSI)로 1901년 설립된 세계최초 표준화기관이다. 비영리법인으로 영국을 대표하는 국가표준화기관이다.

① BSI의 조직

BSI는 통상 'BSI-Group'으로 불리며, 지역을 기준으로 하여 BSI Standards, Americas, Asia Pacific, EMEA(Europe, Middle East and Africa) 등 4개의 하부조직으로 구성되어 있다. 현재 BSI는 147개국에서 고객들에게 표준관련 솔루션을 제공하고 있으며, 각 지역별 활동비중은 거의 비슷한 수준이다. BSI의 총 직원은 2009년 말 현재 2,496명이다. 이 중 표준개발/검사/시험/실험 실에 약 1,193명, 판매 및 유통에 420명, 관리에 883명이 편성되어 있다.

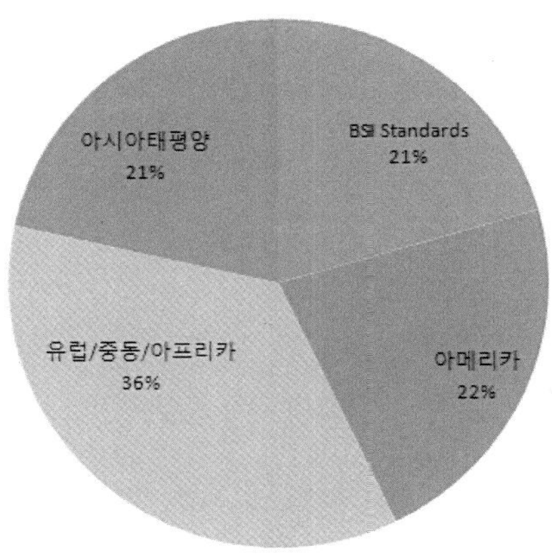

<그림 12-11> BSI의 수익구조(2009년, 222.8백만 파운드): 활동지역별

② BSI의 임무

BSI의 임무는 다음과 같다.

- 민간, 국가 그리고 국제적 표준의 개발
- 경영시스템 및 제품의 인증
- 제품 및 서비스에 대한 시험 및 인정 서비스 제공
- 표준 및 국제무역에 대한 정보 및 훈련 서비스 제공
- 성과경영 및 공급사슬경영에 대한 소프트웨어 솔루션 제공

위의 같이 BSI는 표준의 개발, 제정, 판매, 이행 그리고 A/S를 포함한 전 과정의 활동을 수행하나, 표준의 제정보다는 인증, 교육훈련 등에 초점을 맞추고 있다. 2009년 BSI가 실현한 수입은 총 222.8백만 파운드로 이 중 평가 및 인증서비스 제공수입이 전체의 60%, 시험서비스 및 보건 분야 사업 13%, 교육훈련 6%로 총 80%를 차지하그 있으며, 표준관련 수입은 21% 정도에 그치고 있다.

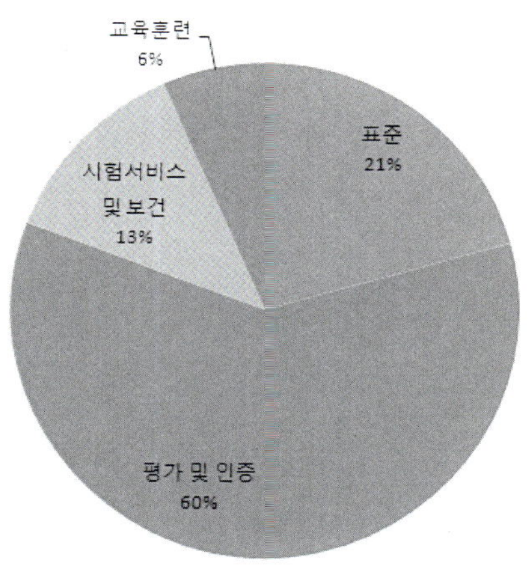

<그림 12-12> BSI의 수익구조(2009년, 222.8백만 파운드)

③ 실행력/전략

BSI의 첫 번째 핵심능력은 'BSI-Group'으로 상징되는 전 세계를 커버하는 지역전담조직들이다. 즉, 영국 국내를 담당하는 BSI Standards, BSI Americas, BSI Asia Pacific, BSI EMEA 등이다. 앞에서 살펴본 바와 같이 각 지역조직들은 거의 균등하게 수익을 창출하고 있다.

둘째는 전략적 사업 분야에 대한 집중 투자이다. 현재 BSI는 보건, GRC(Governance, Risk and Compliance), 공급사슬관리 등에 초점을 맞추어 사업을 진행하고 있다.

셋째는 고객 중심의 경영전략이다. 147개의 국가에서 사업이 가능한 것은 각 지역 고객들이 원하는 것을 파악하고 여기에 반응하기 때문이다. 일례로 표준에 대한 모든 질문은 등록되고 이를 기반으로 사업 프로그램을 제공한다.

넷째는 다른 기관과의 적극적인 전략적 제휴관계이다. BSI는 교육프로그램과 관련하여 미국의 Verginia Tech과 제휴관계를 맺고 있다. 인증 분야에서는 ANAB과 협력하고 있다. 이탈리아에서는 경영인증사업체인 Certification International SRl를 인수하였으며, 미국에서는 First Advantage Corporation의 공급사슬관리 부문을 인수하였다. 독일에서는 보건 분야 시험회사인 EROCAT을 인수하였다.

더 알아보기 12-3: 영국의 NSSF
(National Standardization Strategic Framework)

③ NSSF 개요

가. 설립 배경

영국에는 미국의 NIST에 상응하는 강력한 표준화 정책기관은 없으나, 통상산업부(Department of Trade and Industry; DTI)가 기술혁신과정에서 표준의 중요성을 인식하고 2003년 NSSF라는 표준확산을 위한 전략조직을 설립하였다. NSSF 목적은 영국 내뿐만 아니라 해외에서도 표준 및 표준화의 경제적 이득을 증진하는 것으로, 조직명에서도 알 수 있듯이 영국의 표준화 지침을 설정하고, 이를 실현하기 위한 지속적인 실행체계(framework)를 창출하려는 조직이다.

이 조직은 DTI의 재정후원에 의해 BSI(British Standards Institute), CBI(Confederation of British Industry), DTI 그리고 UKAS(United Kingdom Accreditation Service) 등이 공동으로 운영하는 임의 조직이다.

나. 임무 및 비전

NSSF의 주요 임무는 기업, 공공부분, 더 나아가서 사회 전반적으로 표준을 이해시키고 표준의 활용을 단계적으로 확산시키는 것이다. NSSF의 경국 표준화에 대한 비전은 다음과 같다.

- 표준화는 경쟁우위를 창출하고, 최상의 관례를 확산시키며, 새로운 시장에 진입하고, 혁신을 촉진시키려는 영국기업들에 의해서 전략적으로 사용된다.
- 표준화는 공공정책과 규제적 및 사회적 목표를 충족시키는 데 효과적으로 사용된다.
- 표준화는 이해 당사자들의 다양한 니즈에 맞을 뿐만 아니라 효율적이고 조정된 하부구조에 의해서 지원받는다.

NSSF는 이러한 임무와 비전을 실현시키기 위한 연구, 교육 그리고 안정적이고 지속적인 자금 조달을 강조하고 있다.

④ NSSF의 운용

가. 운용체계

〈그림 12-13〉에는 NSSF의 운영체계도가 나타나 있다. 그림에서 보는 바와 같이 운영 프로그램은 크게 기업, 정부, 하부구조, 국제표준, 혁신, 교육 등 6개 분야로 나누어져 이에 따른 세부프로그램들이 운영되고 있다. 이중에서 다루는 기업혁신과 직접적으로 관련 있는 분야는 기업, 하부구조, 국제표준, 혁신, 교육 등이다. 현재는 제1단계와 제2단계 운영프로그램을 종료하고 장기 운영프로그램들을 발전시키는 단계에 있다.

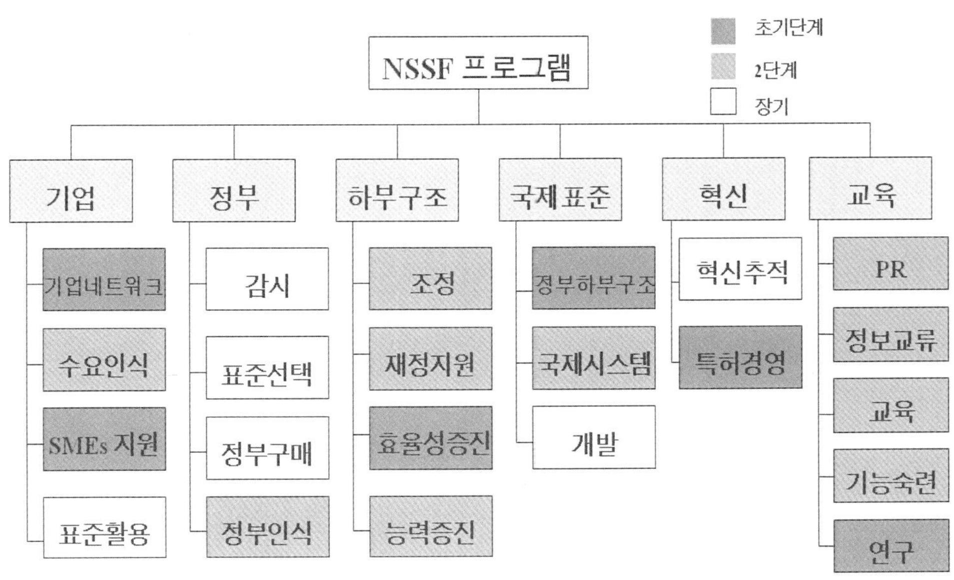

<그림 12-13> 영국 NSSF의 운영체계도

나. 전략의 실행: 초기단계

〈그림 12-13〉에서 보는 바와 같이 제1단계 운영프로그램은 네트워크(기업), SMEs지원(기업), 효율성 증진(하부구조), 정부하부구조(국제표준), 특허경영(혁신), 연구(교육) 등이다. 이 중에서 기업혁신과 직접 관련 있는 운영프로그램을 보면 다음과 같다.

● 기업 간 네트워크 형성: 'Business Dialog'

'Business Dialog'라는 이 운영프로그램은 영국뿐만 아니라 국제적 표준화 과제에 있어서 기업의 경영자원이 전략적으로 투입되고, 특정산업 분야의 표준화 기회를 확보하기 위해서 기업 간 교류네트워크를 개발하고 유지하는 것이다(〈표 12-6〉 참조). 이러한 활동들의 주목표는 표준화 하부구조가 기업고객의 니즈에 효과적으로 반응하도록 보장하는 것이다. 이 활동의 핵심 파트너는 산업협회와 전문기관들이며 '수요자 인식', '표준하부구조조정', '국제적 표준' 등과 연관되어 있다.

<표 12-6> 기업 간 네트워크 형성: 'Business Dialog'

초기활동	기업들 간 포럼 운영
주관기관	CBI(Confederation of British Industry)
협력기관	산업별 협회
목적	영국 표준화의 전략적 전개과정에서 기업참여의 구심체 확립
접근방법	포럼결성을 통한 토론
프로젝트구조	초기에는 CBI의 Business Performance Group에 의해 주도
자원	기존의 CBI 자원 활용
성과	멤버십, 전략적 표준화 문제에 대한 조정된 노력
측정지표	포럼의 수, 규정된 이슈들, 이슈에 적절한 결과물
연관활동	'수요자인식', '표준하부구조조정', '국제표준 분야' 등과 연결

● 중소기업 표준화 지원: 'SME Solutions'

'SME Solutions'는 표준화가 해결책이 될 수 있는 중소기업의 문제를 규정하고, 표준화가 중소기업 경쟁력에 장애가 되지 않는 방안을 강구하는 프로젝트이다(〈표 12-7〉 참조). 이 프로젝트의 성과는 참여 중소기업이 비용절감 등 표준화 이득을 향유하도록 하는 것이다. 주관기관은 BSI의 Small Business Policy Committee이고 Small Business Service 등 다양한 중소기업지원기관이 파트너로서 참여한다. 이 프로젝트는 '기업네트워크', '정부구매', '표준하부구조조정' 등과 연결되어 있다.

NSSF는 이 운영 프로그램의 결과로서 "The Small Business Guide to Making Standards Work"라는 보고서를 발간한 바 있다. 이 보고서에는 표준에 대한 기초적인 이해뿐만 아니라 중소기업의 표준화와 관련된 13개의 구체적인 사례가 분석되어 있다.

<표 12-7> 중소기업 표준화 지원: 'SME Solutions'

초기활동	중소기업(SMEs)에 필요한 표준화의 규정 및 측정
주관기관	영국표준협회(BSI)의 Small Business Policy Committee
협력기관	Small Business Service
목적	표준화가 Solution이 될 수 있는 중소기업의 문제를 규정하고, 표준화가 중소기업 경쟁력에 장애가 되지 않는 방안을 강구함
접근방법	중소기업에 대한 조사연구, 계획 수립 및 문제해결
프로젝트구조	BSI의 Small Business Policy Committee가 주도
자원	BSI 내부예산
성과	분석보고서: 중소기업의 표준화에 대한 인식 및 실행계획
측정지표	특별히 없음
연관활동	'기업네트워크', '정부구매', '표준하부구조조정' 등과 연결

• **효율증진을 위한 하부구조 구축: 'Increased Efficiency'**

'Increased Efficiency'는 표준관련 이해당사자들이 보다 더 적절한 시기에, 보다 더 접근 가능하도록 표준개발과정을 개발하고 공식표준의 개발 여부를 선정하는 방법을 개선하는 프로그램이다(〈표 12-8〉 참조). 주요 성과는 공식적 표준 개발을 위한 프로젝트 선정, 표준개발의 기간단축, 그리고 이해당사자들에게 보다 더 적절한 표준개발 등이다. NSB(National Standards Body)는 이 프로젝트에서 중심적인 역할을 수행하나, 영국의 표준화 시스템 전반에 걸쳐서 각종 활동주체들이 파트너로 참여한다. 이 운용프로그램은 '기업네트워크', '능력증진', '표준하부구조조정', '국제표준제도' 등과 연결되어 있다.

<표 12-8> 효율증진을 위한 표준지원 인프라: 'Increased Efficiency'

초기활동	NSB(National Standards Body)의 관련성 및 효율 증진
주관기관	영국표준협회(BSI)
목적	NSB의 시장 연관서비스 지원을 증대시키고 표준 및 표준관련 제품 및 서비스의 개발에 투입되는 자원의 효율성을 증진함
접근방법	NBS 내 프로그램의 세 가지 영역에 초점을 맞춤 • 시장: 기업, 정부, 사회의 니즈를 이해하기 위해 시장분석 능력 등 시장지향능력 증진 • 공정 효율: 표준개발활동으로의 자원배분과 효율을 증진시키기 위해서 작업내용의 수용 • 제품 및 서비스: 공식적 표준을 넘어서는 NSB의 제공서비스 규정
프로젝트구조	BSI 'Change Team' 주도하에 이해당사자들과 함께 운영
재정	BSI의 예산
성과	새로운 시장전략구조, 효율을 위한 새로운 공정, NSB의 제품 및 서비스
측정지표	시장개발 관리자의 수: 새로운 제품 및 서비스의 범위
연관활동	'기업네트워크', '능력증진', '표준하부구조 조정', '국제표준제도' 등과 연결

• **표준/특허경영 지원: 'Intellectual Property Management'**

'Intellectual Property Management'는 표준, 특허, 라이선스, 기타 지적재산권 등의 혼합된 사용을 통해서 상업적 이득을 극대화하는 방법을 지도하는 프로그램이다(〈표 12-9〉 참조). 특히 기업들이 제품생애주기상에서 혁신활동을 수행하는 것을 돕는다. 이 프로그램은 영국특허청 등과 연계하여 수행하며, '혁신감시', '표준하부구조능력', '표준하부구조조정' 등과 연결되어 있다.

<표 12-9> 표준/특허경영 지원: 'Intellectual Property Management'

초기활동	지적재산권과 표준의 연동성에 대한 지침
주관기관	영국표준협회(BSI)
협력기관	영국특허청, DTI-STRD
목적	특허, 표준, 라이선스, 기타 기술 등의 효과적 활용을 포함하는 지식재산권 경영에 대한 지침 마련
접근방법	문헌조사: 특허청, 표준기관, 특허 및 표준전문가 등의 공동세미나; 그리고 BSI는 지침자료 마련; 그다음 단계는 사례연구
프로젝트구조	BSI가 특허청과의 긴밀한 연계 속에서 운영 주도
성과	지침서: 특허와 표준과의 연관성에 있어서 새로운 부분 규정
측정지표	지침서 발간 및 분석데이터의 활용가능성
연관활동	'혁신감시', '표준하부구조능력', '표준하부구조조정' 등과 연결

다. 전략의 실행: 2단계

제2단계에서 운영된 프로그램은 수요인식(기업) 감시, 표준선택, 정부구매(이상 정부), 재정지원, 능력증진(이상 하부구조), 국제시스템(국제표준), PR, 정보교류, 교육, 기능숙련(이상 교육) 등이다. 이 중에서 기업의 수요인식 능력증진, 국제표준시스템, PR 등에 대한 운용과정과 성과를 보면 다음과 같다.

● 기업인식제고: 'Business Awareness'

이 운영 프로그램은 표준화의 경제적 이득을 홍보하고, 기업활동 전주기에 걸친 표준화의 응용을 뒷받침하는 지침서를 발간하는 것을 목적으로 한다. 수요자 인식프로그램은 영국 내 산업 분야에 초점이 맞추어지며 표준화를 전략적으로 활용할 수 있는 잠재성을 부각시킨다. 산업별 협회들이 이러한 정보를 확산시킴에 있어서 주도적 역할을 담당한다. 'Business Awareness'와 연결된 활동으로는 '기업 간 네트워크', '수요자 인식 및 교육활동' 등이 있다.

● 표준화 조정메커니즘 구축: 'Co-ordination Mechanism'

이 프로그램은 하부구조에 속하는 영역으로 NSSF을 포함하여 영국 내 모든 표준화활동을 관리하고, 평가하고, 조정하는 메커니즘을 구축하는 것을 목적으로 한다. 정부 내의 표준정책위원회와 같은 기존의 구조를 검토하거나 설치하고, 앞으로 어떠한 조정이 필요할 것인지에 대해서도 예측한다. 이러한 활동의 성과는 표준하부구조가 표준과 관련된 많은 이해당사자들의 다양한 니즈에 부응하도록 하는 능력을 극대화하는 것이다. 이 프로그램은 '안정적 재정확보', '기업 간 네트워크', '국제표준' 분야에서의 프로젝트들과 연결되어 있다.

- **표준화 능력 증대: 'Increased Capability'**

이 운영 프로그램 역시 하부구조에 속하는 영역으로 비공식적인 수단을 포함하는 표준화 문제 해결의 모든 범위에 걸쳐 국가표준화시스템의 능력과 투명성을 제고하는 것을 목적으로 한다. 이렇게 되면 결과적으로 기업들은 공식적 혹은 비공식적, 공공 혹은 민간 표준 중에서 특정한 표준화 대안을 언제 어떻게 선택할지를 이해하게 될 것이다. 이 프로그램과 연결된 활동으로는 '수요자 인식', '연구', '효율증대' 등이 있다.

- **국제표준화시스템: 'International Standards System'**

이 운영 프로그램은 국제적 영역으로 국제표준화 시스템을 통하여 영국의 영향력을 극대화하고 무역을 원활히 하도록 하는 것을 목적으로 한다. 구체적으로 유럽 및 세계시장에서 NSB의 전략을 도와주고, 영국 기업들에게는 새로운 사업기회를 열어 주기 위한 것이다. 이 프로그램은 '기업 간 네트워크'와 '조정메커니즘'과 밀접히 연계되어 있다.

- **표준화 인력 교육: 'Skill Development'**

인식과 교육 영역에 속한 이 운영 프로그램은 기술적 및 전략적인 수단으로서의 표준 및 표준화의 활용과 응용문제를 다룰 수 있는 인력을 양성하는 것을 목적으로 한다. 대상은 기업, 공공기관, 정부, 그리고 산업협회에 속한 전문가들이다. NSB의 표준화 기법 개발활동은 매우 중요한 역할을 수행한다. 이 프로그램은 '기업수요자 인식'과 '정부 인식', '교육', '대외홍보', '의사소통' 등과 밀접히 연계되어 있다.

라. 전략의 실행: 현 단계

현 단계에서 운영되는 장기프로그램은 표준 활용(기업), 정부 인식(정부), 개발(국제표준), 혁신추적(혁신) 등이다. 이 중에서 표준 활용, 국제표준개발, 혁신추적에 대한 운용과정과 성과를 보면 다음과 같다.

- **기업의 표준 활용 증진: 'Business Use'**

이 프로그램의 명칭은 'Business Use'로 주활동은 기업의 표준경영 지원이다. 목적은 기업들이 사내에서 표준화활동에 착수하게 하는 것이다. 특히 생산성과 경쟁력을 증진시키기 위한 도구로서 기업들이 표준화를 전략적으로 활용하고, 특정한 기업요구에 대해 최적의 표준화 방법을 선택하도록 한다. 대상은 개별회사 내의 전주기 활동이다. 이 프로그램은 '기업의 수요 인식', '기업

간 네트워크', '수요자 인식 및 교육 활동' 등과 연결되어 수행된다.

- **첨단기술혁신 촉진활동: 'Innovation Watch'**

이 프로그램의 명칭은 'Innovation Watch'로, 목적은 새로운 기술, 산업, 생산공정, 비즈니스 방법(BM) 등이 표준화로부터 이득을 얻을 수 있음을 이해시키고, 이와 관련된 특정한 기회들이 존재함을 홍보하는 것이다. 주요 활동 및 기대되는 성과는 표준화가 성장을 위한 플랫폼이 되는 혁신적인 산업들의 출현 및 발전이다. 연결된 활동으로는 '지식경영', '조정메커니즘', '능력제고' 등이 있다.

- **개발도상국들과의 협력: 'International Development'**

이 프로그램의 명칭은 'International Development'로, 개발도상국 지원을 목표로 하여 NSB 의 사업우선순위를 재조정하는 것이다. 기대되는 성과는 개발도상국으로의 지식 및 기술이전을 통해 개발도상국들과 관계를 밀접하게 유지하는 것이다. 연결된 활동으로는 '공식적 국제표준제 도' 등이 있다.

(4) 싱가포르

싱가포르는 1990년대 중반부터 이미 표준 확산의 중요성을 인식하고, 제도개편 등을 통해 기업 혁신을 위한 표준화 정책을 강력하게 추진해 오고 있다. 1996년 싱가포르 정부는 '생산성 및 품질 혁신을 위한 제도개혁시책'의 일환으로 기존의 국립생산청(National Productivity Board; NPB) 과 산업표준연구원(Singapore Institute of Standards and Industrial Research; SISIR)을 통 합하여, 생산성표준청(Productivity and Standards Board; PSB)을 창설하였다. 이는 전략적인 통합으로 NPB의 소프트웨어적인 기능과 SISIR의 하드웨어적인 기능이 통합된 것으로 볼 수 있 다. 이뿐만 아니라 통합 당시 경제개발부가 담당하던 중소기업지원업무를 인수받았다. 2001년에 는 그 명칭이 표준·생산성·혁신청(Standards, Productivity and Innovation for Growth; SPRING)으로 변경되어 현재에 이르고 있다.

① 조직 및 방계회사

〈표 12-10〉에서 보는 바와 같이 SPRING은 기업개발지원부, 품질/표준부, 기업혁신능력지원부, 창업촉진부, 기업발전지원부 등 크게 5개의 조직으로 구성되어 있다. 기업개발지원부는 소매업, 음식업, 교통·물류·환경서비스, 정밀엔지니어링 및 일반산업 등에 속한 기업을 지원하고, 품질/표준부는 표준화, 계측, 소비자 안전, 인증, 품질관리 등의 서비스를 지원한다. 기업혁신능력지원부는 기업의 핵심능력, 기술혁신, 생산성, 유인경영 등에 관련된 서비스를 제공하며, 창업촉진부는 창업과 관련된 일련의 서비스를 제공한다. 기업발전지원부는 인사 및 조직개발, 금융, 정보기술, 전략기획 등 기업경영에 관한 일반적인 서비스를 지원한다.

SPRING의 핵심보유능력인 품질/표준과 관련하여서는 표준위원회가 별도로 존재한다(〈그림 12-14〉 조직도 참조). 이 외에도 산하에 독립법인으로 측정, 교육 등의 사업을 펼치는 PSB Corporation Pte Ltd와 인증업무를 수행하는 PSB Certification Pte Ltd가 있다.

<표 12-10> SPRING의 조직 및 임무

부서	임무
기업개발지원부	·소매업 ·음식업 ·교통, 물류, 환경 엔지니어링 서비스 ·정밀 엔지니어링 및 일반산업
품질/표준부	·표준화 ·도량형 ·소비자안전 ·계측 　인증 ·품질확인서비스
기업혁신능력지원부	·기업능력제고 및 자원 ·기술혁신 ·생산성 향상 ·유인경영
창업촉진부	·창업지원 ·창업경영서비스
기업발전지원부	·인적자원/조직개발 ·금융 ·정보기술 ·전략기획

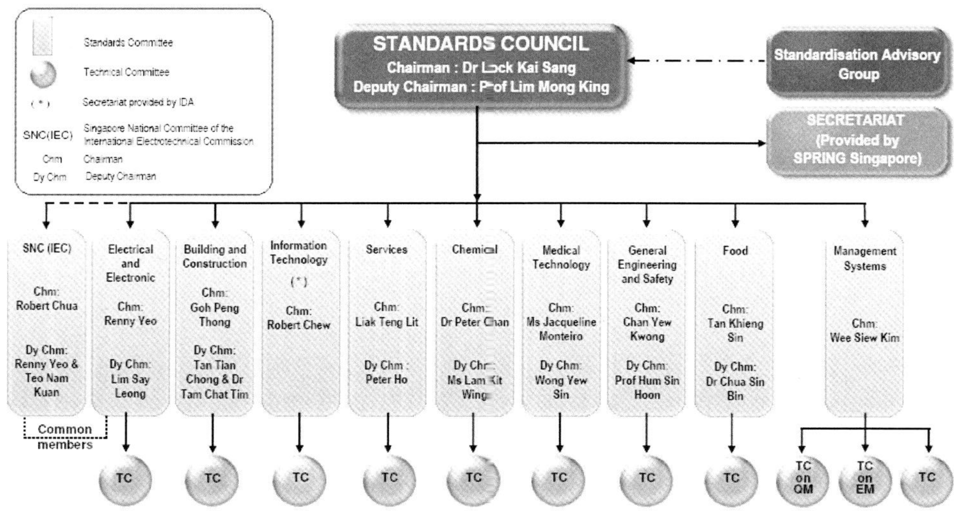

<그림 12-14> SPRING 표준위원회의 조직

② 임무

SPRING의 창설배경에서 알 수 있는 바와 같이 SPRING의 제공서비스와 이에 따른 정책프로그램들은 매우 다양하다. 즉, 통합 전 NPB의 소프트웨어적인 기능, SISIR의 표준기술능력, 그리고 경제개발부로부터의 중소기업지원업무 등을 토대로 하여 광범위한 서비스를 제공하고 있다.

〈표 12-11〉에서 보는 바와 같이 SPRING의 제공서비스는 크게 네 가지로 구분할 수 있다. 첫째는 기업환경지원 서비스로, 표준화 관련 프로그램으로는 계량 및 측정과 소비자 보호 프로그램이 있다. 표준화와 직접 관련이 없는 프로그램 중에는 창업금융지원 등 일반적 중소기업정책 프로그램도 있다. 둘째는 산업발전지원으로 직접적으로 표준화와 관련된 프로그램은 없다. 셋째는 기업혁신능력지원으로 표준화 관련 프로그램으로는 생산성 향상을 위한 표준실행(Standards Implementation for Productivity; SIP), 혁신 및 품질순환(Innovation and Quality Circle; IQC), 지적재산경영(Intellectual Property Management; IPM), 품질우수기업인증, 품질우수기업포상 등이 있다. 넷째는 시장접근 및 기회창출지원으로 신표준으로의 초대(Invitation to New Standards; INS), 국가표준화프로그램(National Standardization Program; NSP), 국가인증프로그램(National Accreditation Program), 국가도량형(National Metrology Program), 모범 실험실관례 확산(Good Laboratory Practice) 등이 있다.

<표 12-11> SPRING의 제공서비스 및 프로그램

	표준화 및 표준경영 관련	일반 기업경영 관련
기업환경 지원	· 계량 및 측정 · 소비자보호(안전요건)	· EnterpriseOne · 기업가 고용지원(EntrePass) · 기업가교류(ACE) · 창업금융지원
산업발전 지원	–	· 소비자중심인센티브(CCI) · 지방기업 및 협회발전지원(LEAD) · 성과향상 중소기업교육(STEP–UP)
기업혁신 능력지원	· 생산성 향상을 위한 표준실행(SIP) · 혁신과 품질순환(IQC) · 지식재산경영(IPM) · 품질우수기업인증 · 품질우수기업포상	· 기술혁신(TIP) · 중소기업 성과관리(SMART) · 산업인력개발(IMD) · 경영발전프로그램(MDP) · 조세지원 · 지역기업기술지원(LETAS)
시장접근 및 기회창출 지원	· 신표준으로의 초대(INS) · 국가표준화프로그램(NSP) · 국가인증프로그램(NAP) · 국가도량형(NMP) · 모범실험실관례 확산(GLP)	· 수출기술지원센터(ETAC) · 정부구매 · FTA · Dealflow Connection

③ SPRING의 성과

〈표 12-12〉에는 최근 SPRING의 성과가 요약되어 있다. SPRING의 성과는 크게 표준과 관련된 성과와 일반 기업경영 지원성과로 나누어 볼 수 있다. 표에서 보는 바와 같이 표준 관련성과 중 SIP 프로그램은 2005년 현재 40개의 프로젝트가 추진 중에 있는 것으로 보고되고 있다.[2] 각 프로젝트별 경제적 성과는 앞에서 소개한 'Pallet Standardization'의 사례를 통해서 짐작할 수 있다. 이 외에도 2003~2005년 기간 중 50개 이상의 신규표준을 개발하였으며, 700여 개 이상의 기업들에 대해서 시험 및 측정을 지원해 주었다.

한편 일반 기업경영 지원성과를 보면, 2005년 4만 2,992개의 창업기업을 지원하였으며, 7,815개의 중소기업에 대해 자문을 실시하여 경영개선 실적을 올렸다. 또한 우수기업인증업체가 2003년 874개에서 2005년에는 1,194개로 증가하였다. 이 외에도 기술 및 금융 면에서 많은 기업들에 대해 지속적인 지원을 수행하였다.

---

2) 2007년 현재는 50개이다.

<표 12-12> SPRING의 최근 성과 요약

	성과지표	단위	2003년	2004년	2005년
표준화 관련 성과	SIP: 수행프로젝트의 수(누적)	건	31	36	40
	표준: 신규로 개발된 싱가포르 표준의 수	건	24	15	14
	도량: 측정지원 기업의 수	개소	775	706	703
	인증: 인증기관 수(누적)	개소	198	208	227
	MRAs: 협상/승인/수행 중 MRAs의 수(누적)	건	3	14	15
	측정: 측정규제침해 수(건)	건	5	3	6
	소비제품 안전: 통제 상품의 사고발생 수	건	1	0	0
일반기업 경영지원 성과	창업지원: 창업기업 수	개소	39,363	42,217	42,992
	자문중소기업: 개선된 사례의 수	개소	8,602	7,634	7,815
	지역기업금융지원(LEFS): 승인건수	건	4,908	5,383	5,766
	(승인금액)	(백만 달러)	(693)	(746)	(637)
	지역기업기술지원(LETAS): 승인건수	건	4,332	2,510	1,264
	(승인금액)	(백만 달러)	(52)	(21)	(8)
	우수기업지정: 인증업체의 수	개소	874	1,066	1,194

자료: SPRING (2007).

12-5 우리나라의 표준제도 및 정책

우리나라의 표준제도 및 정책현황은 어떠한가? 우리나라의 표준화 정책 및 제도는 미국이나 싱가포르는 물론 '느슨한' 조직을 갖춘 영국의 NSSF에 비해서도 제공서비스나 관련 기관 간 연계가 미흡한 것으로 알려지고 있다. 우리나라 표준화의 중심기관으로서 지식경제부 기술표준원은 1988년 이전의 NIST의 임무, 즉 표준의 연구, 제정 및 인증에 초점이 맞추어져 있다. MEP나 SPRING에서 제공하는 중소기업 지원서비스는 중소기업청, 중소기업진흥공단, 생산성본부, 능률협회 등에서 독립적으로 제공되고 있으며, 특히 최근 표준과 관련하여 중시되고 있는 공급사슬관리(SCM)는 대한상공회의소에서 관심을 가지고 추진한 바 있다. 그러나 전반적으로 볼 때 표준화를 위한 개별 프로그램이나 서비스는 제공되고 있으나, 체계적인 시스템은 구축되어 있지 못한 실정이다.

1) 정책추진체계

〈그림 12-15〉에는 우리나라 표준화정책 추진체계도가 그려져 있다. 그림에서 보는 바와 같이 우리나라 표준은 국가표준심의회를 중심으로 정책이 결정된다. 국가표준심의회는 국가표준기본법에 의해 운영되며 중장기 국가표준화정책인 국가표준기본계획을 심의·의결한다. 의장은 국무총리가 되고 교육과학기술부, 농림부 등 10개 부처 장관 및 민간위원 14명으로 구성되며, 지식경제부가 간사 역할을 담당한다. 19개 정부부처 중 지식경제부는 성문, 참조, 측정표준 확립을 위한 정책을 추진하며, 아울러 통신 및 방송 방식 등 통신 분야 표준화를 추진하고 있다. 건설교통부 등 기타 정부부처는 정책 목적에 따라 기술기준 등을 자율적으로 결정하여 시행하고 있다. 현재

우리나라는 한국산업표준(Korean Standard; KS) 2만 2,057종, 한국정보통신표준(Korean Information and Communication Standard; KICS) 457종, 그리고 1만 6,000여 종의 기술기준(Technical Regulation; TR)을 보유하고 있다.

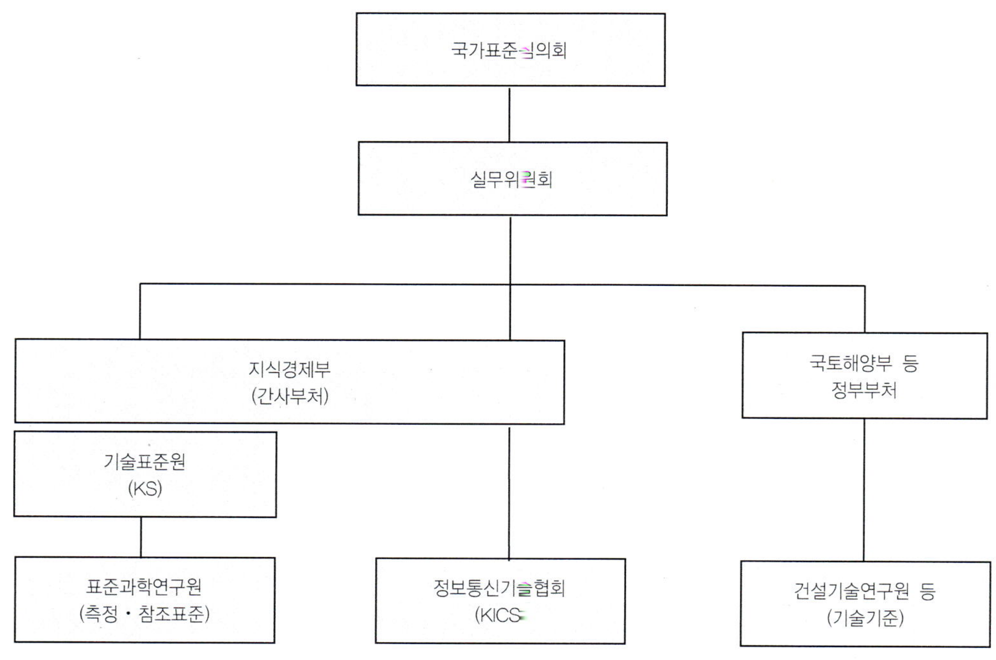

<그림 12-15> 우리나라 표준화정책 추진체계

지식경제부 산하에는 기술표준원(KATS)이 설립되어 있다. KATS는 ISO, IEC(International Electrotechnical Commission) 등 국제표준화기구의 우리나라 국가표준대표기관으로 KS 제정 및 국제부합화, 그리고 정부규격 통일화 등을 추진하고 있다. 한국표준과학연구원은 측정 및 참조 표준 제정 및 보급에 특화하고 있으며, 한국정보통신기술협회는 통신표준 제정·보급을 맡고 있다. 이 외에도 1962년 표준협회가 설립되어 표준보급의 역할을 담당하고 있으며, 표준 및 인증과 관련하여 다양한 교정 및 시험검사기관들이 있다. 또한 기업의 표준경영을 도와주는 많은 민간컨설팅 회사들이 활동하고 있다.

2) 정책변화 추세

　우리나라 표준제도는 1960년대 공업표준화 구축기, 1970년대 국가규격팽창기, 1980년대 전반 규격의 질적 향상기, 1980년대 후반 및 1990년대 전반 국제표준화 사업의 활성화기를 거쳐 1990년대 후반부터는 민간주도 표준화기로 접어들었다(허현회 외, 1998). 특히 WTO체제 출범 이후 표준이나 기술규정이 새로운 무역장벽으로 작용하면서 1997년 산업표준화법을 개정하였는데, 이것이 정부주도 표준정책이 민간주도 표준화체제로 전환되는 계기가 되었다. 이 법의 주요 내용을 보면 다음과 같다.

- KS표시 업무를 전문성 있는 민간 인증기관에 이양한다.
- 표준화 관련 단체의 단체표준 제정 및 품질인증사업에 대한 자율성을 보장하고, 품질이 우수한 단체표준제품에 대해서 KS표시 제품과 동등한 우선구매기회를 부여한다.
- 표준화기본계획을 수립하여 체계적인 산업표준화를 추진하도록 하고, 기술진보의 속도가 빠른 첨단기술 분야에는 잠정표준을 허용한다.
- KS표시 허가업체에 대한 품질관리담당자 지정제도를 폐지한다.

　참고로 〈표 12-13〉에는 1990년대 이후 지금까지의 주요 표준화 정책 및 제도변화를 소개해 놓았다.

<표 12-13> 우리나라 표준화 제도 및 정책 변화추세(1990년대 이후)

	1993~1997년	1998~2002년	2003~2007년
정책 및 제도변화	·1996년 공업진흥청 소속 국립공업기술원을 폐지하고, 중소기업청 소속 국립기술품질원을 신설 ·1997년 산업표준화법 개정	·1999년 국립기술품질원을 산업자원부 소속으로 이관하고, 기술표준원으로 개칭 ·1999년 KS국제규격 부합화	·중소기업 해외규격 인증획득 사업 지원 ·물류표준설비 인증 등
내용	(산업표준화법 개정 내용) ·KS표시업무 민간 이양 ·단체표준의 활성화 ·표준화기본계획을 수립하여 산업표준화제도 선진화 ·KS표시 허가업체에 대한 품질관리 담당자제도 폐지	·KS부합화 ·규격의 연구개발 ·연구장비 확충 ·정부규격 통일화 ·국가표준종합시스템	(중소기업 지원사업) ·지원규격별 제품 분야별 정부출연금 차등지원 (물류표준설비인증) ·유통합리화자금지원 ·물류설비투자세액공제 ·인증업체 및 설비 홍보
KS 보유건수	1997년 말 9,851종	2002년 말 1만 5,176종	2007년 3월 2만 2,057종

자료: 기술표준원, 기술표준백서 등.

3) 표준화정책 현황

표준·인증·시험측정 능력은 인프라기술(infratechnology)로 불리며, 한 국가의 혁신시스템을 구성하는 매우 중요한 지식 및 능력의 집합이다. 우리나라 정부도 이점을 인식하여 과학기술혁신정책에서 인프라기술과 관련된 시책을 수립하여 시행하여 왔다. 〈표 12-14〉에는 그동안 정부가 표준·인증·시험측정과 관련하여 운영해 온 정책프로그램들이다.

<표 12-14> 우리나라 표준화 관련 정책프로그램

부처	지원정책/제도	부처	지원정책/제도
기술표준원 (KATS)	신제품발굴지원(LABCON)	지식경제부	민간표준활성화 국가표준제도 확립
	신기술제품(NEP) 인증		국제표준화 대응역량 강화
	KS인증		국가표준체계 선진화
	부품소재 신뢰성 인증		표준기술하부구조 강화
	산업용소프트웨어 인증		사회적 신수요 표준화
	GR인증		정보통신표준 개발지원
	WTO/TBT 기술자문		표준화활동 기반구축: 정보통신분야
	서비스품질우수기업 인증제도		국제표준화활동 지원: 정보통신분야
	품질경쟁력 우수기업선정		
	A/S 우수기업선정	중소기업청	싱글PPM 품질혁신운동
	KOLAS지정		중소기업 해외규격인증획득 지원
	대한민국 10대 신기술 선정	교육과학 기술부	소재물성표준화 기술개발
지식경제부	표준화기술개발	환경부	환경마크제도
	중소기업전략상품 품질경쟁력 진단 및 확산사업	문화관광부	창작문화사업 지식자원 표준화
	국가표준종합정보시스템 구축	국토해양부	건설 분야신기술지정제도

(1) 기술표준원(KATS)

KATS는 최근 수행하고 있는 정책프로그램을 수요자에 따라 크게 기업, 국민, 정부로 크게 구분하고 정책프로그램 체계도를 작성한 바 있다. 그중에서 기업고객에 대한 정책프로그램 체계도가 〈그림 12-16〉에 나타나 있다.

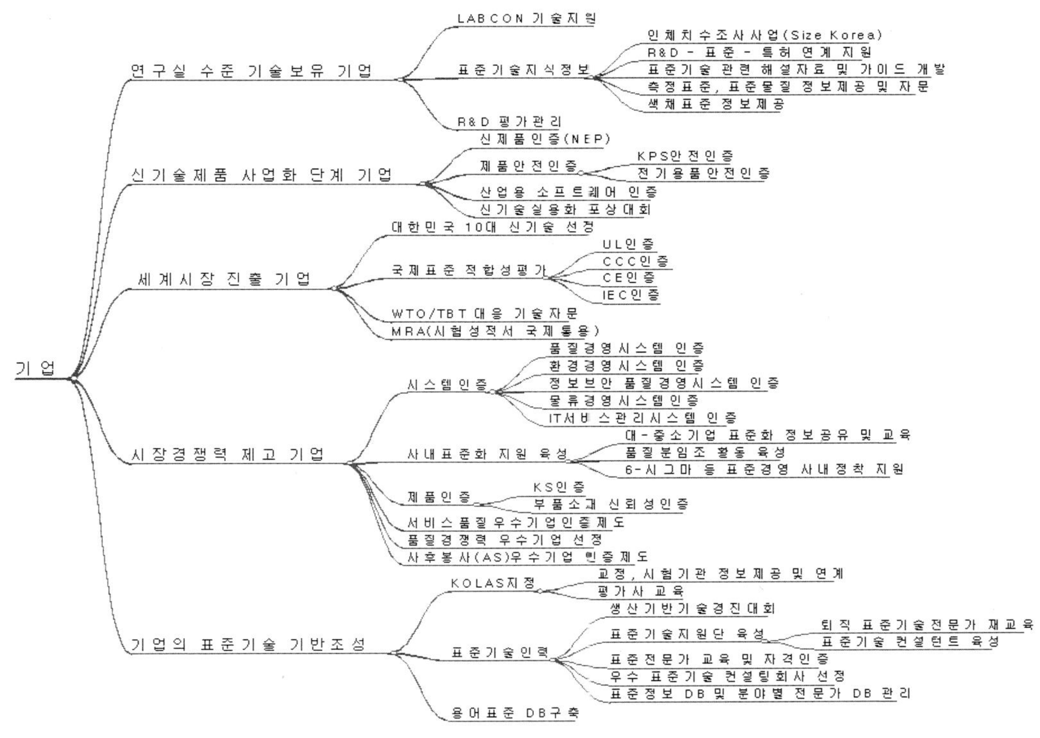

<그림 12-16> KATS의 기업 대상 정책프로그램 체계도

① 신제품발굴지원(LABCON)

LABCON은 연구개발(LABoratory)부터 수출(CONtainership)까지 지원하기 위한 기업지원 프로그램이다. 조기 실용화가 가능한 수출 유망 신기술 및 신제품을 발굴하여 지원하고, 신기술인증(NT) 및 우수품질인증(EM) 등의 인증프로그램으로 연결되도록 지원하는 것이다. 2002년부터 시행되어, 2005년까지 4년간 475개 품목을 발굴하여 257개 품목에 대해 인증을 부여하고 전시회 참가 등 판로지원을 실시하였다. 2007년에는 발굴, 평가, 지도업무와 관련하여 한국산업기술평가원, 학회(기계, 전기, 전자, 화학), 한국산업기술재단 등과 협력 MOU를 체결하여 정책네트워크를 확대시키고 있다.

② 신기술제품인증(NEP)

신기술제품인증(New Excellent Product; NEP)은 국내에서 최초로 개발된 신기술 또는 기존기술을 혁신적으로 개선한 기술이 적용된 신제품을 평가하여 정부가 인증함으로써, 판로확대 지원 및 기술개발을 촉진하기 위한 제도이다. 인증대상제품은 신기술이 적용된 제품으로, 사용자에게 판매되기 시작한 후 3년을 경과하지 않은 신개발제품이다. 인증 유효기간은 3년이며, 정부공공기관 우선구매 등의 혜택이 있다.

이 제도는 2006년 1월부터 시행된 프로그램으로 1995년부터 시작된 우수품질인증(EM)과 신기술인증(NT)제도가 2005년 12월 폐지되면서 수립되었다. EM/NT제도는 지난 10년간 2,713개 품목이 신청되어 1,100개 품목이 인증을 획득하였다. 2007년 3월 현재 657개의 NEP인증품목이 관리되고 있다.

③ KS인증

KS인증은 국가규격인 한국산업규격(KS)에 적합하게 제품을 지속적으로 생산할 수 있음을 인증기관으로부터 인증받는 제도로, KS마크를 제품이나 포장에 표시하여 홍보할 수 있고, 정부조달 시 우선구매 등의 혜택을 받으며, 전기용품 등 12개 법력에 의한 강제인증을 면제받는다. KS인증은 기업체로 하여금 사내 표준화와 표준경영을 도입하도록 하여 품질개선과 효율성을 향상시키기 위한 제도이다.

인증기관은 한국표준협회이며, 14개의 지정시험기관이 있고, 100여 개의 인정시험기관이 있다. 인증된 규격은 KATS가 관리하게 된다. 1962년부터 시행되어 2010년의 경우 10,109건의 KS인증을 기록하였다.

④ 부품소재신뢰성평가인증

부품소재신뢰성평가인증 프로그램은 현재의 품질을 보증하는 기존의 품질인증제도와는 달리 미래의 품질(고장 및 수명)을 예측하여 보증하는 인증제도이다. 2000년 시범사업이 시작되어 2001년 부품소재 전문기업 등의 육성에 관한 특별조치법이 제정·공포되는 등 제도적 기반이 마련되었다. 그간 KATS는 18개 지정평가기관을 중심으로 기계류 부품 등 8개 분야별로 신뢰성평가센터를 설치하고 유압실린더, 소형정밀모터 등 501개 핵심 품목을 대상으로 신뢰성평가기준개발 및 신뢰성평가인증에 착수하였다.

그 결과 2006년 4월 말 현재 2,448종의 신뢰성평가기준을 제정·공포하였고, 공압실린더 등 343건에 대하여 신뢰성인증서를 기업에 수여하였다. 이와 아울러 신뢰성평가 장비를 마련하고, 신뢰성과 관련된 국제협력체제를 구축하며, 신뢰성정보센터를 운영하고 있다.

⑤ 산업용소프트웨어인증

산업용소프트웨어인증은 국내에서 개발된 소프트웨어의 품질수준을 국제적 수준으로 향상시키기 위한 제도로, 국제표준(ISO/IEC 12119, 9126-2)에서 규정하는 기준에 따라 기업이 신청하는 소프트웨어의 품질 적합성 여부를 평가하여 일정수준 이상의 소프트웨어에 ES(Excellent Software) 마크를 부여하는 것이다. 대상은 국내 소프트웨어 개발기업이 3년 이내에 자체적으로 개발한 산업용 소프트웨어로 산업자동화용 공정 감시제어, 디지털산업기기의 내장형 소프트웨어 등을 포함한다.

프로그램이 시작된 2004년부터 지금까지 20여 개 이상의 기업이 ES인증을 받았으며, 정부기관 납품 시 우선구매, 조달청 우수제품선정 시 가점지원, 중소기업청 생산정보화지원 사업 참여 시 가점지원 등의 정책혜택을 받는다.

⑥ 우수재활용제품품질인증(GR)

GR(Good Recycled Product)인증 프로그램은 기술가발을 통해 품질이 향상된 재활용제품의 수요기반 확충을 목적으로 재활용 제품의 품질규격 및 기준을 제정·고시하여 이 중에서 우수 재활용제품에 대하여 품질을 인증하여 시장수요를 확대하기 위한 제도이다. 1997년부터 실시된 이후 2005년까지 GR인증을 받은 기업체수는 총 243개(취소 제외)에 이르고 있다. 인증업체는 대부분 중소기업으로 신청제품의 품질규격기준 제정경비, 신청경비, 평가수수료, 인증마크사용료 등 전액을 국가에서 지원하고, 제품의 품질 및 제조공정개선 등에 대한 개발비 등도 전액 지원하고 있다. 이 외에도 인증업체는 금융 및 조세 면에서 혜택을 받으며, 공공기관 우선구매, 포상 등의 이득을 누린다.

⑦ WTO/TBT기술자문

KATS는 1996년 이래 WTO체제하에서 공산품 분야 질의처를 운영하며, 타 회원국의 TBT와 관련한 질의에 답변하고 관련 문서를 제공하여 왔다. 이러한 기관의 능력을 바탕으로, TBT에 대한 인식확산을 위해 업계에 맞춤식 교육 및 홍보활동을 해 왔으며, 기업체에 기술자문 서비스를 제공하고 있다.

⑧ 서비스품질우수기업인증

서비스품질우수기업인증이란 말 그대로 서비스업종에 속한 기업이 자사의 품질인증을 신청하면 이를 평가하여 인증서를 수여하고, 널리 공표하는 제도이다. 2001년 프로그램이 시작된 후 2005년까지 29개 업종 330사업장이 서비스품질우수기업인증을 받았다. 인증을 받은 기업에 대해서는 사례집, 신문광고 등을 통해 홍보하며, 조달구매, 금융 면에서 우대혜택을 부여하고 있다.

⑨ 품질경쟁력우수기업선정

품질경쟁력우수기업선정 프로그램은 제품품질이 우수한 기업체를 발굴하여 홍보, 자금 등 다각적인 지원으로 기업 및 산업경쟁력 향상에 기여하기 위한 제도이다.

⑩ A/S우수기업 선정

이 프로그램은 서비스 중에서 특히, A/S우수기업을 선정하여 홍보함으로써 A/S서비스 품질향상을 꾀하려는 제도이다.

⑪ KOLAS 지정

KOLAS(Korea Laboratory Accreditation Scheme)는 KATS가 운영하는 기관으로서 국제기준에 부합하는 인증제도의 확립을 목적으로 하고 있다. 현재 국가표준제도의 확립 및 산업표준화제도 운영, 공산품의 안정/품질 및 계량에 관한 사항, 산업기반기술 및 공업기술의 조사연구, 교정/시험/검사기관 인정제도 운영, 표준화 관련 국가 간 협력 및 교류에 관한 사항 등의 업무를 수행하고 있다.

1994년 한국원사직물시험원, 한국생활용품시험연구원, 한국섬유기술연구소 등 3개 기관을 최초로 지정한 후 현재는 공인시험기관 240개, 검사기관 83개, 교정기관 197개, 총 520개의 기관을 인정기관으로 지정하고 있다. 2005년에는 4만 5,213건의 KOLAS 공인성적서가 발급되었다.

⑫ 대한민국 10대 신기술 선정

이 프로그램은 국내에서 개발한 신기술 중 세계적인 수준으로 기술적 및 경제적 파급효과가 큰 10개의 기술을 선정하여 국내외에 홍보하는 제도이다. 1999년 프로그램이 시작된 후 매년 10개의 신기술이 선정되어 왔는데, 중소기업보다는 대기업들의 기술이 선정되었다. 이들에 대해서는 KATS 전시장 배정 시 우대, 언론을 통한 홍보, 사례집 배포 등 주로 시장 확대를 지원하고 있다.

(2) 지식경제부

우리나라에서는 국가표준기본계획에 따라 1999년에 국가표준기본법이 제정되었고, 지식경제부는 〈표 12-14〉에서 본 바와 같이 다양한 표준화 정책프로그램을 수립하여 시행하고 있다. 이 중에서 기업혁신과 직접 관련 있는 8개의 표준화 정책을 간략히 소개하면 다음과 같다.

① 표준화기술 개발

2000년부터 시작된 표준화 정책프로그램으로 측정기술, 시험 및 평가방법, 표준물질, 표준의 연구개발에 관한 기술 등 표준기술개발을 목적으로 시행되고 있다. 연간 예산은 70억 원 정도로 약 100여 개 과제가 지원된다. 주로 연구기관들에 지원되며, 기업에 대한 지원은 10% 이하로 매우 낮다.

② 중소기업전략상품 품질경쟁력 진단 및 향상사업

2007~2008년 2개년에 걸친 정책프로그램으로, 중소기업의 품질경쟁력을 제고시키기 위해서 수립되었다. 이 프로그램에는 전략상품의 공정별 품질진단 모델개발, 제품진단, 공정분석, 설계지도, 애로기술해결 등 기업자문, 그리고 핵심공정 품질모니터링 시스템 구축 등의 활동이 포함된다. 약 75개 기업이 선정되어 2년간 약 12억 원의 출연금이 지원된다.

③ 국가표준종합정보시스템 구축

2001년부터 시행된 정책프로그램으로, 국제표준화에 대한 체계적 대응과 국가표준기술정보의 생산과 보급체계를 구축하기 위한 목적으로 시행되고 있다. 연간 약 6억 원의 예산으로 국가표준의 관리체계구축, e-국가표준종합정보센터의 구축, 국가표준문서의 디지털화 등의 사업을 수행하여 왔다.

④ 민간표준 활성화 국가표준제도 확립

2003년부터 시작된 프로그램으로 민간이 주도하는 상향식 국가표준제도를 확립하기 위한 것이다. 연간 약 20억 원의 정부보조금으로 표준화 포럼, 단체표준개발지원, 그리고 이공계대학 표준화과정 개설 등의 사업이 시행되고 있다. 2005년에는 표준인력 풀 구축으로 전문가활용체제를 강화하는 사업도 수행하였다.

⑤ 국제표준화 대응역량 강화

2002년부터 시작된 프로그램으로 신기술의 국제표준화로 세계시장을 선점하기 위한 체제 구축 및 국제표준활동 강화를 목적으로 하고 있다. 연간 약 15억 원의 정부예산으로 국제 표준화회의 및 국내유치, 국제규격 검토 및 확충, 표준관련 국제 심포지엄 및 세미나, 국제표준화협력 강화 등 사업을 수행해 오고 있다.

⑥ 국가표준체계 선진화

제2차 국가표준기본계획(2006~2010)에서 4대 과제의 하나로 수립된 정책으로, 국가표준관리의 혁신, 국가적합성평가제도의 정비, 전략적 표준화의 추진 및 적합성평가 기반확충 등이 주요 시행과제이다.

⑦ 표준기술하부구조 강화

2005년부터 시작된 프로그램으로 신산업표준기술하부구조 강화를 위한 목적으로 시행되어 왔다. NT, BT 등 신산업에서의 기술표준 확립, 표준물질 개발 등이 주요 사업 분야이다. 제2차 국가표준기본계획(2006~2010)에서는 4대 과제 중 하나로서 주요 정책으로 자리 잡고 있다.

⑧ 사회적 신수요 표준화

2002년부터 시작된 프로그램으로 새로 수요가 창출되는 분야, 즉 IT, 건설안전・환경, 물류, 신재생에너지, 신소재 등에 대한 표준화와 인증업무지원을 목적으로 한다. 연간 약 11억 원의 예산으로 신규수요 창출 분야에 대한 표준개발, 적합성 평가, 평가체제 구축 등의 사업을 시행해 오고 있다.

⑨ 정보통신표준개발 지원

1997년부터 시행되어 온 정책프로그램으로 정보통신의 글로벌화로 시스템 간 호환성 및 상호운용성을 확보하고, 신성장동력 산업인 IT 분야에서의 선도적인 표준개발을 지원한다. 2006년 정책예산은 184억 원으로 국제 및 국내 표준제안, 국내표준 조기정립, 중소산업체 표준개발지원 등의 사업을 수행하여 왔다.

⑩ 표준화활동 기반구축: 정보통신 분야

1997년부터 시행되어 온 계속 과제로서, 연간 93억 원이 투입되는 정책 사업이다. 정보통신표준 제정・보급(30억 원)과 표준화지원환경조성(66억 원)으로 나뉘어 시행되고 있으며 표준제정, 표준보급, 용어채택 등의 활동과 국제표준화 전략수립 등의 업무를 추진하고 있다.

⑪ 국제표준화활동 지원: 정보통신 분야

1997년부터 시행되어 온 이 프로그램은 국제전기통신연합 등 국제표준화기구 대응전략 수립 및 산업체의 국제 표준화활동을 지원한다. 2006년 예산은 23억 원으로 국제표준기고, 국제표준반영 등의 성과를 달성하였다. 구체적으로 2005년에는 국제회의에서 2500~2969MHz 대역에서 위성 DMB, IMT 서비스 등이 적절하게 주파수를 사용할 수 있는 기술적 토대를 마련하였다.

(3) 기타 정부부처

① 중소기업청: 싱글PPM품질혁신운동

대기업-중소기업 상생협력 관련 사업으로 2006년에 시작되어 연간 6억 원의 정책자금이 투입되고 있다. 2006년 7월 기준으로 싱글PPM인증기업이 1,131개사이고 157개사가 품질혁신 지도를 받았다.

② 중소기업청: 중소기업 해외규격인증 획득지원

2002년부터 시행되어 온 프로그램으로 L/C개설 등 수출요건을 갖추고도 수입국에서 요구하는 인증마크가 없어서 수출하지 못하는 중소기업에 대하여 해외규격인증의 획득을 지원하는 제도이다. 중소기업에 대하여 인증획득에 소요되는 비용의 40~60%까지 지원한다.

③ 교육과학기술부: 소재물성표준화 기술개발

2003년부터 시행된 프로그램으로, 소재물성데이터의 생산을 위한 시험평가인프라 구축, 국가전략산업설비 및 부품용 소재에 대한 기본물성 및 내구물성 데이터, 소재물성 데이터 보급시스템 개발 및 물성정보 제공 등을 위한 사업이다. 연간 약 6억 원의 예산이 책정되며, 2013년까지 지원이 계속된다.

④ 환경부: 환경마크제도

환경마크제도는 친환경적이며 품질 및 성능이 우수한 제품에 대해서 환경마크를 표시하도록 하는 국가공인 인증제도이다. 1992년부터 시행되어 2006년 현재 717개 업체 2,855개 품목에 대해서 환경마크를 인증하였다. 환경마크 인증 시 기업은 공공기관 의무구매, 인증제품 및 기업의 이미지 제고, 포상 등의 혜택을 받게 된다.

⑤ 문화관광부: 창작문화사업 지식자원표준화 및 DB구축

최근 문화관광부에서는 문화자산의 표준화에 대해 관심을 기울이고 있으며, 국어정보화 등 다양한 분야에서 표준화를 추진하고 있다. 이 프로그램은 그러한 노력의 하나이다. 그러나 기업들이 정책지원의 혜택을 얻는 단계는 아닌 것으로 보여 진다.

⑥ 국토해양부: 건설 분야 신기술지정제도

건설 분야 신기술지정제도는 지식여제부의 신기술인증제도(NT), 과학기술부의 국산신기술인정제도(KT)와 유사한 제도로서 민간부문에서 개발헌 건설기술을 지정·보호하기 위한 프로그램이다. 1989년 처음으로 이 제도가 도입되어 현재에 이르고 있다.

4) 해외 주요국과의 비교 및 정책 시사점

이상에서는 미국의 NIST, 싱가포르의 SPRING, 그리고 영국의 NSSF의 표준확산을 위한 지원제도 및 정책에 대하여 각각 살펴보았다. 먼저 미극의 MEP시스템은 NIST의 표준화 능력을 기반으로 네트워킹을 통해 미국 중소기업들의 경영활동 전반을 지원하는 핵심 정책수단으로 자리매김하고 있다.

싱가포르 SPRING의 주요 기능은 미국의 NIST와 기본적으로 동일하다. 그러나 NIST와 달리 조직 자체에 기업혁신 및 중소기업지원 기능이 포함되어 있다는 것이 다르다. 즉, 미국의 NIST는 재정지원을 인센티브로 하여 외부기관과의 협력을 통해 중소기업을 지원하지만, SPRING은 직접적으로 네트워킹을 통해 중소기업을 지원한다는 것이다. 요컨대 싱가포르의 경우는 기본적으로 표준기술 능력을 갖춘 조직이 그 핵심 능력을 기반으로 기업의 경영 전반을 지원하는 하나의 시스템을 구축하고 있다는 점에서 매우 시사적이다.

영국의 NSSF 역시 표준 확산을 위한 다양한 기능을 제공하고 있다. 그러나 전반적으로 미국 NIST나 싱가포르 SPRING에 비해서는 매우 '느슨한' 네트워킹을 가지고 있으며, 프로그램들도 표준화활동을 직접 지원한다기보다는 교육, 출판, 인식의 확산 등 초보적인 단계에 머물고 있다.

이러한 상황에서 바람직한 표준화지원시스템을 고안하기 위한 지침을 찾아보면, 첫째, 표준기술지원시스템은 국가혁신시스템 관점에서 구축되어야 한다. 즉, NIS 구성요소인 기술하부구조 중 인프라기술의 핵심 지식으로서 기능을 수행해야 하며, 표준화제도는 특허제도 등과 함께 NIS의 제도적하부구조의 역할을 수행하도록 고안되어져야 한다.

둘째, 기술혁신 전 단계에 걸쳐 기업 활동을 지원해야 한다. R&D 활동, 생산 및 제조활동, 그리고 시장침투 및 확대 등 혁신의 전주기를 지원하야 한다. 특히 공급사슬을 통합하는 역할도 수행해야 하며, 더 나아가서는 기술이전 및 확산을 지원하는 시스템이 되어야 한다. 이러한 기능 확대 측면은 미국 NIST와 싱가포르의 SPRING에서 벤치마킹할 수 있을 것이다.

셋째, 이미 NIS라는 한 시스템의 하부시스템으로서의 표준화시스템의 역할을 언급하였지만, 단지 표준화의 시장실패를 보전하는 수준이나 시장 선도적 접근방법에 그치는 것이 아니라 하나의 기술시스템(technological system)으로 탄생되고 진화되어 자생적인 시스템으로 살아갈 수 있어야 한다. 이는 지역, 산업 등을 기준으로 하는 혁신시스템이 아니라 표준이라는 지식을 출발점으로 하는 기술시스템의 형성이라는 점에서 새로운 정책적 접근방법이 될 것이다.

넷째, 전략적 무역이론에서 언급한 바와 같이 최근 무역의 글로벌화로 국가표준의 역할이 감소하고, 국제표준의 역할이 증대하는 상황하에서 양자의 적절한 균형을 이루어야 한다. 특히 해외의존도가 높은 우리나라의 경우에는 더욱 그러하다.

마지막으로 민간기업들도 전사적 차원에서 표준경영을 하나의 경쟁무기로 활용하는 전략을 구사할 필요가 있다. 이는 각종 산업협회에도 마찬가지로 적용된다. 예를 들어 자동차나 전자부품업종, 혹은 유통업종에서는 경쟁력 획득의 수단으로서 공급사슬관리시스템을 공동으로 추진할 필요가 있다.

참고문헌

과학기술처(1989), 『선진표준기관의 현황분석』.

과학기술처(1991), 『선진표준기관의 정책연구동향조사』.

기술경영경제학회(2007), 『과학기술혁신시책의 조사·분석과 종합평가』, 과학기술부.

기술표준원(각 연도), 『기술표준백서』, 지식경제부.

기술표준원(2007), 『표준의 이해-한대의 컴퓨터에 담긴 표준』, 내부자료.

기술표준원(각 연도), 『기술표준통계』, 지식경제부.

류태규·강진우(2008), 『주요국의 표준특허정책 및 글로벌기업의 표준특허 확보전략』, 특허청.

박수호(2008), 『글로벌 시장 경쟁력 강화를 위한 특허: 표준화 연계방안』, 한국기술거래소.

박정수·이덕희(2003), 『표준화 결정요인 분석과 표준획득 전략: IT산업을 중심으로』, 산업연구원.

성태경(1991), 「우리나라 제조업에 있어서 수출경쟁력과 기술」, 『인덕 이승윤박사화갑논문집』, 법문사, 356-375.

성태경(1999), 「기술하부구조(TI)와 기술하부구조정책(TIP): 그 개념 및 우리나라 중소기업부문에의 적용」, 『한국경제연구』, 3, 153-181.

성태경(2000), 「중소기업의 기술능력 제고를 위한 기술하부구조정책」, 『기술혁신연구』, 8(2), 19-65.

성태경(2002), 「기업의 기술혁신활동 결정요인: 자원기반관존에서 본 탐색적 연구」, 『기술혁신연구』, 10(2), 69-90.

성태경(2005), 『우리나라 특허제도 및 정책의 개선 방안에 관한 연구』, 특허청.

성태경(2007), 『표준기술지원시스템에 관한 연구』, 지식경제부 기술표준원.

성태경(2008), 『기술정보경제학』, 글사랑출판사.

성태경(2009a), 「우리나라 제조기업의 표준화활동 결정요인」, 『기술혁신학회지』, 12(3), 564-581.

성태경(2009b), 「기업 표준화활동 결정요인: 우리나라 서비스기업에 대한 실증연구」, 『경영정보연구』, 28(2), 95-112.

신명재(2007), 『신표준화개론』, 한국표준협회.

전병호·강병구(2007), 「표준 및 무역상 기술장벽(TBT)의 경제적 효과 및 대응방안」, 『경상논집』, 30(1), 19-40.

통신개발연구원(1994), 「표준과 지적재산권의 관계」, 『국제표준화정책과 전략』, 160-185.

한국전산원(1990), 『네트워크 외부효과와 표준화』, 연구보고 90-1.

한국표준협회(2007), 『미래사회와 표준』,.

한동철 (2006), 『공급사슬관리』, SIGMA INSIGHT.

한호영(2005), 「서비스표준화의 이해(1)」, 『기술표준지』, 6, 17-21.

허현회(1998), 『기술혁신을 위한 표준제도의 현황과 발전방향에 관한 연구』, 과학기술정책관리연구소.

Adams, M.(1996), "Norms, Standards, and Rights", *European Journal of Political Economy*, 12, 363-375.

Akerof, G.(1970), "The market for Lemons", *Quarterly Journal of Economics*, 84(3), 488-500.

Allen, D.(2000), "The Liberal Regime in the Millenium: Competition Policy and Microsoft", Paper Presented to the International J A Schumpeter Conference, Manchester June 29-July 1.

Allen, R. H. and R. D. Sriram(2000), "The Role of Standards in Innovation", *Technological Forecasting and Social Change*, 4, 171-181.

Anderton, B.(1999), "Innovation, Product Quality, Variety, and Trade Performance: An Empirical Analysis of Germany and the UK", *Oxford Economic Papers*, 51, 152-167.

ANSI(2000), *National Standards Strategy for the United States*, Washington, D.C.: ANSI.

ANSI(2008-2009), *A Pattern of Sucess*, USA.

Antonelli, C.(1994), "Localized Technological Change and the Evolution of Standards as Economic Institutions", *The Economic Journal*, 99, 116-131.

Ashton, P. K.(1987), "Some Economic Effects of Standards-Comment", *Applied Economics*, 19, 1515-1519.

Bailetti, A. J. and J. R. Callahan(1995), "Managing Consistency between Product Development and Public Standards Evolution", *Research Policy*, 24, 913-931.

Baldwin, R. E.(1971), "Determinants of the Commodity Structure of the U.S. Trade", *American Economic Review*, March, 126-146.

Bekkers, R., B. Verspagen and J. Smits(2002), "Intellectual Property Right and Standardization: The Case of GSM", *Telecommunication Policy*, 26, 171-188.

Belleflamme, P.(2002), "Co-ordination on Formal vs. *de facto* Standards: A Dynamic Approach", *European Journal of Political Economy*, 18(1), 153-176.

Berg, S. V.(1998), "The Production of Comparability: Technical Standards as Collective Goods", *KYKLOS*, 42, 361-383.

Bernheim, D.(1994), "A Theory of Conformity", *Journal of Political Economy*, 105, 841-877.

Berry, L. L., V. A. Zeithaml and A. Parasuraman(1992), "Five Imperatives for Improving Service Quality", in C. H. Lovelock(eds.), *Managing Services: Marketing, Operations, and Human Resources*, New Jersey: Prentice-Hall, 224-235.

Besen S. M. and G. Saloner(1989), "The Economics of Telecommunication Standards", in R. Crandall and K. Flamm(eds.), *Changing the Rules*, Washington: The Brooking Institution, 177-220.

Blind, K.(2004), *The Economics of Standards*, Northampton, MA Edward Elgar.

Blind, K.(2006), "Explanatory Factors for Participation in Formal Standardization Processes: Empirical Evidence at Firm Level", *Economic Innovation and New Technology*, 15(2), 157-170.

Blind, K. and H. Grupp(2000), "Standards Statistics as New Indicators for the Diffusion of Technology", Paper Presented to the J. A. Schumpeter Conference, Manchester, June 29-July 1.

Blind, K. and N. Thumm(2004), "Interrelation between Patenting Standardization Strategies: Empirical Evidence and Policy Implication", *Research Policy*, 33, 1583-1598.

Boom, A.(1995), "Asymmetric International Minimum Quality Standards and Vertical Differentiation", *Journal of Industrial Economics*, 43. 101-119.

Braunstein Y. M. and L. J. White(1985), "Setting Technical Compatibility Standards: An Economic Analysis", *Antitrust Bulletin*, 30(2), 337-355.

Cargill, C. F.(1989), *Information Technology Standardization: Theory, Process and Organization*, Bedford MA: Digital Press.

Carlsson, B. and R. Stankiewicz(1991), "On the Nature, Function, and Composition of Technological Systems", *Journal of*

Evolutionary Economics, 1(2), 93-118.

Casella, A.(2001), "Product Standards and International Trade: Harmonization through Private Coalitions?", *KYKLOS*, 54, 243-264.

Choi, D. G., H. S. Lee and T. K. Sung(2011), "Research Profiling for 'Standardization and Innovation'", *Scienctometrics*, 88(1), 259-278.

Choi, J. P.(1997), "Herd Behavior, the 'Penguin Effect' and the Suppression of International Diffusion: An Analysis of Informational Externalities and Payoff Interdependency", *RAND Journal of Economics*, 28, 407-425.

Chu, P. Y. and H. J. Wang(2001), "Benefits, Critical Process Factors, and Optimum Strategies of ISO 9000 Implementation in the Public Sector: An Empirical Examination of Public Sector Services in Taiwan", *Public Performance and Management Review*, 25(1), 105-121.

Clarke, M.(2004), *Standards and Intellectual Property Right: A Practical Guide for Innovative Business*, National Strategic Standardization Framework, UK.

Cohen, W. M. and D. A Levinthal(1989), "Innovation and Learning: The Two Faces of R&D", *Economic Journal*, 99, 569-596.

Coursey, B. M. and A. N. Link(1998), "Evaluating Technology-based Public Institutions: The Case of Radiopharmaceutical Standards Research at the National Institute of Standards and Technology", *Research Evaluation*, 7(3), 147-57.

Cowan, R. A.(1992), "High Technology and the Economics of Standardization", in M. Dierkes and Hoffman(eds.), *New Technology at the Outset*, Frankfurt: Campus Verlag, 279-300.

Daimler Benz(1998), *Standardization 2010*, Daimler Benz Aktiengesellschaft Research and Technology.

Dalton, J. A., P. K. Ashton and F. C. Graves(1982), *The Impact of Private Voluntary Standards on Industrial Innovation*, Vol. 1, NBS, Gaithersberg, MD.

David, P. A.(1985), "Clio and the Economics of QWERTY", *American Economic Review Proceedings*, 75(2), 332-336.

David, P. A.(1986), "Understanding the Economics of QWERTY: the Necessity of History", in W. N. Parker(ed.), *Economic History and the Modern Economist*, Oxford: Basil Blackwell.

David, P. A.(1987), "Some New Standards for the Economics of Standardization in the Information Age", Chapter 8 of P. Dasgupta and P. Stoneman(eds.), *Economic Policy and Technological Performance*, Cambridge: Cambridge University Press.

David, P. A.(1995), "Standardization Policies for Network Technologies: The Flux between Freedom and Order Revisited", R. Hawkins et al.(eds.), *Standards, Innovation and Competitiveness*, Cheltenham: Edward Elgar.

David, P. A. and J. A. Bunn(1988), "The Economics of Gateway Technologies and Network Evolution", *Information Economics and Policy*, 3, 165-202.

David, P. A. and S. Greenstein(1990), "The Economics of Compatibility Standards: in Introduction to Recent Research", *Economics of Innovation and New Technology*, 1(1/2), 3-41.

David, P. A. and W. E. Steinmueller(1994), "Economics of Compatibility Standards and Competition in Telecommunication Networks", *Information Economics and Policy*, 6, 43-62.

Davis, L.(1997), *Quality Assurance: ISO 9000 as Management Tool*, Ccpenhagen: Copenhagen Business School Press.

de Vries, H. J.(1999), *Standardization: A Business Approach to the Role of National Standardization Organization*, Boston: Kluwer Academic Publishers.

DIN(Deutches Institut fur Normung)(2000), *Economic Benefits of Standardization: Summary of Results*, Dresden and Karlsruhe: Beuth Verlag.

Docking, D. S. and R. J. Dowan(1999), "Market Interpretation of ISO 9000 Registration", *Journal of Financial Research*, 22(2), 147-160.

Dosi, G.(1982), "Technological Paradigms and Technological Trajectories", *Research Policy*, 11, 147-62.

DTI(Department of Trade and Industry)(2005), *The Empirical Economics of Standards*, DTI Economics paper No. 12, UK.

EMI Businesses & Policy Research(2006), *SMEs and Standardization in Europe*. Zoetermeer.

Fanning, B.(2007), "Standards and Innovation", *Standards*, March/April, 58-59.

Farrell, J.(1989), "Standardization and Intellectual Property", *Jurimetrics Journal*, 30(1), 35-50.

Farrell, J.(1995), "Argument for Weaker Intellectual Property Protection in Network Industries", *StandardView*, 3(2), 46-49.

Farrell, J. and G. Saloner(1985), "Standardization, Compatibility and Innovation", *RAND Journal of Economics*, 16(1), 70-83.

Farrell, J. and G. Saloner(1986), "Installed Base and Compatibility: Innovation, Product Preannouncement and Predation", *American Economic Review*, 76, 943-954.

Farrell, J. and G. Saloner(1987), "Competition, Compatibility and Standards: The Economics of Horses, Penguins, and Lemmings", R. Hawkins et al.(eds.), *Standards, Innovation and Competitiveness*, Cheltenham: Edward Elgar.

Farrell, J. and G. Saloner(1988a), "Dynamic Competition with Switching Cost", *RAND Journal of Economics*, 19, 123-137.

Farrell, J. and G. Saloner(1988b), "Coordination through Committees and Markets", *RAND Journal of Economics*, 19(2), 235-252.

Feldman, M. P., A. N. Link, and D. Siegel(2002), *The Economics of Science and Technology*, Boston: Kluwer.

Fisher, F. M., J. J. McCowan, and J. E. Greenwood(1983), *Folded, Spindled, and Multilated: Economic Analysis and US v. IBM*, Cambridge: MIT Press.

Flam, H.(1992), "Product Markets and 1992: Full Integration Large Gains?", *Journal of Economic Perspectives*, 6(4), 7-30.

Freeman, C.(1988), "Japan: A New National System of Innovation?", in G. Dosi et al.(eds.), *Technical Change and Economic Theory*, London and New York: Pinter, 330-348.

Gabel, H. L.(ed.)(1987), *Product Standardization and Competitive Strategy*, Amsterdam: North Holland.

Gilpin, S. and S. Kalafatis(1995), "Issues of Product Standardization in the Leisure Industry", *The Service Industries Journal*, 15(2), 186-203.

Greenstein, S. M.(1990), "Creating Economic Advantage by Setting Compatibility Standards", *Economics of Innovation and New Technology*, 1, 63-84.

Greenstein, S. M.(1992), "Invisible Hands and Visible Advisers: An Economic Analysis of Standardization", *Journal of American Society for Information Science*, 43(8), 538-549.

Greenway, D. and C. Milner(1986), *The Economics of Intra-industry Trade*, Oxford: Blackwell.

Greenway, D.(1987), "The New Theories of Intra-industry Trade", *Bulletin of Economic Research*, 39(2), 95-120.

Grindley, P. C.(1992), *Standards, Business Strategy and Policy: a Casebook*, London: London Business School.

Grindley, P. C.(1995), *Standards Strategy and Policy: Cases and Stories*, Oxford: Oxford University Press.

Haimowitz, J. and J. Warren(2007), *Economic Value of Standardization*, Standards Council of Canada, Canada.

Hawkins, R.(1993), "Public Standards and Private Networks: Some Implications of the Mobility Imperative", ENCIP(European Network for Communication and Information Perspectives) Working Paper, Montpellier, March.

Hawkins, R., R. Mansell, and J. Skea(1995), *Standards, Innovation, Competitiveness*, Brookfield: Edward Elgar.

Hemenway, D.(1975), *Industrywide Voluntary Product Standards*, Cambridge, MA: Ballinger.

Hemphill, T. A.(2005), "Technology Standards Development, Patent Ambush, and US Antitrust Policy," *Technology in Society*, 27, 55-67.

Henderson, R. M. and K. B. Clark(1990), "Architectural Innovation: The Reconfiguration of Existing Product Technologies and the Future of Established Firms", *Administrative Science Quarterly*, 35, 9-35.

Howie, R. L.(1995), "Competing through Standardization", *Business Week*, Oct. 16.

ISO(1982), *Benefits of Standardization*, Geneva: International Organization for Standardization.

ISO/IEC(2004), *Directives*, Part 2.

Jonnansen, C. G.(1995), "Application of the ISO 9000 Standards of Quality Management in Professional Services: An Information Sector Case", *Total Quality Management*, 6(3), 231-242.

Kahin, B. and J. Abbate(1995), *Standards Policy for Information Infrastructure*, Cambridge, MA: MIT Press.

Karapetrovic, S. and W. Willborn(2001), "ISO 9000 Quality Management Standards and Financial Investment Services", *The Service Industries Journal*, 21(2), 11-137.

Katz, M. L. and C. Shapiro(1985), "Network Externalities, Competition, and Compatibility", *American Economic Review*, 75(3), 424-440.

Katz, M. L. and C. Shapiro(1986), "Technology Adoption in the Presence of Network Externalities, Competition, and Compatibility", *Journal of Political Economy*, 94(4), 822-841.

Katz, M. L. and C. Shapiro(1994), "Systems Competition and Network Effects", *Journal of Economic Perspectives*, 8(2), 93-115.

Keesing, D. B.(1966), "Labor Skills and Comparative Advantage", *American Economic Review*, May, 249-258.

Kindleberger, C. P.(1983), "Standards as Public, Collective and Private Goods", *KYKLOS*, 35(3), 377-396.

Kleinemeyer, J.(1995), "Standardization as a Tool for Strategic Management", in Hesser(ed.), *From Company Standardization to European Standardization*, Hamburg: University of Bundswehr.

Kretchmer, K.(2000), "The Fundamental Nature of Standards: Technical Perspective", *IEEE Communications Magazine*, 38(6), 70-79.

Lamberton, D. M. and K. H. Neumann(1994), "The Economics of Standards", *Information Economics and Policy*, 6, 193-194.

Lancaster, K. J.(1990), "The Economics of Product Variety: A Survey", *Marketing Science*, 9(3), 189-206.

Larry, H. B.(1968), *Imports of Manufactures from Less Developed Countries*, New York: NBER.

Lecraw, D. J.(1984), "Some Economic Effects of Standards", *Applied Economics*, 16, 507-522.

Lecraw, D. J.(1987), "Japanese Standards: A Barrier to Trade?", in H. L. Gabel(ed.), *Product Standardization and Competitive Strategy*, Amsterdam: North Holland, 29-46.

Lehr, W.(1992), "Standardization: Understanding the Process", *Journal of the American Society for Information Science*, 43, 550-555.

Lehr, W.(1996), "Compatibility Standard and Industry Competition: Two Case Studies", *Economics of Innovation and New Technology*, 4(2), 97-112.

Leland, H. E.(1979), "Quacks, Lemons, and Licensing: A Theory of Minimum Quality Standards", *Journal of Political Economy*, 87, 1328-1346.

Liginlal, M., L. Khansa, and J. P. Landry(2010), "Collaboration, Innovation, and Value Creation: The Case of Wikimedia's Emergency as the Center for Collaborative Content", A. A Becker and R. E. Niebuhr(eds.), *Cases on Technology Innovation: Entrepreneurial Successes and Pitfalls*, New York: Business Science Reference.

Link, A. N.(1983), "Market Structure and Voluntary Product Standards", *Applied Economics*, 15, 393-401.

Link, A. N. and G. Tassey(1987), "The Impacts of Standards on Technology-based Industries: The Case of CNC Machine Tools in Automated Batch Manufacturing", in H. L. Gabel(ed.), *Product Standardization and Competitive Strategy*, Amsterdam: North Holland.

Love, J. and S. Roper(1999), "The Determinants of Innovation: R&D, Technology Transfer and Networking Effects," *Review of Industrial Organization*, 15, 43-64.

Lowe, P and P. Gilchrist(1988), *The Economic Benefits of Standards and Standardization: a Cost/Benefit Analysis*, Uxbridge: Brunel University.

Lundvall, B.(1988), "Innovation as an Iterative Process: From User-Supplier Interaction to the National System of Innovation", in G. Dosi et al. (eds.), *Technical Change and Economic Theory*, London and New York: Pinter. 349-369.

Lundvall, B.(1992), *National Systems of Innovation: Toward a Theory of Innovation and Interactive Learning*, London: Pinter.

Mansell, R.(1995), "Standards, Industrial Policy and Innovation", in R. Hawkins, R. Mansell and J. Skea(eds.), *Standards, Innovation and Competitiveness*, Aldershot, Brookfield: Edward Edgar.

Marshall, A.(1923), *Industry and Trade*, London: Macmillan.

Matutes, C. and P. Regibeau(1987a), "Standardization in Multi-components Industries", H. L. Gabel(ed.), *Product Standardization and Competitive Strategy*, Amsterdam: North Holland.

Matutes, C. and P. Regibeau(1987b), "Standardization across Market and Entry", *Journal of Industrial Economics*, 37, 359-371.

Matutes, C. and P. Regibeau(1996), "A Selective View of the Economics of Standardization: Entry Deterrence, Technological Progress and International Competition", *European Journal of Political Economy*, 12, 183-206.

MclIntyre, I.(ed.)(1997), *Japan's Technical Standards: Implications for Global Trade and Competitiveness*, Westport: Quorum.

Metcalfe, J. S. and M. Boden(1992), "Evolutionary Epistemology and the Nature of Technology Strategy", in R. Coombs, P. Saviotti and V. Walsh(eds.), *Technology Change and Company Strategies: Economic and Sociological Perspectives*, London: Harcourt Brace Javanovich.

Nelson, R. R. and N. Rosenberg(1993), "Technical Innovation and National Systems", R. R. Nelson(ed.), *National Systems of Innovation-Comparative Analysis*, Oxford: Oxford University Press.

Nelson, R. R.(1993), *National Innovation Systems*, New York: Oxford University Press.

NIST(2004), *The NIST 2010 Strategic Plan*, DOC, USA.

NIST(2007), "Delivering Measurable Returns to Its Clients: Fiscal Year 2005 Result", DOC, USA.

OECD(1999), *Managing National Innovation Systems*, Paris: OECD.

Pelkmans, J.(1987), "The new Approach to Technological Harmonization and Standardization", *Journal of Common Market Studies*, 25(3), 249-269.

Pelps, W.(1999), "Marketingrelevante, Besonderheiten von Dienstlestungen", *WISU*, 5, 699-704.

Porter, M.(1990), *The Competitive Advantage of Nations*, New York: Free.

Rappa, M.(2004), "The Utility Business Model and the Future of Computing Services", *IBM Systems Journal*, 43(1), 32-42.

RTI International(2004), *Economic Impact of Inadequate Infrastructure for Supply Chain Integration*, Planning Report 04-2, Gaithersburg: NIST.

Saloner, G.(1990), "Economic Issues in Computer Interface Standards: The Case of UNIX", *Economics of Innovation and New Technology*, 1, 135-156.

Salop, S. C. and D. T. Scheffman(1987), "Cost-raising Strategies", *Journal of Industrial Economics*, 36(1), 19-34.

Schoechle, T.(1995), "The Emerging Role of Standards Bodies in the Formation of Public Policy", *IEEE Standards Bearer*, 9(2), 1-10.

Schumenner, R. W.(1992), "How Can Service Business Survive and Prosper?", in C. H. Lovelock(ed.), *Managing Services: Marketing, Operations, and Human Resources*, New Jersey: Prentice-Hall, 31-42.

Schumpeter, J.(1934), *The Theory of Economic Development*, Cambridge, MA: Harvard University Press.

Seifert, R. W., B. F. Leleux, and C. H. Tucci(2008), *Nurturing Science-based Ventures: An International Case Perspective*, London: Springer.

Shapiro, C. and H. R. Varian(1999), *Information Rules: A Strategic Guide to the Network Economy*, Cambridge, MA: Harvard Business School Press.

Shurmer, M. and G. Lea(1995), "International Telecommunications and IPRs: A Fundamental Dilemma?", *StandardView*, 3(2), 50-59.

Shurmer, M. and M. P. Swann(1995), "An Analysis of the Process Generating *de facto* Standards", *Journal of Evolutionary Economics*, 5(2), 119-132.

Shy, O.(2001), *The Economics of Network Industries*, Cambridge, New York and Melbourne: Cambridge University Press.

Smoot, O. R.(1995), "Tensions and Synergism between Standards and Intellectual Property", *StandardView*, 3(2), 60-67.

SPRING(2007), *SPRING Annual Report 2005/2006*, Singapore.

Stout, D. K. and P. Swann(1994), "The Non-price Competitiveness of British Firms", in K. Hughes(ed.), *The Future of UK Competitiveness and the Role of Industrial Policy*, London: Policy Studies Institute.

Sturen, O.(1983), *Standards in International market*, Geneva: ISO.

Sullivan, C. D.(1983), *Standards and Standardization: Basic Principles and Applications*, New York: Marcel Dekker.

Sung, T. K. and B. Carlsson(2003), "The Evolution of a Technological System: The Case of CNC Machine Tools in Korea," *Journal of Evolutionary Economics*, 13(4), 435-460.

Swann, G. M. P.(1992), "Standards, Beneficial Competition, and Market Failure," in *The Value of Competition*, Milan: Observatory Giordano Dell'Amore.

Swann, G. M. P.(2000), *The Economics of Standardization, Final Report for Standards and Technical Regulations Directorate*, Department of Trade and Industry, UK.

Swann, G. M. P.(2007), "Standards, Innovation and Wealth Creation", Presented Paper at Conference, *Innovation and Market Access through Standards*, German Federal Ministry of Economics and Technology & DIN(Deutches Institut fur Normung), Berlin 26-27 March.

Swann, G. M. P., P. Temple, and M. Shurmer(1996), "Standards and Trade Performance: The British Experience", *Economic Journal*, 106, 1297-1313.

Tassey, G.(1991), "The Functions of Technological Infrastructure in a Competitive Economy", *Research Policy*, 20(4), 345-361.

Tassey, G.(1996), "Infratechnologies and Economic Growth", in Teubal, M. *et al.* (eds.), *Technological Infrastructure Policy: An International Perspective*, Bostfireon, Dordrecht, London: Kluwer.

Tassey, G.(2000), "Standardization in Technology-based Markets", *Research Policy*, 29(4/5), 587 - 602.

Tassey, G.(2006), "The Role and Economic Impacts of Technology Infrastructure", http://www.nist.gov/planning.

Tether, B. S., C. Hipp and I. Miles(2001), "Standardization and Particularization in Services", *Research Policy*, 30, 1115-1138.

Veall, M. R.(1995), "On Product Standardization as a Competition Policy", *Canadian Journal of Economics*, 18(2), 416-425.

Venables, A. J.(1990), "The Economic Integration of Oligopolistic Markets", *European Economic Review*, 34, 753-773.

Vernon, R.(1966), "International Investment and International Trade in the Product Cycle", *Quarterly Journal of Economics*, 80, 190-207.

Viadiu, F. M., M. C. Fa, and I. H. Suizarbitoria(2006), "ISO 9000 and ISO 14000 Standards: An International Diffusion Model", *International Journal of Operations and Production Management*, 26(2), 141-165.

Wakelin, K.(1997), *Trade and Innovation: Theory and Evidence*, Lyme: Edward Elgar.

http://ansi.org

http://www.asme.org

http://www.bsigroup.com

http://www.din.de

http://www.kats.go.kr

http://www.ksa.or.kr

http://www.ksae.org

http://www.mep.nist.gov.

http://www.nssf.info.uk.

http://www.semi.org
http://www.spring.gov.sg.
http://www.tta.or.kr

찾아보기

성태경

서강대학교 경제학과 졸업(경제학사)
동 대학교 대학원(경제학 석·박사)
아주대학교 경제학과 강사
대우경제연구소 산업경영본부 연구위원
Case Western Reserve University, Visiting Professor
행정(외무)고시 출제위원 역임
Seattle University, Fulbright Visiting Professor
Marquis Who's Who in the World(2012, 29th Edition) 등재
현) 전주대학교 경영학부 교수
　　　(사)기술경영경제학회 부회장

『기술마케팅과 사업화』(2011)
『기술정보경제학』(2008)
『Review of National Science, Technology, and Innovation Policy: Republic of Korea』(2008)
『혁신시스템이론의 비교분석과 정책적 시사점』(2005)
『현대사회와 경제: 한국경제의 이해』(2004)
『경제학의 이해』(1998)
『경제학과 사회』(1996)
『경제학원론』(1996)
「Research Profiling for 'Standardization and Innovation'」(201_)
「Assessing the Institutional Legitimacy of Research and Technology Organizations in South Korea: A Content Analysis Approach」(2011)
「Comparison of Determinants for Standards Activities of Korean Firms in Manufacturing and Service Sectors」(2010)
「Network Effects, Technological Opportunity, and Innovation: Evidence from the Korean Manufacturing Firms」(2007)
「A Comparison of Technological Systems for Industrial Robots in Korea and Sweden」(2004, 기술혁신학회 최우수 논문)
「The Evolution of a Technological System: The Case of CNC Machine Tools in Korea」(2003)
「미국 SEMATECH와 한국의 VLSI프로그램의 비교분석: 기술시스템의 관점에서」(2001, 기술경영경제학회 최우수 논문)
「기업특성과 기술혁신활동: 슘페터적 가설을 중심으로」(2001)

표준의 경제학

이론·사례·정책

초판인쇄 | 2012년 7월 12일
초판발행 | 2012년 7월 12일

지 은 이 | 성태경
펴 낸 이 | 채종준
펴 낸 곳 | 한국학술정보㈜
주   소 | 경기도 파주시 문발동 파주출판문화정보산업단지 513-5
전   화 | 031) 908-3181(대표)
팩   스 | 031) 908-3189
홈페이지 | http://ebook.kstudy.com
E-mail | 출판사업부 publish@kstudy.com
등   록 | 제일산-115호(2000. 6. 19)

ISBN   978-89-268-3488-6 93320 (Paper Book)
          978-89-268-3489-3 98320 (e-Book)